广西哲学社会科学规划 2013 年度研究课题
"当代广西财富伦理审视及其现实价值研究"
（项目批准号：13BZX005）成果

人本财富观

基于发展伦理的研究

THE HUMAN ORINENTED CONCEPTION OF WEALTH

唐海燕◎著

人民出版社

目　录

导　论　发展伦理语境中的财富观

从古至今，财富都被视为人类繁衍生息和发展强盛的巨大力量和不竭源泉，是人类永恒的渴望和追求。在走过蛮荒时期，步入文明时代之际，人类开始摆脱物欲的束缚和控制，关注财富内在的价值。

纵观历史，对于财富本质的探索由来已久。西方哲学家亚里士多德首先关注到了财富的本质，他提出"外物诸善"即"财富、资产、权利、名誉以及类此的种种事物"，"有如一切使用工具，（其为量）一定有所限制。……任何这类事物过了量都对物主有害，至少也一定无益"，① 而"灵魂诸善"则相反，"愈多而愈显见其效益"。他肯定优良生活，但强调德性高于财富，德性统帅财富，反对德性"屈从"于财富而造成堕落。亚里士多德并不认为财富越多生活就越幸福，两者并不成正比，财富是生活之必需，但对财富的追求应有限度，贪得无厌、过分追求物质财富将会导致欲望膨胀、损坏道德、过犹不及，崇尚以灵魂的善为限度的财富中道观。

古希腊七贤之一的梭伦提出财富拥有以中等程度为最合适，这样的人同时还具备德行才是幸福的人。主张人性论的休谟把对财富、享乐和权力

---

① ［古希腊］亚里士多德：《政治学》，吴寿彭译，商务印书馆1981年版，第41页。

追求视为人的永恒本性，但同时提出假如所有产品都是毫无节制唾手可得，那么人的财产权利将失去根本意义，成为"空荡的仪式"，功利主义伦理学家穆勒认为幸福在于金钱、名望，但要反对低级感官享受，崇尚德行和追求个性自由发展。

而在中国传统文化中，也早已有对财富探索的记载。《四书五经》中的《大学》篇就展示了儒家孔子的财富与德性关系的思想，孔子提出："德者，本也；财者，末也。"在对财富的追求与道德信义的持守之间的权衡中，孔子特别强调"义"之"重"、"德"之"得"的重要意义。提出占有必要的物质生活资料，拥有适量财富以获得优良财富的一定的"度"为标准。主张"少思寡欲"的"素朴"思想的老子，明确提出"常德乃是"。墨子既贵义又尚利，但他还是认为"利人"才是仁者的最高标准。甚至宋代的功利主义思想家李觏也提出"利欲可言"，但要"节之有度"。

随着人的主体意识的觉醒和展现，财富本质研究逐渐转向深入，财富与人演化为伦理学形而下的辩证统一的两个基本范畴。财富作为展现人的主体、人的本真性的存在物的观点逐渐被大家所认可，财富的为人性、财富的度的认知进入哲学家的研究视野。西方哲学家彼得·科斯洛夫斯基在《伦理经济学原理》一书中明确提出，"作为实现普遍理解的善的理论，必须还要扩大人的尊严的观念。伦理上的道德观点和道德行为，把对前景的评价统一到整体之中观照，并在强制尽本分及其附带条件的情况下，广泛地进行财富权衡，人的尊严是权衡财富的界线。"[①]英国哲学家弗兰西斯·培根（Francis Bacon）有一句脍炙人口的名言："任何个人财富都不能成为个人最终的生命价值。"德国哲学家亚瑟·叔本华（Arthur Schopenhauer）更尖锐地提出："财富就像海水，饮得越多，渴得越厉害。"法国天

---

① ［德］彼得·科斯洛夫斯基等：《伦理经济学原理》，孙瑜译，中国社会科学出版社1997年版，第115页。

才作曲家乔治·比才（Bizet）提出："财富不应当是生命的目的，它只是生活的工具。"

因此，构建以人为中心的财富发展战略，在责任、仁爱等价值原点基础上发展新型的社会关系势在必行也是大势所趋。人的主体地位和理性精神，应以实现人的全面而自由的发展为目标。对财富中人的价值和地位的关注在启蒙时代的古典经济学那里达到第一次高潮，它所倡扬的启蒙精神在当时的历史条件下对人、对人的生存和发展充分关注，这种人文情怀使财富具有了理性的灵魂，并使人类文明有了一个大发展，实现了人类对财富的研究从"物"向"人"转向的第一步。

而后，近代情感主义伦理学、人本主义伦理学、存在主义伦理学甚至是实用主义伦理学，以人的情感、价值存在、自由选择和行为责任为视角，探讨人的主体性现代道德问题。演进至现代，以发展伦理为突出代表的伦理学成为"显学"，在肯定财富的人本性研究方面又获得了更为深刻和全面的理解。

一、财富观研究在发展伦理中的轴心地位

财富观，简而言之，是对财富本质与意义的最基本的认识和体悟，是财富理论的核心，支撑和影响着财富理论的形成、建构以及财富实践活动，财富观体现了一种时代性、实践理性和价值取向，它引导着一个国家和民族的财富发展趋势和潮流，对社会经济发展产生重大而深远的影响。

发展伦理作为一门学科正式崛起重要形式标志是 1987 年"国际发展伦理学协会"（The International Development Ethics Association，简称 IDEA）的成立。在当代，发展伦理已然成为伦理学这门"显学"最直接

介入实践的分支之一。① 在短短二十多年内，它成为了伦理学家、哲学家、经济学家、社会学家甚至社会公众的关注焦点，并得以迅速发展。发展伦理的研究在于揭示发展对于人的自由和解放所具有的价值意义。发展伦理的价值论域、学科宗旨是在反思经济中心主义、效率中心主义、物本中心主义等当代发展共同问题的基础上，确立规范、合理的发展战略、发展构架、发展目标。

发展伦理发轫于发展经济学。长期以来，基于经济领域中出现的实证分析论和工程学方法排斥规范分析法和伦理学方法，经济与伦理产生严重隔裂，在探讨解决如何在经济学中融入伦理因素中发展伦理应运而生。随着发展伦理的深入研究，逐渐形成以围绕人的发展、进步为轨迹，探寻实现人的自由为终极关怀的完整学科体系。总之，发展伦理以当代人类整体发展实践提出的伦理问题作为对象，对过去的发展进行哲学审视，对当下的发展进行伦理规范，对未来的发展进行价值引领。发展伦理所追求的"合理的发展"，从目的价值论角度思发展、谋发展、评发展，是发展的伦理化和人性化相融合的人的发展的理性路径探寻。

今天，发展伦理的首要旨趣是必须面对当前人类遭遇的危机和困境，回答现实提出的重大问题和挑战，因此，财富主题就必须要重新回到人自身，而不是仅仅将人作为抽象的市场要素、数学符号来看待。著有《第三次浪潮》一书的美国未来学巨擘阿尔文·托夫勒（Alvin

---

① 关于发展伦理确立的标志，学界有不同看法，苏州大学哲学系陈忠教授引用外国学者可思波（Gasper）考证认为，"发展伦理学"这个术语最早已于 1959 年由法国经济学家利浦瑞特提出。（参见陈忠教授论文《发展伦理学的"选择论"意蕴》，《中国人民大学学报》2009 年第 1 期）；而湖北大学哲学学院博士生周涛，在其文章《试论发展伦理学的滥觞》（发表于《道德与文明》2011 年第 5 期）则提出 1971 年古莱出版的名著《艰难的选择：发展理论中的新范畴》和之前在 1960 年发表的《当务之急——我们时代的发展伦理学》论文及 1965 年和 1966 年最早的发展伦理学专著《发展伦理学：理论和实践指南》（西班牙文版）和《发展伦理学》（葡萄牙文版）就已经使发展伦理获得广泛关注。——作者注

Toffler）在其著作《新财富革命》中探讨了人类从工业社会到知识社会转变过程中财富在形式、创造、分配、流通、消耗与投资等过程的变化，他从以社会个体为"产消合一者"（prosumer）的概念出发，认为现代财富体系的主体是以金钱经济与非金钱经济结合构成的。因此，发展伦理首先必须面对和回答的问题是为什么发展以及发展是否为了人。围绕如何更好而不是更快地发展，围绕如何为了人而发展，发展伦理学科任务不仅在于培养强化发展主体的发展良心、发展义务感以及发展责任感，并由此生成三个基本伦理规范：1. 人道性地发展。发展伦理的核心价值观就是把人类利益作为最高利益和终极尺度的价值观。发展是为了人并且是通过人的创造性实践而实现的，人的多层次需要的满足，人的整体素质的提高，人的自由而全面的发展，是发展伦理的最高价值原则。2. 公正性地发展。在人类应当如何共处共生的问题上，发展伦理坚持使发展的好处惠及所有的社会、所有的个人。3. 整体性地发展。"整体"的发展既是实体性概念又是关系性概念。整体的范畴包括了与人类处于各种关系之中的一切事物的发展。从发展伦理的发轫及其属性来看，财富是发展经济学最核心的范畴，财富问题研究也成为发展伦理最本质的研究领域，它在发展伦理中的地位毋庸置疑。一方面，对财富正确理解与否，直接影响着发展伦理学科体系建构的基础，发展的实践论和价值论都基于对财富的理性分析之上。正因如此，发展伦理把财富问题研究作为学科研究第一要务，把财富观的逻辑建构作为最基本最重要的研究；另一方面，财富观是发展伦理的基本理论问题，发展伦理学科在产生、成长、成熟过程中一直孜孜于寻求和解决"财富是什么"、"真正的财富是什么"、"财富具有什么价值"，虽然至今对该问题仍未形成系统性、实质性的研究，但是对财富本质和意义的探索始终贯穿于发展伦理研究之中。此外，发展伦理为财富发展提供伦理规范和道德标准，发展伦理倡导的人道、公正、责任等伦理道德尺度，成为财富发展中所必须遵循的基本规则。

而财富也为发展伦理研究奠定了基础:一方面,财富进步使人类变迁的进程从自然轮回中摆脱出来,获得自在独立意义。摆脱增长与衰败的轮回循环定律,现代社会在科学技术和社会文明的支持下产生能够不断自我维持的自我促进的趋势,为发展伦理研究提供了更为广阔的空间;另一方面,财富发展为现代社会提供了一种评价标准。它意味着现代社会进步的首要标准是世俗领域的物质进步。基于此,发展伦理研究也形成以财富问题为根本,向外扩散和拓展到政治、文化、科学及人类生活等各个领域,进而促进人类社会发展和人类社会文明全面进步的学科研究指向。

二、财富观的当代人本转向

发展究竟应该关注人还是关注物?发展的价值目标是人的自由全面发展,还是 GDP 的高速增长?

传统意义上,人们所理解的发展等同于不断扩展财富的过程,源于现代经济学研究对物的关注远胜于对人的关注。经济学注重财富积累、商品生产或稀缺资源配置,罗宾斯在 1932 年发表的《论经济科学的性质和意义》一书中提到:"经济学是把人类行为当作目的与具有各种不同用途的稀缺手段之间的一种关系来研究的科学。"[①]"经济学对于各种目的而言完全是中立的;只要达到某一目的需要借助于稀缺手段,这种行为便是经济学家关注的对象。经济学并不讨论目的本身。它假设人们在下述意义上是有目的的,即人们拥有一些可以界定并可以理解的行为倾向。经济学要回

---

① [英] 莱昂内尔·罗宾斯:《经济科学的性质与意义》,朱泱译,商务印书馆 2001 年版,第 24 页。

答的问题是：人们达到其目标的过程如何受制于手段的稀缺——稀缺手段的配置如何依赖于最终的估价。"①罗宾斯的这一定义引发了西方经济学一场真正的轰动和变革，而后，一大批经济学家，如萨缪尔森、理查德·里普瑟和彼得·斯坦纳都以某种形式在重复罗宾斯的定义。而所谓稀缺论只不过是财富观的变通表达而已——在稀缺资源的限制下找寻商品或财富的最大化逻辑。

因此，尽管在"经济学是一门与人类行为密切相关的学说"②认识上是基本一致的，但它们研究的不外乎是物与物或物与人的关系，讲求的也只是效率。可以说，从整体上看，西方现代经济学主要是以财富的获取和占有为对象，以资源稀缺为出发点，以资源配置为核心问题的物本经济学。③这种对物的专注导致了本末倒置的现象。财富、商品的获取和占有成了经济学的最高价值，对人的研究只是作为理论模型的工具论假设和功能性要素进入经济分析当中。

长期以来，发展等同于经济增长，财富幻化为只具有工具价值（Instrumental Value）而没有内在价值（Intrinsic Value）的人类衍生物，而改善人们的物质生活水平总是被当作发展的最终目的而提出。这种重物轻人的"价值观倒转"导致了多种现代社会的病症，引发现代社会重重财富危机和困境，极端表现就是在财富领域产生"财富虚拟发展"、"财富异化"和"财富幻象"等"虚假发展"现象，带来诸如财富的"反发展"、"伪发展"、"假发展"，现代经济发展出现"自反性"问题。财富"恶的增长"（无目的增长）和无限度发展，不仅破坏社会和谐稳定和公平正义，而且引发意识领域无理性混乱现象，带来深层道德危机。"首先将'发展'的主体仅仅局限于经济领域，而不是像马克思所说的那样是社会有机体的矛盾运

---

① ［英］莱昂内尔·罗宾斯：《经济科学的性质与意义》，朱泱译，商务印书馆 2001 年版，第 26 页。

② 陈惠雄：《人本经济学原理》，上海财经大学出版社 1999 年版，第 4 页。

③ 魏民：《经济学研究中的人的问题》，《当代财经》2000 年第 11 期。

动；紧接着将经济发展尺度局限于当代人物质欲望的满足和实现的程度。于是，'发展'的命运便不仅成为作为整体的在场者的一种基于本能冲动和'贪婪攫取性'的自私行为，而且成为一种即使对在场者来说也是难以为继的寅吃卯粮的村妇式的短见。"①财富追求的物本性，产生了意识形态领域的以物为本的财富观，实质上，物本财富观的"发展"仅仅是"虚假发展"——只有量的增长而无质的提高，以物的繁衍表象遮蔽了发展的价值内涵，本原上是"无人身"的"伪发展"、"假发展"和"反发展"，是追求"物品丰裕"而忽视"生活美好"的悖谬。

对物本财富观的批判以及人本财富观的思想出现，早在法国古典经济时期就已见端倪，西斯蒙第在反对李嘉图为生产而生产的观点之上指出，人们用自己的劳动来创造财富的目的，是为了满足自身的需要，提出"人"才是财富的目的而财富是为"人"服务的。②1848 年，功利主义者约翰·穆勒也提出，在经济发展的目标追求中，人的发展是比资本的增加、人口的增长以及生产技术的改进更为重要、更有价值的目标，"所谓社会的经济进步通常指的是资本的增加、人口的增长以及生产技术的改进。但是人们在思考任何一种有限的前进运动时，往往并不仅仅满足于探索运动的规律，而会不由自主地进一步问道，这种运动会把我们带向何方？产业进步正在把社会引向什么样的终点？""如果经济进步把人们带入一个贫富对立、人与人之间相互倾轧的状态，那么，我们宁可不要这种经济进步。"③穆勒还预言，"资本和人口处于静止状态，并不意味着人类的进步也处于静止状态。各种精神文化以及道德和社会的进步，会同以前一样具有广阔的发展前景，生活方式也会同以前一样具有广阔的改进前景，而且当人们不再为生存而操劳时，生活方式会比以前

---

① 樊和平：《〈可持续发展伦理研究〉述评》，《江海学刊》2006 年第 3 期。
② 参见 [古希腊] 亚里士多德：《政治学》，吴寿彭译，商务印书馆 1981 年版，第 137—140 页。
③ [英] 约翰·穆勒：《政治经济学原理》（下卷），胡企林、朱泱译，商务印书馆 1991 年版，第 317 页。

更有可能加以改进。"①

　　与穆勒同时代的马克思则明确地把每个人自由而全面的发展，当作经济发展的终极目标，为人本财富观形成提供了丰富的理论基础。马克思把经济发展的目的亦即生产是为了人本身的发展还是为了单纯外在财富的增加，作为评价一定历史时期经济发展的价值尺度。"人的类特性恰恰就是自由的自觉的活动。"②马克思指出，物质生产虽然提供了人类生存和发展所需的资料，但这种需要仅是功利性目的即中介性的目的的满足；而比这种中介性的目的更重要的，是人在物质生产中不断发展着的本质力量和不断释放出的内在潜能，根本上是人的自我创造和全面彻底的解放，亦即人的自由而全面发展。因此，财富只能表现为经济生产的手段，而人的自由全面发展才是经济发展的根本目的，发展生产力就是发展"人类的天性的这种财富目的本身"。

　　现代财富问题引发的种种道德失范现状，迫使人们不断深切反思和诘问物本财富观内在的不合伦理性。财富无度增长导致伦理危机和困境，基于对如何摆脱现代财富困惑和迷雾进行哲理形而上及形而下的全方位维度辨析，从"发展"的价值论视角反思物本财富观的弊端，人们对物本财富观的价值理念、原则、尺度不断进行前提性检审和省思。到了 20 世纪 80 年代，发展伦理的研究已聚焦于人的发展并日渐兴盛，对财富的人道转向研究使本身无伦理性的发展，具有了伦理性和道德性：首先，在财富发展中注入人性元素，改变财富发展的无主体性、实质内容和伦理方向，使财富发展具有了核心价值意义。其次，财富发展的最终目的指向全人类的福祉，实现人的幸福以达到人的真正自由和解放。

　　在如此浩大的社会意识领域思维转变中，在对物本财富观的反复审视

---

① 　[英]约翰·穆勒：《政治经济学原理》（下卷），胡企林、朱泱译，商务印书馆 1991 年版，第 322 页。
② 　《马克思恩格斯全集》第 42 卷，人民出版社 1979 年版，第 96 页。

与批判中，人本财富观应运而生——一种秉持"以人为目的"的财富理念，体现合人性、合伦理性的"真实发展"的财富新思考，展示人性"善的发展"。界定了财富行为的终极关怀和价值追求——财富是人类的生存手段而不是人类发展的终极价值目的。发展伦理学科从批判"虚假发展"的"反伦理性"、"无伦理性"出发，提出将发展导向"真实发展"方向，建立财富以人的发展为终极的价值目的。特别是近年以来，以德尼·古莱（Denis Goulet）和阿马蒂亚·森（Amatya Sen）、戴维·A. 克拉克（David A Crocker）、可思波（Des Gasper）为代表的发展伦理学家力图通过运用超越"传统伦理"和"常规伦理"价值体系，对发展进程中的财富代价和财富问题进行价值批判，以规范财富的性质、目标以及实施战略等多层面问题，消解非理性财富观的增长发展模式给人们带来的伦理困境。

学界主要从对发展与伦理的深层分裂进行反思及对发展的人文、价值内涵进行哲学揭示，并对市场经济的人文伦理价值回归关注，呼吁重建经济发展的伦理之维，提出发展应以人道为基础，对人和人性的关注应成为发展的重心和价值目标。譬如，1941 年，法国经济与人道主义运动奠基人路易·约瑟夫·勒布雷特首次将发展经典性地描述为：从较少人道向较多人道阶段的一系列过渡，打破了伦理学与政治学、经济学之间的断裂。在勒布雷特的感召下，瑞典的冈纳·缪达尔在 1968 年发表的《亚洲的戏剧》中也承认，发展是一种充满了价值观的活动。法国发展伦理研究学者弗郎索瓦·佩鲁在 1982 年的《新发展观》中更肯定地提出，发展要"以人的发展为中心"。而后，路易·约瑟夫·勒布雷特的学生，发展伦理学真正的创始人和先驱者德尼·古莱（Denis Goulet），发表著作《残酷的选择——发展理念与伦理价值》提出，发展就是人性的提升，发展目的是人类的福祉。[1] 在其另一篇著作《发展伦理学》中则提出，要以伦理学为指

———————

① ［美］德尼·古莱：《残酷的选择——发展理念与伦理价值》，高铦等译，社会科学文献出版社 2008 年版。

导，对人类发展问题进行综合研究，发展的目标在于改善人类生活和社会安排，以便为人们提供日益广泛的选择来寻求共同的和个人的福祉。被誉为"经济学的良心"的阿马蒂亚·森（Amartya Sen）极力摒弃狭隘的经济增长观，其《以自由看待发展》一书中，专门从经济与伦理的交融视角用"自由"来概括"发展"的理论框架，呼吁发展应该是对"真实的人"及其生活的研究，需要"将人类再次置于我们分析的核心"①，将对经济学的理解回到"人"这个古典经济学的话题，将经济学视为"引领人类生活的科学"，将人的研究视为经济学研究的伦理核心、目标。而森的《伦理学与经济学》、《贫困与饥荒》、《以人为本：全球化世界的发展伦理学》则从全球经济不平等、饥荒以及欠发展等问题展开研究，以伦理原则确立发展概念，并用来审视和抨击现实社会中存在的种种不平等的、欠发展的现象，致力于将经济学和伦理学有效地结合起来处理人类发展所面临的亟待解决的问题。森的观点十分明确，经济学首先应该关注真实的人，财富发展的目标不仅仅是总量的增长，更重要的是人的幸福度的提高，以人为中心，最高的价值标准是自由，发展应看作是扩展人们享有的真实自由的一个过程。②

在我国，20世纪90年代中期以来，对财富研究也转向关注人学内核，发展的哲学基础、价值目的都应围绕"人"，财富发展目的是为了人的发展。主要观点集中在：1. 发展的哲学基础是建立在一种新人性观、新人道主义基础上的。这种新的人性观不再像传统人性观那样追问人"是什么"，也不再像海德格尔那样追问"人能是什么"，而是追问"人"应当是什么

---

① ［印度］阿马蒂亚·森：《简论人类发展的分析路径》，尔冬译，《马克思主义与现实》2002年第6期。

② 参见［印度］阿马蒂亚·森：《伦理学与经济学》，王宇、王文玉译，商务印书馆2000年版；［印度］阿马蒂亚·森：《贫困与饥荒》，王宇、王文玉译，商务印书馆2001年版；［印度］阿玛蒂亚·森、［阿］贝纳多·科利克斯伯格：《以人为本：全球化世界的发展伦理学》，马春文、李俊江译，长春出版社2012年版。

或"人应当怎么做"的问题。①"发展天然合理论"导致了财富发展的危机，对当代人类生存危机反思后，"发展并非天然合理的"命题应该成为一个财富发展基本命题。② 发展不仅是受利益驱动的纯"自然历史进程"，而且包含着道德意蕴的"社会历史进程"，是工具理性和价值理性的统一。③ 在现代性条件下，发展问题的突出特征是以物的依赖为基础的人的独立性。而导致这种伦理个性的是"资本的主体化"，即"资本的物化"或"商品拜物教"。这种发展问题上的经济主义和物质主义，将人的需求的多样性单面化为"物性"，人不被当作人，而是被视为资本增值的一个环节，一个"单向度"的经济动物，个体存在的丰富性、多样性变成了没有意义的"杂多"，人只是交换价值的"物质承担者"。人的幸福感、满意度并没有在物的丰富中得到发展和提高。超越资本逻辑，变资本对人的控制为人对资本的控制，是人的主体性的题中应有之义。2. 关注人类的实践行为的伦理性。"有增长无发展"等同于一味追求经济增长的代名词，人成为了经济增长的手段。结果，"增长"的是数量，得到 GDP，收获的是"丰裕的异化"。人性遭到了扭曲，拜金主义、纵欲主义、极端个人义和享乐主义充斥人间，精神空虚、信仰危机等现象迅速发展，世界变得"富裕而邪恶"。④ 应把对外在财富的追求和膜拜转向更快地提高人的主体创造财富的能力，转向日益扩展的社会交往中人的能力的互促互进的方向上来。⑤3. 以人为本抓住了马克思主义的时代主题，体现了中国共产党执政的价值观。建构以人为本的财富观，可以从财富的创造、财富的分配和财富的消费这三个

---

① 参见刘福森：《奠基于新哲学的发展伦理学》，《自然辩证法研究》2006 年第 1 期。

② 参见孙莉颖：《发展伦理学的哲学基础》，《自然辩证法研究》2005 年第 3 期。

③ 参见邱耕田：《低代价发展论》，人民出版社 2006 年版。

④ 林春逸：《发展伦理初探》，社会科学文献出版社 2007 年版。

⑤ 参见储小平：《财富观的变革与财富的创造》，《汕头大学学报（人文科学版）》2000 年第 4 期。

主要环节着手。① 在创造财富的"发展"上，不能仅仅将财富理解为经济增长，同时必须突出人的发展以及为实现这一发展所要求的政治、文化、教育、科学等社会的全面发展。② 另外，还在财富创造、财富分配、财富消费三方面构建人本财富观的实践向度提出基本思考：

第一，财富创造"以人为本"。财富的创造是与人的才能、人对自然的统治的充分发展、人的创造天赋的绝对发挥紧密相联的。应当特别重视人的全面发展对于财富创造的根本作用。其一，以人为本要有"类意识"。财富的创造应当恪守可持续发展原则。以人为本中的人不是相互隔绝的人，而是代内和代际平等的"类"存在意义上的人。其二，以人为本要迎接知识经济的挑战。人类自身中存在着并孕育着无可比拟的发展潜力，财富创造要重视对人的潜力的开发，全面提高人的素质。

第二，财富分配"以人为本"。"以物为本"的经济增长观影响财富分配体制，导致社会矛盾丛生并呈现出尖锐化趋势。确立"以人为本"的发展观，才能真正做到分配的公平、正义。这要求：其一，正确处理公平与效率的关系。既要公平又要效率，这两者结合的性质和方式反映了社会的进步和人的发展水平。其二，正确处理劳动、资本、技术、管理等生产要素参与分配的比例关系。其三，正确处理财富在国家与人民之间的分配关系。其四，积极防止两极分化。经济成就和社会财富的激增，使全体社会成员、特别是弱势群体的个人生活得到改善，在现实中逐步落实"以人为本"和"共同富裕"的理念。

第三，财富消费"以人为本"。既要解决消费不足又要防止和克服消费不当。消费不足既表现为国民的消费水平以及消费在国民经济结构中的地位都比较低。消费不当表现为财富资源占有的不公正，少数强势群体对财富消费占据着话语权和弱势群体财富消费领域边缘化，也表现为奢靡消

---

① 参见余源培：《构建以人为本的财富观》，《哲学研究》2011 年第 1 期。
② 参见张鸿：《构建符合科学发展观的财富观》，《理论研究》2006 年第 1 期。

费财富。无论是着力解决"消费不足"还是积极防止"消费不当",最根本的是要着眼于努力促进人的全面发展。人本财富消费体现和实现的是人的需要,践行保证生存消费、适度享受消费、引导发展消费。

发展伦理将财富本质聚焦于人道、人本的研究,提出物本财富观已成为当代社会和经济发展的桎梏。摆脱当今财富危机和困境,必须走出物本财富观的虚假发展迷雾,在发展伦理视域中反思批判物本财富观,将财富导向人本财富观的真实发展方向。需要人们重新构筑规范性的人本财富伦理思想体系,为财富如何发展、如何更好发展的阐释提供伦理维度和哲学评析。

第一章 发展伦理语境中的人本财富观解读

第一节 发展伦理的学理探究

一、发展与发展伦理的意蕴辨析

（一）"发展"的词性释义与伦理演进

"发展"是发展伦理学的核心范畴，作为一门"显学"，发展伦理学主要是对"发展"的本质、属性、内容、方向等进行系统性价值审视和批判性反思。要真正掌握发展伦理学特有的内在规定性和伦理建构性，首先要明晰、厘清"发展"的词性演进和伦理内涵。

"发展"（Development）是哲学研究的元问题和规范问题的统一。"发展"范畴释义颇多，英语词源学上，发展有 expansion、increase、growth 等近 40 个类似单词。而在《现代汉语词典》里对"发展"的具体解释主要有两方面：①基本义：事物由小到大、由简单到复杂、由低级到高级的变化；②扩大（组织、规模等）。

"发展"内涵有其特殊的历史演进过程。发展的词性释义首先是从生

物学涵义而来，"发展"原意出自生物学"发育"、"成长"等概念。至 18
世纪中叶，"发展"开始作为新兴生物学范畴被指称为与"进化"相关。1. 本
体论意义上，"发展"即为有机体渐次向生物成熟的阶段演化。"发展指涉
的是一个实现本体的过程，由 dunamis 而至 energeia，由潜能（Potentia）
而至行动（Actus）。"① 实现内在潜能过程的"发展"过程就是类似于：种
子发芽长大到开花结果、婴孩长大为儿童成长为大人等。2. 生物规律运动
性意义上，以世界体系论的创立者伊曼纽尔·沃勒斯坦为代表，"发展"
被界定为事物由小到大，由简到繁，由低级到高级，由旧质到新质的运动
变化过程。所有生物有机体的发生、成长、成熟以及死亡的整个进程都称
为"发展"。

　　尽管对"发展"的生物涵义解释层出不穷，但是，此时"发展"的界定，
仍局域于生物的自然自为自在状态，与人类的各种实践活动均无关联。到
了 19 世纪，随着科技迅速发展和社会繁荣进步，人类对"发展"的理解
和界定开始与经济变迁相联系，"发展"获得全新的阐释，呈现出递进的
社会涵义。

　　在第一层面上，"发展"演进为等同于经济的"增长"。伊曼纽尔·沃
勒斯坦指出，"发展"具有以"算术法则"表述为"更多"的超越生物学
含义的更高层涵义，算数无限属性使"发展"被赋予了在经济领域，"更
多即更好"、"增长＝发展"的伦理内涵，"这里的类比不是指有机循环，
而是指线性，至少是单调的投射。当然，线性的投射可延伸至无限。无
限遥不可及，但总是存在的，总可以想象事物增多。"② 由此开始，"发展"
开始成为与人的经济行为相关的范畴，作为"经济增长"特定替代词并逐
步推广。

----

① 　[英] 约翰·汤林森：《文化帝国主义》，冯建三译，上海人民出版社 1999 年版，第
　　292 页。
② 　[美] 伊曼纽尔·沃勒斯坦：《发展是指路明灯还是幻象》，载许宝强、汪晖选编：《发
　　展的幻象》，中央编译出版社 2001 年版，第 3 页。

在第二层面上，"发展"演绎为社会整体的进步。20世纪60年代，发展的社会涵义继续向纵深发展，出现经济领域之上的价值跃迁。德尼·古莱率先提出"发展"的概念需要重新定义，他应将"发展"置于经济学和社会学和伦理学融合后的道德论争之中。古莱基于"生存、自尊、自由"的人类三个基本价值要素实质考察，对发展首次做出突破性阐释："'发展'一词可以指社会变革的目标或者指达到这些目标的方法：指一种美好的生活的形象（物质上更富裕，体制上更'现代'，技术上更有效率）或者指达到这种形象的一批方法。"[①]路易·约瑟夫·勒布雷特也把"发展"经典性描述为：从较少量向较多量的人道性整体变迁、丰富完善与新文明形态创建过程。阿马蒂亚·森也主张，"发展"等于经济增长具有偏狭性，财富积累、货币增多、收入攀升等其实都是为人的福祉、人的目的价值服务，它们最终只属于"发展"的手段性工具性范畴，这是"发展"内含的伦理本真。托达罗进一步概括指出："从最终意义上说，发展不仅仅包括人民生活的物质和经济方面，还包括其他更广泛的方面，因此，应该把发展看为包括整个经济和社会体制的重组和重整在内的多维过程。"[②]托达罗提出的社会整体推进综合发展论，标志着人类对"发展"的本质范畴认识发生了质的迁跃，"发展"被界定为以民族文化、历史传统、资源结构等各种内在条件为基础，包含政治经济、科教文卫、生态环境等各要素进步、变革、演进的全范围"转化进程"。

总之，发展的涵义经历了由生存必然性决定的机械生物定义，演进为纯粹的经济学概念，最后进化为以改善人类生活质量为核心，实现人的自由而全面发展为目的综合性范畴。它涵盖了经济财富增长、政治平等团结、文化多元自由、社会稳定健康等多元素。当今发展伦理所研究的"发

---

① ［美］德尼·古莱：《发展伦理学》，高铦等译，社会科学文献出版社2003年版，"导论"第2页。
② ［美］M.P.托达罗：《经济发展与第三世界》，印金强等译，中国经济出版社1992年版，第50页。

展"，就是建构在对"发展"的综合界定，立论于"发展"是有利于人性实现，有益于推进人类进步各个界面，涵盖社会生活所有层面于一体的完整、全面、系统的伦理现象理解基础之上的。

（二）发展伦理的内涵与属性

"发展"特有的历史演进过程已经表明，"发展"是一个从简到繁、从渐进到质变的不断调整和改变的动态过程，是一种需要不断反省和评判的现象。基于对发展的内涵分析，我们认为，发展伦理就是直接介入实践的规范性伦理学分支学科，它以伦理原则和道德标准规范"发展"，从伦理的视角对人类前进过程的维度、规律、方向、模式的"发展"进行价值评判和约束规制，使人类的"发展"永葆伦理意蕴，在正义、尊重、自由的价值原点之上，实现人的"类"的全面发展以及社会全方位的共同进步。或者说，发展伦理学以当代人类"发展"实践活动所面临的系列伦理问题作为研究对象，对过去、当前以及未来的"发展"进行伦理审视、道德校正、价值引领、进步展望。特殊的本质属性与内涵意蕴决定了发展伦理自身独有的伦理特性。

第一，发展伦理具有现代性和统筹性。"发展"概念与"现代性"存在内在交叉性，"发展"是具有绝对意义的现代性范畴，严格意义上的"发展"趋向于"革新"、"变化"的时代性态势，社会才会具有一种向着物质丰裕、科技发达、政治民主等不断切近圆满性、完美性方向的态势。"发展"的现代设定性赋予发展伦理学对于现代的依托感，现代性追求"进步"，而进步要求不断地"变化"，现代性变化不是自然力之功，而是人主动索求和创造的。这就表明了，发展伦理不仅以描述的话语反映了宏观世界的运动、变化，而且还规范化地展示了人类在所有领域的当代"革新"实践探索。

发展伦理从研究经济领域问题肇始，对人类自身的发展实践进行价值分析和伦理反思，直面当代人类发展面临的各种伦理困境和道德危机，以及对生态、政治、文化等各领域"发展"问题进行全面系统的伦理审视。在从传统社会向现代社会的转型和变迁中，广泛探索确立人性的自由解放变化过程和人类进步实践的道德原则和伦理体系建构。

第二，发展伦理具有价值性活动内涵特质。一方面，发展伦理是充满价值预设的研究领域。"发展"是描述性与规范性相结合的概念，而在规范性认识上，"发展"类似于褒义词"好""善"，这是"发展"的"良性"展现，"好""善"评判往往与人类意识形态变化相联系。因此，发展伦理的价值标准、价值审视、价值反思蕴含在变化性、进步性的价值判断之中，即对是否是真实性的"发展"的评价要以现实为依据，"好"的发展应符合人类当今信奉的价值体系，发展的高低程度应以是否符合人类时代的价值标准来衡量。

另一方面，发展伦理是价值观活动的表现方式。针对"如何发展"、"如何发展更快"这样的传统发展论经验性问题的缺陷，要求人类必须对发展问题投入伦理关怀，从人的哲学本体存在论视角评价发展，运用超越传统常规伦理的价值体系规范发展主体行为、确定发展性质和制定发展目标。要求人类通过自觉伦理评价和实践道德约束力化解面临的发展难题，而随着人类现代性反思深入，将会不断产生对"什么是好的发展"理解的变化差异。所以"发展"又意味着人类价值因素的不断累积，成为发展主体充满价值估测、价值甄选和价值决定活动的研究域。

第三，发展伦理具有自反性（Reflective）调整特质。在发展的当代路径中，发展经常会偏离理性与自控的轨道，这种突变性损毁的"产物"锁定于现代创新成果，把人类带入某种社会危机。现代社会"发展"都可能伴随着某种社会风险。乌尔里希·贝克在1986年出版的《风险社会》中提出，我们正进入一个新的"风险社会"（Risk Society），现代风险正是现代化发展到某种程度时一种自反现代化的社会发展之产物，它带来的悖论是：现代化、科技发展越快越成功与现代化风险越多越明显之间存在二律背反。超速的社会向前频率使得"发展"具有引发社会结构崩溃的巨大能量,当我们秉承"发展至上"指导发展活动,当"发展"实质意义被扭曲时,必然导致"发展"的重重困境和危机出现。以此相融合的是,"发展"内蕴着一定的能动选择性、自觉自为性,在现代化发展进程中,不断呈现出自我反思、批判、抗争和重构的特质,因此,发展伦理本身就具有"自我改变"的"自反性"特性,发展伦理能为人类提供审视发展正确与否的哲学依据,及时纠正人类非理性发展行为,规避社会各种风险机率,并为"发展重建"、"发展重构"提供客观操作性和主观能动性的理论来源。

二、发展伦理的肇始和阈值

(一) 发展伦理的滥觞追溯

毋庸置疑,当"发展"成为"进步"、"增长"的代名词后,人类以"发展"为由的活动,很大程度上促进了人类经济领域的进步和变化。但当人类初尝到经济发展所带来的物质丰裕的享受后,却开始对"发展"行为失去应有控制和道德约束,发展逐渐成为无道德规范和伦理约束的"发展"。人类的发展实践是一项浩大复杂的工程,全球性发展现代悖反仅从某一角度进行伦理反思是远远不够的,这就迫切需要一种新兴伦理理论对发展重新进行审视、对现代性发展难题进行全面的、深层次的伦理批判和破解,为人类从根本上解决这些问题提供价值指导和伦理依据。

发展伦理的肇始从两个学术争鸣开始:一是经济学家对经济与伦理分裂的反思,以及对市场经济的伦理价值纬度的高度关注。越来越多的经济学家与哲学家(比如:弗朗索瓦·佩鲁、威廉·斯皮格尔、德利·西尔斯等)呼吁联手应对发展问题,批判追求单纯经济增长的片面发展思维,提出发展必须体现价值观问题,理应接受来自伦理道德的检验。二是追求经济、社会与人的协调而全面发展的整体发展思维的出现。越来越多的学者从不同向度对发展与伦理的内在割裂进行反思,对发展的人本价值内涵进行哲学审视和肯定（比如：赫尔曼·E.戴利、阿瑟·奥肯、阿马蒂亚·森等），提出发展应以人道、人性为基础，对"人"的关注才是发展的应有之义。

在两种争论不断探讨和成熟中，1987年，美国德尼·古莱《发展伦理学的任务与方法》一书的发表，成为发展伦理学成立的里程碑式的学理标志。而后，发展伦理的研究在世界各国不断繁荣。许多国家相续成立了专门从事发展伦理研究的机构，主要有：1987年成立的"国际发展伦理学协会"；2000年成立的"人类发展与人的能力研究会"和2000年成立的"社会资本、伦理与发展协会"等等。一些大学也陆续开设了发展伦理学专业课程。

在我国国内，吉林大学哲学系教授刘福森最早提出"发展伦理"这个概念，并对其存在的合理性加以论证。他在《哲学动态》1995年第11期上发表了题为《"发展伦理学"：当代社会发展的迫切需要》的论文指出："当代的社会发展理论，不仅应当包含根基于社会发展规律的科学论证，而且还应当包含价值论的支撑和伦理的规范。因此，提出'发展伦理学'这一概念在当前具有重要的理论意义和实践意义。……它是社会发展理论不可缺少的组成部分。"[①] 以此为基础，他于2005年出版了我国第一部研究发展伦理学的专著《西方文明的危机与发展伦理学——发展的合理性研究》，提出工业文明和现代发展观的本性决定了发展危机是必然的历史命运。发展伦理学的产生是我们急需对未来发展模式和发展道路进行伦理的规范和约束的必然选择。随后，国内涌现出一批研究发展伦理的学者和专家，比如中共中央党校邱耕田教授、中山大学钟明华教授、苏州大学陈忠教授、广西师范大学林春逸教授等等，他们分别从不同理论角度探讨发展伦理学，提出发展伦理是一门特殊的全球化理想建构理论，其哲学论与现实论奠基在人们对现代困境图景所引发的伦理关切以及摆脱困境的强烈愿望之

---

① 刘福森：《"发展伦理学"：当代社会发展的迫切需要》，《哲学动态》1995年第11期。

上，因此，必须建构起发展与伦理的社会整合机制，实现发展主体与道德人的有机统一，发展对于人的自由和解放具有重要的价值意义。

随着国内外学者的对发展伦理的深入研究探讨，发展伦理逐渐以一种全球性的姿态，不断得以系统诠释和逻辑完善，成为人们对发展实践合目的性、合意义性的伦理体系评估学科。

（二）发展伦理的阈值界定

发展伦理产生的时代背景的特殊性决定了发展伦理必然有其不同于其他伦理学分支学科的哲理基础和价值目的。发展伦理学的性质意义、基本问题、研究范围、学科使命、方法论、战略途径、原则规范与评估体系等都是建立在学科特有学理基础和价值目的之上的。

首先，发展伦理哲学来源于对近代理性主义哲学的传统主体性和人道主义的批判性反思。主体性原则主张人与世界是主客二分，人作为主体是存在论、认识论和价值论的中心，是世界的主宰和中心，世界仅仅是围绕人旋转的"轮盘"，自然界是人的奴仆。传统人道主义则在19世纪以后逐渐偏离正确轨道，对人的理解停留在人类中心主义的意义上，世界被"对象化"，张扬人的理性而不是自然本性，提出"人"才能成为宇宙的绝对的至上的理想性的主体，因此，人的行为不受任何约束和束缚。

主体性的高扬和自然本体论根基的丧失曾带来的现代社会的无节制、无理性的发展混乱。发展伦理批判这种对人性的偏激"至上"论，倡导在发展进程中，一方面确立"人应当是怎样"的意识，对人的主体性行为重新审视；另一方面将主体自由发展活动限制在伦理合理性限度内。以人的"能是"为基础，以全新的人道主义和生态保护主义为依据，提出人类实现从自我意识向群体意识、从主体至上意识向自然共同体意识、从生存意识向价值意识、从当前意识向可持续意识的伦理转变。

此外，发展伦理有其特定的经济学理论基础。近代以来，马克思"异化"学说、韦伯的"工具理性铁笼"思想、涂尔干"失序"理论均从不同的经济学视角，深刻揭示人类一味追求财富量化增长的"发展"所付出的昂贵"成本"代价，批判了资本增值隐蔽下的人的本性的畸变事实。彼得·伯杰在《牺牲的金字塔：政治伦理学与社会变革》一书中揭露增长的内在本性，认为这种"发展"（增长）是吞噬当代千百万人的"莫洛克神"；丹尼斯·米都斯的《增长的极限》批判了发展等同于无限增长给人类带来的毁灭性灾难；阿马蒂亚·森的《伦理学与经济学》、《贫困与饥荒》论述了发展是经济与伦理的整合，主张发展是目的价值高于工具价值的有机统一，评估发展程度应以人类发展指数（HDI）代替经济国民生产总值（GNP）。众多的经济学论述为发展伦理提供了全新的理论视角，发展伦理承接了经济学与伦理学的相统一的观点，批判经济至上论、效率中心主义、享乐拜金主义，提出学科基本使命和任务是在于防止经济高速运转同时产生发展异化现象，以及防止物质极大丰富与人类精神匮乏断裂产生伦理的"空场"，将道德制约和伦理研判注入发展进程始终。

那么，发展伦理的价值目的是什么？在发展伦理出现之前，"经济增长"是发展的最重要的唯一性目标。发展伦理拓展了发展理论研究的多元化视角，提出经济量的增加只是发展的阶段性目的，人（及人的"类"）的全面自由的发展才是发展追求的终极价值。

第一，发展伦理以伦理观、道德论融入发展的人性化进程中。发展伦理重新评价、规范和约束人的主体性发展活动，在人与自然、人与人、人与自身三方面关系上确立价值依据。在人与自然关系上，发展伦理重审人与自然的关系，既不简单地否定人的主体性，也不简单地否定人与自然之间的主客体关系的合理性，而是在承认人的主体性的同时寻求人的主体性实现和发展的合理性的"度"，以保持自然生态系统的稳定和平衡；在人与人的关系上，发展伦理学以责任、平等、尊重为价值原点，通过对人类发展本身进行价值分析和伦理反思，试图消除传统发展论催生的世界性贫富差距加剧产生的两极分化、社会的不公平不和谐、民族种族发展各种不平衡等现实矛盾；在人与自身关系上，发展伦理批判追问"人是什么"、"人能是什么"的生存论问题，而转向探索揭示"人应当怎么做"的价值论问题，在人"能是"与"应是"之间的问题上建立起一种事实与价值的反思性伦理规范机制。

第二，发展伦理终极价值是实现人的个体以及人的"类"的全面发展。首先，发展伦理的价值追求体现在人的进步和完善程度上，实现人的生存的可持续发展，自觉对人的发展最有利的因素集合中进行"辨别"和"扬弃"以利于实现人的真正发展。自 1987 年发展伦理学科创立伊始，以德尼·古莱、戴维·A.克拉克、可思波为代表的发展伦理学者尽管论证方法、途径大相径庭，然而，他们对"发展"的终极目的认识却殊途同归——"发展"是为了"人"。譬如，克拉克提出发展是人作为社会的主体性的人性的发展；阿马蒂亚·森也指出，发展可以看作是扩展人们享有的真实自由的一个过程。其次，发展伦理以个体主体意识基础之上的发展的"类"意识，提出任何个体人都不具备独立可持续发展的能力，只能以"类"的方式呈现在宇宙进化之中，个体发展与人类社会整体发展具有统一性和同步性。"为了人的全面发展"是为了有规范、有节制、有约束地实现人类整体的发展，发展伦理以世界性、全球性的伦理整合意蕴，突破国家、民族之间，代内、代际之间的发展壁垒，力图实现人类整体的永续发展和共同进步。

三、发展伦理的基本价值维度

发展伦理产生于发展中出现的问题而引发的伦理追问与道德省思。因此，它必须面对和回答发展的意义，以及我们以什么标准来规范发展活动的问题。发展伦理建构发展的普适道德原则，追求实现发展的全面性协调性，达到强化发展主体的发展良心、发展责任感等。由此生成了公平性与功利性相结合、发展的"善"意识、发展自律性三个基本价值原则。

（一）公平性与功利性相结合

正义（Justice）意味着道德上的"应当"，与"公平"、"平等"含义相同，是社会首要价值体现。《美国百科全书》对"公平"条目释义为：公平是一个社会的全体成员相互间恰当关系的最高概念，是以一切人固有的、内在的权利为基础，这种权利源于自然面前人人皆有的社会平等。罗尔斯在《正义论》中进一步指出，平等原则是保障基本自由和机会公平，并最大限度地兼顾利益平等，关怀那些处境最差者。而德沃金等一些学者则从更为广泛的意义上理解平等，认为平等应体现在人的生存权利、经济政治权利、文化社会权利等各个方面，平等地关怀和尊重所有人。

那么，发展伦理的功利性应如何理解呢？休谟、边沁、斯密等建立在西方幸福论基础之上的功利主义，由于对功利的过度崇尚、对人的权利自由的过于忽视，使它备受自由主义等学派的质疑。发展伦理的功利性价值取向与传统意义上的功利主义是有区别的，这里的功利性是指每个"存在的人"都有追求自身利益的"自爱"本性，形而上学曾思辨性地指出人性深处具有自利心和向己性潜在意识，人类要保持生息和繁衍，就会自觉趋利避害，功利性因切合了人的本真生存需求而具有存在合理性。功利性价值也得到过马克思主义的肯定，在《德意志意识形态》中提到："功利论至少有一个优点，即表明了社会的一切现存关系和经济基础之间的联系。"① 主张"兼相爱，交相利"的墨子也认为"善"就是有用、有利，"仁之实"在于"仁人之事者，必务求兴天下之利，除天下之害。"②。章太炎也肯定过"利"的重要性，他说："人之嗜欲，著于声、色、香、味、触法，而仁义即由嗜欲而起。故《易》'称利物足以和义，明非'利'，亦无所谓'义'也。"③ 发展伦理的功利性价值取向的伦理维度，是把每个人真正视

---

① 《马克思恩格斯全集》第 3 卷，人民出版社 1974 年版，第 484 页。

② 《墨子》卷四，"兼爱"下，第十六。

③ 朱维铮、姜义华编：《章太炎选集》，上海人民出版社 1981 年版，第 71 页。

为具体的而不是抽象的存在，把发展视为符合人类自我进步的社会利益推动力量。发展伦理学主张功利性，并不是张扬自我唯我的原子式个人，而是强调发展为了人的利益实现同时兼顾维护其他存在体的利益，同时对人本身的尊重和关注要超越实际利益的算计。

发展既是经济的发展，更是人类平等的进步，正如德尼·古莱所说过的，如果"发达"成为少数人的特权，贫困成为多数人的命运，这种发展就不是真实的发展。发展是公平性与正当功利性的辩证统一，在规范人类应当如何共同生活的问题上，要兼顾功利性又超越功利性，用公平正义来实现发展的德性诉求，在保护生态自然、人文环境的前提下，努力实现经济效益的最大化，最大限度地满足和丰富人的生存需要。同时，在解决社会个体之间、群体之间以及个体与群体、个体与社会之间的利益关系时，使权利和义务相统一，通过公平的财富分配，使全体社会成员共享经济社会发展的成果，使发展的成果惠及所有的社会、所有的个人，让每个人都能各得其所、各得其值，尊重人的基本权利、满足人的基本需要的程度，缩小贫富差距。此外，在发展的过程中，给所有社会成员以平等的机会和待遇，社会通过适当的制度与体制安排，保证每个人获得充分发展自身潜在能力的平等机会。

（二）发展的"善"意识

发展的伦理趋善性实际体现了道德由"恶"到"善"的变化过程。阿马蒂亚·森呼吁人们拒绝传统发展"血汗和眼泪"（Blood，Sweat and Tears）的"残酷"（Hard）范式，将发展引入多元价值化、合作共生化和人类能力持续扩展化的"友善"（Friendly）路径。"发展过程的友善可以表现为发展互利交换、建立社会安全网、给予政治自由权、推广社会发展——或者是这些扶助活动的某种组合。"[1]"善"因此而成为发展伦理学

---

[1] ［印度］阿马蒂亚·森：《以自由看待发展》，任赜等译，中国人民大学出版社2002年版，第30页。

的道德规范和伦理支点。

从古希腊开始，人类就有了"善"的道德意识和思想体系。"善"（Good）蕴含着在至少令人能够接受的程度上存在这种或者自身值得颂扬，或者对于某个目的来说有益的属性。柏拉图理想主义目的论发展观认为现实事物都趋向于理念，而所有的理念又都趋向于最高的理念——"善"（The Good）。亚里士多德认为"善"是万物的动因及终极目的的统一。黑格尔阐述的"绝对精神"，也有一个由点到面、由抽象到具体最后达到内容完全展现为实现了"善"的发展过程。皮尔士也强调发展的最终目的是要把世界变成一个绝对完善、合理和均衡的"善"体系。可见，伦理价值论范畴的"善"，以抽象的形式表达了客观社会对主体愿望的合目的性运动的理想。

发展伦理的"善"除了基本的"善"内涵以外，还具有人学的意蕴。首先，对人的"善"。发展的根本价值目标和伦理关切就是实现人类"善"的美好生活过程。不断提升和完善人性，使人获得全面发展。发展要不断复归人作为社会发展终极意义的本性，发展的实践不能离开消除和解构把人本身作为手段淹没于发展其他目标之中的"发展人学悖论"。其次，对与人类共存的万物的"善"，即对万物的"善"关怀的内在伦理。自然界作为人类发展的载体，作为人类发展的天然货仓和资源保障，人类也要赋予自然界一切生物以同等的权利。施韦兹在《文明的哲学：文明与伦理》中，第一次明确提出了在生命的固有权利上，自然界每个生命体或者具有潜在生命的物体都具有不可侵犯的神圣的内在价值。罗尔斯顿也提出，"生态系统是一个网状组织，在其中，内在价值之结与工具价值之网是相互交织在一起的。"[①]雷根则在 1983 年出版的《为动物权利辩》一书中清晰地指出，根据一贯性原则，非人类的动物也拥有基本的权利，以牺牲资

---

① ［美］霍尔姆斯·罗尔斯顿：《环境伦理学》，杨通进译，中国社会科学出版社 2000 年版，第 254 页。

源和环境为代价、以满足人类挥霍性消费为目的的发展是非理性的。这些理论在一定程度上为我们提供了哲学借鉴，发展伦理学以"善"理念承认自然物具有不可否认的"内在价值"，而这种"内在价值"是"非消费性价值"、"应然价值"，自然地内生于生命体中，一旦存在便拥有与人类同等的权利。

（三）发展的自律性

发展自身又会产生自我约束、自我反思、自我节制的功能。康德说过，人类正是通过理性（实践理性）自律而超越于一切自然存在物之上，成为不受任何外在因素制约的独立自主的真正主体，"纯粹的并且本身实践的理性的自己立法，则是积极意义上的自由。"[①]

发展伦理追求发展和谐平衡状态，自律性是发展价值目的实现的内在德性调控规约，发展自律性以发展适度为现实体现，发展适度以发展的伦理本质性和道德规范性对人类发展非理性欲望进行自觉节制和调整，在发展中遵循"中庸"与"中道"原则。孔子曾经以"中庸""适度"思想为最高美德和至高境界，"喜怒哀乐之未发，谓之中；发而皆中节，谓之和；中也者，天下之大本也；……致中和，天地位焉，万物育焉"。"中"乃是宇宙中最根本的原则，是行为既不超过也无不及的合理性限度，孔子认为人们的各种情感欲望、行为活动要做到恰到好处，才可以达到"中"的境界，才可以让万事万物平衡和谐发展，各得其位，天下才会繁荣兴旺。亚里士多德所说的"适度"也是指"中道、适中、执中"，是"无过无不及"的中间状态，亚氏认为，只有以中道充实的生活才是最高尚而又最美好的生活，"德性是一种适度，因为它以选择中间为目的。"[②] 同时，中道还是灵魂和谐根据的外在显现。德漠克利特崇尚自然主义感性幸福观，重视人

---

① [德] 伊曼努尔·康德：《实践理性批判》，韩水法译，商务印书馆 1999 年版，第 34—35 页。
② [古希腊] 亚里士多德：《尼各马可伦理学》，廖申白译，商务印书馆 2003 年版，第 78 页。

的物质享受和感官满足，但同时又强调人要节制快乐、理性适度地追求幸福。可见，"中"、"适度"、"无过也无不及"是良好状态的伦理诉求，发展伦理的自律性要求在于以中道适度约束和评价发展，摒弃发展过度和发展不足而"取中"，抑制人类发展欲望的无度泛滥，调控发展失范行为，对发展理性自觉起到根本的德性引导作用。

发展自律性还在于有效遏制发展中的"反发展"（只有经济量的增加而没有社会进步的发展）、"伪发展"（脱离以人为本的"透支发展"）、"假发展"（未能实现共同性的发展）的虚假现象。卡思陀瑞狄思描述"社会想象的表意"（Social Imaginary Signification），就是发展成为无轴心的盲目无休止的运动，这是人类欲速则不达的发展愿望，这种表意想象不能提供定性的正确目标，生动描绘出虚假发展的现实观照。虚假发展的数量堆砌"繁荣"似乎与人类利益最大化的"事实"相符，然而在内在持久性检验上则是"脆弱"、"非理性"的，其实质是工具理性过度膨胀和价值理性过度缺失，其模式是对"发展"的无批判性崇拜和追捧以及对人类文明的颠覆。

面对发展的虚假现象，发展伦理以自律性为逻辑，从发展的内生性问题出发，对违背发展初衷的发展假象进行伦理省思和道德批判。避免假借发展之名而恶意进行的追求经济利益最大化的伦理倾向和追求经济利益最大化的危害性行为，发展伦理以自律性约束发展系列进程，力求避免发展异化产生，寻求现代科学的发展模式，以促进社会真正进步的实现。

第二节　人本财富观的发展伦理释义

一、人本财富观的哲学内涵

"人本"财富观的萌芽和形成，在古希腊时期已初见端倪，当时先哲们就提出财富是非目的性而是手段性存在的论断。柏拉图认为，"财富的价值要依据所有者的德性和是否能贤明的使用。"①获取物质财富是为了达到高尚目的的手段。亚里士多德提出，"货殖"（即无限制的追求货币增殖）是与人的自然的本性相违背的。而后，随着社会发展和财富的增长，人们对财富认识不断深入，财富内涵被经济学家、伦理学家们赋予更深刻的人性意蕴，西斯蒙第首先主张从人的主体性角度重新界定财富的含义，明确提出了财富属于人而且为人所享受的财富观。而后，加尔布雷也提出，现代社会存在缺陷，主要表现为消费者受生产者的支配以及把物质享受当作了幸福。黑格尔对财富问题的解释根据在于人的需要（欲望）和劳动的现实性这一内在确定性。他认为，财富作为自我意识异化和创造出来的现实的对象性，其本身已经就含有自为存在的环节，自我意识（主体）要想实现自己的普遍本质（普遍的精神本质），就必须"从财富那里取回自为存在的对象性并且扬弃这种对象性"。②

　　"人本"财富观的发展，则蕴含和完善于马克思所开创的以价值理性为尺度的经济理论中。马克思关于财富人本性的阐述，在《资本论》中能找到哲学论述，马克思以财富生产方式、财富分配方法及财富体系动力、财富人性异化等社会本体论问题为切入点，揭示了商品、货币与资本三者之间所蕴含的关系，以批判的视角着重探讨财富形成的社会关系，其基本着眼点就在于对人的主体地位、自由状态如何在财富体系中得到实现的问题的解决。马克思否定西方主流经济学人是要素（即"人力资源"），满足有支付能力的需求是生产的目的的立场，提出劳动价值论，强调人是生产的目的，并以劳动作为经济学的逻辑起点，揭示资本与劳动的二元对立，在经济理论话语中明确提出：人是生产的目的，而资本是生产的工具。真正开辟和丰富了财富观"物本"向"人本"的哲学转变。

---

① ［古希腊］柏拉图：《理想国》，郭斌和等译，商务印书馆1986年版，第197页。
② ［德］黑格尔：《精神现象学》下卷，贺麟等译，商务印书馆1979年版，第60—62页。

综合上述观点，"人本"财富观（或者说，是"以人为本"的财富论），主张人第一性、物(财富的形式、样态)第二性，在哲学价值论认识论中，强调人为物之根本，财富的物性是为了满足人性的需求和人的全面发展的需要，人本财富观与物本财富观相对立，它反对"物"凌驾于"人"之上，明确"物"仅仅是一种质料因的客观存在，而"人"才是真正的目的因存在。

第一，提出财富本身不是自在之物，财富蕴含着物的有用属性（客体性）与人的价值属性（主体性）双重特征，是"物性"与"人性"相统一的二重性存在体，即人的"对象性本质"与"主体本质"实现的统一。一方面，财富是主体人的对象性客观存在物，财富是人的"创造物"、"实践物"，是人通过劳动实践满足其需要的实在物，作为人的生产活动的对象性存在，用于满足人的各种各样的需求；另一方面，财富在"物"的外壳下隐含着最深刻"属人"、"为人"特性，是人类的有意识的、有目的的活动，人通过劳动自证财富是"为我之物"，财富是以"物"的外在形态遮蔽下的人的所有社会关系的显示。

马克思批判指出，财富是满足人的需要的产品，而由于人的需要已经不局限于满足人的肉体上的物质性需求，而且包括一切精神的需要和欲求。从自然本性上看，人的需要包括生理需要、精神需要和社会需要；从价值层次上看，人的需要包括生存需要、享受需要和发展需要。财富的根本在于它符合人的更广阔领域的需要，为人的自由全面发展的终极目的服务，展现了财富的存在意义。因此，财富的价值不仅在于物的价值，更重要的是以人的尺度去把握财富的本质，凸显人的主体性，要将物的价值纳入到人的价值体系中考量。

第二，肯定财富的产生、流转和发展各时期都伴随和记载着人性彰显的历史变化过程，同时也深刻地反映了人性异化变迁史。财富历史表达的各种符号或抽象形式，都是人类不同历史阶段实践活动创新变革的见证，都是人类长期劳动实践的结晶。虽然财富从最普遍的形式上看，似乎是物的形式，但实质上财富是量度人类实践行为属性及其社会内在矛盾的基本尺度。把财富仅仅定位为具有"使用价值的东西",是对人类早期的农业、手工业社会大分工所导致的最初市场商品交换的人类社会无价值意识的延续。

二、物本财富观的伦理意蕴

在漫长的人类生活中,人类对财富的原初界定是一种与大自然恶劣环境抗争、满足和保证人类生存、种族繁衍生息基本需求的物的存在体。当人类基本欲求得以实现后,财富逐渐演化为人性无度欲望的外在工具,财富成为仅具有工具理性的"物"自在体,由此而出现了以"物"为轴心的财富观。特别自工业社会以来,"物本"财富观导致财富无伦理性的数量式的累积增长,使财富逐渐退化为仅具有工具性价值而没有内在价值的人类衍生物。在人类社会发展进程中,财富的依次展现为货币→实体资本→虚拟资本各种样态。

前古典经济学和古典经济学时期,从古希腊色诺芬首先提出的有用即财富特质到重商主义的金银财富、重农学派的农业纯产品财富直至以亚当·斯密为鼻祖的古典主流经济学,都倡导以工具理性为尺度的劳动财富论,关于财富本质的种种探究的共识在于经济增长,财富发展目的共识在于追求的"物"数量化式增长。这种以物为本的财富观对财富的认识以"物"为财富全部的功能展现、效力作用和内在价值,在意识领域上几乎控制着整个近代财富发展史。

进入 21 世纪初期,随着工业化的加剧,社会更是充溢着"血汗和眼泪"(Blood, Sweat and Tears)的"积累 BLAST"的物本财富观,这种财富观以"残酷"(Hard)和"严厉"为主流观点。BLAST 的支持者提出,应给予财富发展以优先地位,为达到财富积累的"美好的未来",人类要忍受"一定的牺牲"(放弃民主、自由和权利等)和承受各种"现代综合病症"(贫困、饥饿、不平等等)。"积累 BLAST"专注于追逐资本积累和财富增长的"量",忽视人应有的福利与生活质量以及"人"主体存在优先价值。

由此可见,主张物(财富的形式、样态)第一性、人第二性,物为人之本是"物本"财富观的最显著的内在伦理特性,这种财富观的认识论和价值论基础是排斥其他价值因素、以对物的无限占有为根本,以物质无限生产为目的。本质属性在于主张财富主导、决定着人的内在思维和外在行动,"为物而物""以物为本",其最大特点就是形成人的社会发展的"物化性"或"物役性",倡扬人对"物的依赖性",追求单纯的物质财富数量增加。

而以GDP作为衡量发展的唯一指标,增长决定论、经济至上论和金钱万能论是物本财富观代表性的外在伦理显现。按照"现代化＝工业化"的思维方式,致力于物品的总供给(Total Supply)、总收入(Aggregate Income)与国民产值(National Product)的提高,漠视人类的"权利"和这些权利产生的"能力"。[①]它简单地将"物"凌驾于"人"之上,甚至完全漠视人的福利、幸福指数以及自由等积极因素,产生有财富增长之实而无财富发展之值的发展假象。

总之,在以经济为核心的物本财富观指导下,人类的确创造了经济增长的奇迹,凭借着财富的大量提升而迅速摆脱了蒙昧落后、缺衣少食的生存状态。但是,而后过于单纯追求经济和财富增长,导致许多国家经济结构失衡、社会发展滞后、能源和资源日趋紧张、生态环境急剧恶化以及财富两极分化、失业增加、社会腐败、政治动荡等全球性普遍问题的出现。马尔库塞把这种现象称为人成为经济活动的物的奴隶,物本财富观显露出日益畸形化及产生伦理的"空场"运转,衍生出越来越多的社会财富困境以及人性危机等问题。

---

① 这里引用阿马蒂亚·森的概念解释,权利,指一个人在一个社会中运用面对的全部权利和机会所能支配的可选择的商品;能力,指一个人在很多评价问题上的优势和权利基础,即一种无法由效用或商品指数取代的作用。——作者注

三、财富观人本实质

财富观，综合人们关于财富的所有观点和看法。体现人们获取、占有和安排财富的方式及与此相关的权力观念、生产观念、交换观念、分配观念等，或者说是人们在财富的生产、分配和消费的过程中对财富的价值理解和认知，可归纳为"如何看待财富"、"如何获取财富"、"如何支配财富"三大问题，对三大问题的回答，财富观可分为三大基本伦理层面，即：对财富的获得认知（来源）、获取财富的手段（生产）、安排财富的方式（使用）的解析。

不同的财富观就是对什么是财富（what is wealth）、财富的内容和形式是什么（the wealth of content and form what）、财富的价值诉求是什么（what is the value pursuit of wealth）的不同回答。财富观作为人类经济活动的产物，具有历史继承性。社会文化背景、经济运行方式不一，在认识、创造及使用财富的实践中相应地也形成不同特质的财富思想。

在发展伦理研究领域，对财富的认识是与发展的本质相结合的，具有其学科理论的特殊性。主要形成的观点是：财富实质是追求自由。以阿马蒂亚·森从可行能力被剥夺来识别"贫困"从而得出对"财富"的理解最具代表性。森认为，收入提高不等于成就增加，拥有更多的物品不等于拥有更多的可行能力，"贫困"概念要从两方面进行识别后再加以界定，"（1）一个识别穷人的方法［识别（Indentification）］；（2）把穷人所构成的集合的特征进行加总，以形成贫困总体映像（Over-all Image of Poverty）的方法。"①"识别"和"加总"（Aggregation）这两个元素是对贫困本质把握的两个方面，具有关联性和相互作用性。对基本可行能力的剥夺会产生贫困，收入低下只是其中因素之一。因此，仅从收入高低定义贫困与否，即把低收入看作是贫困诱因，森认为是绝对和片面的，贫困的真正含义是贫

---

① ［印度］阿马蒂亚·森：《伦理学与经济学》，王宇等译，商务印书馆2000年版，第19页。

困人口的能力贫困。森的"真实贫困"是指能力的贫困，收入性贫困、非收入性贫困是其具体内容，包括人类生活中"显性"和"非显性"等多方面的"贫困"。森从贫困界定而概括出对财富的理解，"收入"和"财富"自身并不值得向往，人们追求"收入"和"财富"，是因为"它们是极好的通用手段，使我们能获取更多的自由去享受我们有理由珍视的生活。"①因此，森认为，财富自身不是终极目的，财富的真实意义或者说财富有用性、财富功能性在于对人类实质自由的实现。森在《21 世纪开始之际的发展思考》中，提出摒弃主流经济学无伦理价值的"硬心肠"工程方法，将财富发展理解为多元价值、合作精神和人们自主力量不断扩展的"友善"（Friendly）过程，而不仅仅是"经济人"追求自利的非道德的物性化活动。

森把发展的目标看作是等同于判定社会上所有人的福利状态的价值标准。财富、收入、技术进步、社会现代化等固然是人们追求的目标，但它们最终只属于工具性的范畴，是为人的发展以及人的福利服务的。森认为，以人为中心，最高的价值标准就是自由。这种自由是指享受人们有理由珍视的那种生活的可行能力。更具体地说："实质自由包括免受困苦——诸如饥饿、营养不良、可避免的疾病、过早死亡之类——基本的可行能力，以及能够识字算数、享受政治参与等的自由。"②当然，阿马蒂亚·森所说的"自由"是以人的基本权利获得为前提的"人本"基本组成部分。

财富蕴含的深层次价值在于促进人的发展。另一位发展伦理学者德尼·古莱对财富的界定与"人"的生存、发展紧密相联。古莱基于对其他学者对财富的论述回顾和总结而得出对财富的解析。他在《发展伦理学》（2003 年）一书中总结，美洲土著人社会研究者巴里·洛佩斯认为财富的概念应基于身体健康和精神幸福，而不是物质拥有。基督教的早期元

---

① ［美］阿马蒂亚·森：《以自由看待发展》，任赜等译，中国人民大学出版社 2002 年版，第 10 页。

② ［印度］阿马蒂亚·森：《以自由看待发展》，任赜等译，中国人民大学出版社 2002 年版，第 30 页。

老——约翰·克里索斯托、尼斯的格列高利和大巴西勒论述，只有像德行、友谊、真诚与美好等精神货品才构成真正的财富，真正的财富在于其内在自由，它使人们把物质货品用做满足需求的手段，作为培育取得更大满足的更高货品的途径。而政治学家道格拉斯·拉米斯认为个人财富并非财富的唯一形式，还有其他形式可以共享。但是这些财富形式更为政治的而不是经济的；共同财富不是由经济发展达成的，而是由人群的政治安排所达成的，不平等问题的问题所在不是贫困，而是过度。"世界的贫穷问题"更准确的定义却是"世界的财富问题"，这意味着问题的解决不是要大规模改变贫困文化而是要大规模改变过剩文化以使之走上发展道路。对财富的这些回顾提出，古莱得出财富判断的结论，"我们关于财富所做的任何伦理判断以及致力于作出这种判断的机构必须植根于有关人类生存的广大目的的哲学概念。"① 古莱将财富置于主体存在论与目的论角度进行断定，对财富的完整性和人文性进行合乎发展伦理学科主旨的论证。

发展伦理提出了财富价值尺度的真实性或称实质发展。从 20 世纪 50 年代起，发展的价值内涵不断得以扩展充实，把财富、财富的增长甚至财富增长速度看作是衡量发展的基本杠杆理论被不断重新加以审视。除了经济量的增长，发展还有失业、贫困、自主性、国家安全、民族文化、自发性与理性的融合以及尊严、自由等等方面的改进等意义，发展被视为综合的全面的过程，不仅是规模与数量的可视性增长，也是结构的优化和制度的合理创新与改进，是民族文化自主性的弘扬和理性化的扩张，物和组织建制的"现代化"和人本身"现代化"的统一，是民主、平等、公正、自由、正义、权利和尊严等现代价值更多、更真实地被尊崇和获得实现的过程。发展具有的伦理特性表明，发展才是判定、评价财富的尺度，财富手段是否合理，财富目的是否正确，都必须由发展进行价值意义的检验，

———————
① ［美］德尼·古莱:《发展伦理学》，高铦等译，社会科学文献出版社 2003 年版，第 154—159 页。

财富从属于发展并为了发展。

综上所述，发展伦理学科对财富的涵义、价值阐释并未单纯局限在"物"的量的增加和积累上，而是将财富赋予了更为深广的意蕴，在发展伦理语境中，财富不再是独立的而是具有"关联性"的"属人"存在物，对财富的把握，不仅仅局限于财富"物自体"的展现形态和属性，在其本质性上应与人类的生存、人的自由和人的精神丰富的伦理向度、价值诉求与理性维度等结合在一起，财富是从属于发展价值内涵、具有内在德性的伦理范畴。本文对财富范畴与内在价值的探讨阐释，正是以发展伦理的阐释为理论视角展开的。

第三节　财富观物本向人本的当代哲学转向

一、财富观从物本到人本的演变

发展的研究理论经历了从"增长第一"到"满足基本需求"，从"增长极限论"到"综合发展论"，从"可持续发展"到"以人为中心的内源发展"的演变和递进。相应的，对财富的本质和意义的研究从注重于如何发展转向如何才是更好的发展的价值跃迁，从而实现了财富观从"以物为本"到"以人为本"的立论转向。

从哲学视野来看，在市场经济的主导下，财富基本上只具有单一的"物"的内涵，"财富"仍然是一个广为人知、鲜为人解的概念，财富不仅依然是经济学研究的特有主题，而且成了现实生活中物质财富的代名词。人们在把财富作为"需要的对象"和"欲望的对象"而争相追求的同时，财富理论就形成了狭隘的"重物"的物本财富观，反映到理论研究上，就是有关"财富"的论著，集中从经济学视角来研究财富，片面强调经济指标的增长，把经济增长等同于社会发展。这样的理论学说和文献在 20 世纪中期较为集中，较为经典的著作是威廉·阿瑟·刘易斯（William Arthur Lewis）的《经济增长理论》、哈维·莱本斯坦（Harvey Leibenstein）的《经济落后与经济增长》和 W. 罗斯托（Walt Whitman Rostow）的《经济成长的阶段》以及"联合国第一个十年发展计划"等。

　　而后，物本财富观主导下的发展虚假性衍生发展危机和财富矛盾的社会现实，引发学者们进行反思，研究表明，将发展与增长等同即认为发展就是财富增长的思想具有显而易见的谬误。特别是 20 世纪 70 年代之后，对传统的发展理论和物本财富观的质疑呼吁日益高涨，1972 年，罗马俱乐部提出一份由美国麻省理工学院丹尼斯·米都斯（Dennis L.Meadows）教授等撰写的《增长的极限》（*The Limits to Growth*），从人口、农业生产、自然资源、工业生产和环境污染五个方面全面阐述了人类发展过程中，揭示了经济增长模式给地球和人类自身带来的毁灭性的灾难，① 这是对"重物"财富论的首次突破。而发展理论的重大转变是在 20 世纪 80—90 年代提出的综合发展、可持续发展到人类发展，这些理论演变扩大完善了发展的内涵，其中最重要的一点，就是确立了人在发展中的核心地位，强调发展的最终目的是人，人既是发展的主体，也是发展的最终动力，因而，财富观逐渐形成"以人为本"的价值内核。1983 年，弗朗索瓦·佩鲁发表《新发展观》一书，明确提出了"整体的"、"内生的"、"综合的"新理论是人本发展思想形成的重要标志，佩鲁提出有机经济增长的"可持续经济增长方式"。发展的基本意义是人的利益的实现。② 随后，M. 梅萨罗维克的《人类处于转折点》也认为，人类所面临的最迫切问题的核心就是不平衡、无差异的增长，而导致解决问题的途径就是有机增长。③

① ［美］丹尼斯·米都斯：《增长的极限》，李宝恒译，吉林人民出版社 1997 年版。
② 参见［法］弗朗索瓦·佩鲁：《新发展观》，张宗、丰子义译，华夏出版社 1987 年版。
③ 参见［美］M. 梅萨罗维克等：《人类处于转折点》，梅艳译，上海三联书店 1987 年版。

人类发展理论的提出肇始于联合国开发署（UNDP）在 1990 年提出的第一份《人类发展报告》，它立足于人类自身的发展，提出"人类发展分析路径"（Human Development Approach），认为增长只是手段，而人类发展才是目的，一切都应以人为中心。而后，阿马蒂亚·森的《以自由看待发展》一书提出并设计发展的指标体系，即人类发展指数（Human Development Index，HDI），主要着眼于"以人为本"的发展综合结果评价，实现了由单纯经济增长到社会发展、从根本上关注人的发展这一财富观历史性的转变。[①] 德尼·古莱在《发展伦理学》一书中，提出重建"发展理想"的目标，提出从人性角度看，发展的目的是提升一切个人和一切社会的全面人性，取消经济、社会、政治和技术中的异化；从具体价值内容看，是人的"美好生活"，即"最大限度的生存、尊重与自由"的实现。[②]

在国内，近几年也有类似的论述，刘福森教授在其《西方文明的危机与发展伦理学——发展的合理性研究》一书中，[③] 明确指出：西方现代发展观所推崇的只是"技术理性的规范"、"手段性规范"而不是"目的性规范"。这种规范同发展是否"值得"和"应当"没有任何关系。这样，经济增长的尺度就代替了人的尺度，结果是发展背离了人，经济的增长背离了人类可持续的生存。

韩丹的《发展的伦理审视》明确提出"重物"的财富观显然是未经过慎重的伦理考量。人是"实然"与"应然"、"是"与"应当"、"事实本质"与"价值本质"的统一体。人"能够"做的，不能必然推出就是人"应当"要做的。从"是"到"应当"的转换是有条件的，不能从人的"是"

---

① 参见［印度］阿马蒂亚·森：《以自由看待发展》，任赜等译，中国人民大学出版社 2002 年版。

② 参见［美］德尼·古莱：《发展伦理学》，高铦等译，社会科学文献出版社 2003 年版。

③ 参见刘福森：《西方文明的危机与发展伦理学——发展的合理性研究》，江西教育出版社 2005 年版。

无条件地推出人的"应当"。① 刘诗白的《现代财富论》提出，社会主义基本任务是实现现代财富的最大丰裕和共同富裕，基于现代财富结构多样性的性质，我们在进行财富生产中就应该既讲求社会财富量的增大，又讲求财富质的提高，还要求有财富结构的优化，为此，人们首先应该确立一种全面的财富观念，特别是整体的财富观念。② 韩庆祥在《马克思的财富观及其当代意义对财富的理解》提出，"见物不见人"或者"见人不见物"都是片面的，因为财富既有其物质形式又有其人性内涵，是内容和形式的统一，因而必须是"见物又见人"，但"物"的最终归宿是"人"，财富是人的本质力量的对象化和外化，是人的社会劳动创造并服务于人的自由而全面的发展，由此看来，人本财富观就是人的主体性维度和客体性维度及财富终极意义的历史性生成。③ 高国希在《马克思人的自由全面发展理论与社会主义核心价值观》中提出，对于现代社会来说，首先要彻底消除物役，摆脱对于物的依赖。……只有在消除了物役、人役的基础上，在每个人都能够享有真正的自由、能体验到全面而丰富的感受性的真正公正的社会中，每个人的全面而自由的发展才能得到充分的实现。④

演进趋势半个多世纪以来，国内外财富观理论内涵逐渐丰富，研究也力求从单一的物质增长视角逐渐走向多元的、综合的人的全面发展考察，这是学者们反思物本财富观导致社会经济繁荣的表象虚假性而实质上但却未能引领社会走向真正"发展"，相反却引发一系列复杂的经济社会问题的恶果的理论进步，学者们得出的基本共识是："增长"不是"发展"、"增长"不等于"发展"。此后，财富观理论研究在内涵和外延不断得以扩大完善，其中最重要的一点，就是意识到了人在发展中的核心地位，强调发

---

① 参见韩丹:《发展的伦理审视》，中国广播电视出版社 2009 年版。

② 参见刘诗白:《现代财富论》，生活·读书·新知三联书店 2005 年版。

③ 参见韩庆祥:《马克思的财富观及其当代意义》，《哲学动态》2011 年第 4 期。

④ 参见高国希:《马克思人的自由全面发展理论与社会主义核心价值观》，《中州学刊》2007 年第 6 期。

展的最终目的是人，提出人既是发展的主体，也是发展的最终动力的伦理主旨，由此，学者们开始探讨与现代社会发展相契合的"人本"财富理论。

二、物本财富观的反思批判

在财富研究论域中，对物本财富观的虚假发展本质，学者们主要从"发展"与"增长"的伦理内涵和价值本质出发展开批判，主要观点是：其一，"发展"比"增长"具有更丰富的内涵和外延，"发展"不等同于单纯的"增长"。增长指涉"量变"，而发展指涉"质变"与"量变"统一。其二，"增长"面向的伦理界面单向单一；"发展"涵盖多重伦理层面界定，"发展"不是单纯的经济概念，而是完整集合社会生活所有界面、层面的要素于一体。其三，"增长"主体是"物"（主要是财富），"发展"主体是"人"与"社会整体"，"发展"终极价值是人的自由全面的发展。

从"发展"与"增长"范畴辨析出发，学者们对物本财富观倡导的"物"的增长理念进行思辨性批判。德尼·古莱（Denis Goulet）在《发展伦理学》中提出，发展的主要标准：①不是生产或物质福利的增加，而是人们生活质量的充实；②经济增长和货品数量的增加无疑是需要的，但并非任何种类的增加或增长都应不惜代价地去取得。① 周文文在《伦理　理性　自由：阿马蒂亚·森的发展理论》中提出，在现代经济学的"无伦理"世界中，一个常规做法是把"发展"等同于数量意义上的经济增长，如此贫乏空洞的发展概念，不能提供一套价值定向的叙述，不能适应和谐发展的时代要求，不符合使人类自由从总体上得以提升的价值要求。② 王玲玲、冯皓在《发展伦理探究》中提出，经济增长并不是也不应该是发展的全部内涵和唯一目标。衡量发展的尺度，除了经济指标，还应该包括其他非经济的社

---

① 参见［美］德尼·古莱：《发展伦理学》，高铦等译，社会科学文献出版社 2003 年版。
② 参见周文文：《伦理　理性　自由：阿马蒂亚·森的发展理论》，学林出版社 2006 年版。

会指标。鉴于纯粹追逐经济增长的诸多弊端，社会综合发展理论试图将经济增长与政治民主、文化进步、科技发达、社会协调等各种目标在内的社会综合发展统一起来。①

对以物为本的财富观的虚假性揭示，范宝舟在《财富幻象：马克思的历史哲学解读》中明确指出物本的虚假性在于：把资本当作纯粹的物，幻想为财富生成的内在根据；把人们财富欲望的满足及其具有的享受功能，幻想为对人的本质的真正占有和人向自身、向合乎人性的人的复归。种种财富幻象繁衍成一种充斥社会的意向性存在，把人变成盲目的、失去对自身逐利行为进行道德反思的、纯粹追求财富的工具和机器，从而不仅影响人的财富心理的正常发育，而且使人的价值观和人生观偏离正确轨道，更导致人们在财富创造和实践上的不正当行为，使人陷入一种非理性的财富狂乱境地。② 李永宁等撰文《虚假发展与真实发展——发展价值的伦理检视》指出，真实发展（True Development）有两层含义：一是现实角度，即能够认识到虚假发展的存在；二是价值角度，即能够为未来发展指明正确方向，要以合乎社会发展的本质规律的社会事实，以"善"、"恶"为伦理视角，对社会发展提供一种"善"的价值观向导。③

丰子义在《关于财富的尺度问题》中提出，以单纯经济增长为主要内容的发展在当今时代是不可思议的。"财富"这个"独行侠"作为一种社会意象在使社会畸形发展的同时，也把社会中的个体变成纯粹的"欲望工具"。新的财富观必然引出新的发展理论。在财富的"发展"上，就不能把发展仅仅理解为经济发展，必须突出人的发展以及为实现这一发展所要求的政治、文化、教育、科学等社会的全面发展。只有这样的发展，才能

---

① 参见王玲玲、冯皓：《发展伦理探究》，人民出版社 2010 年版。
② 参见范宝舟：《财富幻象：马克思的历史哲学解读》，《哲学研究》2010 年第 10 期。
③ 参见李永宁、杨勇：《虚假发展与真实发展——发展价值的伦理检视》，《桂海论丛》2009 年第 3 期。

真正创造出像马克思所指出的那种全面的财富，才能真正实现从财富的劳动尺度到人的发展尺度的转换，才能真正适应财富发展的历史潮流和内在规律。① 刘荣军在《"以人为本"的财富发展观与我国社会主义发展的基本要求》中论述，"以物为本"的财富发展观，产生了现代社会生产过程中人对自然以及人对人的双重剥夺，进而形成了现代社会财富生产的生产悖论、生活悖论和生态悖论"三大悖论"。无论是对于物质财富已经极大丰富的当今资本主义，还是对于正在大力发展物质财富的当今社会主义，都必须注意从财富生产的"物"的角度向"人"的角度的转变。唯此，才能真正建构起当代社会生产过程中的新的财富理念，并为"科学发展，社会和谐"这一"发展中国特色社会主义的基本要求"提供新的价值取向。② 余源培在《构建以人为本的财富观》中认为，科学发展观的核心是以人为本。传统发展观存在三个缺陷：第一，在一系列可量化的经济指标下，忽视甚至排斥了价值判断。第二，为了经济和财富增长，不惜以牺牲人的健康和幸福、社会和生态环境为代价。第三，社会进步是由经济、政治、文化等多方面综合发展产生的结果。传统的发展观对于人类社会的复杂性和整体性很不重视，孤立地、单维度地从经济看待社会发展。③ 袁银传在《"人本"与"物本"的二律背反及其解答》一文中指出，在现实当中，我们往往把目光集中于劳动的结果而搁置和遗忘了作为"本体"的劳动自身及其过程的关照，走向本末倒置，从而必然导致并加剧这种"见物不见人"，"物本"压倒"人本"的现象。④ 龙静云在《经济伦理的三个维度》中认为，为了物质增长这种纯粹外在的目的即而牺牲"人"自己的目的，使人成为物的奴隶，造成人的异化和片面畸形发展，由此消解了人的主体

---

① 参见丰子义：《关于财富的尺度问题》，《哲学研究》2005 年第 6 期。

② 参见刘荣军：《"以人为本"的财富发展观与我国社会主义发展的基本要求》，《马克思主义研究》2008 年第 6 期。

③ 参见余源培：《构建以人为本的财富观》，《哲学研究》2011 年第 1 期。

④ 参见袁银传：《"人本"与"物本"的二律背反及其解答》，《湖湘论坛》2010 年第 4 期。

性意义，违背人性和产生人类道德的物化倾向。①

三、人本财富观的构建维度

财富观本身包含财富获得、生产、分配和使用四个方面。财富观从"物本"向"人本"的哲学转向，在其主要伦理构成上，以实现财富获得正当性认知、财富可持续性创造、财富公平正义配置、财富适度性消费为伦理维度。

第一，财富获得的正当性认知，是"物本"向"人本"财富观实现哲学转向的前提标志。财富正当性（Legitimacy），广泛意义上，是指财富作为符合道德原则或价值标准的状态的存在，它的正当获得应是值得肯定和承认（Recogmtion）的行为。这种解释是对大家所普遍接受的哈贝马斯关于正当性适用于政治秩序领域的公正性，以及马克斯.韦伯提出的在涉及所有权力领域都存在正当性问题的延伸。财富正当性在中西文献典籍中屡见不鲜。柏拉图就承认人们热爱财富是因其所具有的有用性；亚里士多德为财富是优良生活的一种善因；哈林顿则认为，人依靠财富，不是出于选择，而是生活必须。托马斯·孟热情赞扬追求财富是保持美德所必须的理性行为。甚至在禁欲主义的中世纪，一些经院作家还认为轻视世俗财富的社会价值本身就是一种罪过。16世纪欧洲路德和加尔文新教运动更是将创造财富视为人类获得赎救的最好手段。马基雅维开创了西方财富动力论谱系，生动地提出早期资本主义财富扩张哲学教条的逻辑预设：贪欲是人性之本，政治利益与财富算计紧紧相随；追求财富是人性的基础，它具有永续性、普适性。

虽然，我国传统财富伦理文化上一直贯穿着以义取利的"道义论"财富价值观，但大都肯定财富正当性获得对了人的发展的重要性。儒家承认合乎道义的财富（利）符合人性，孔子肯定人的本性"恶贫贱"、"欲富贵"，

① 参见龙静云：《经济伦理的三个维度》，《哲学研究》2006年第12期。

提倡在"有道"的时代，"君子"应该努力实现"富且贵"。管仲则进一步指出："仓廪实而知礼节，衣食足而知荣辱。"富足使人更知荣辱，有提升道德人格。汉代司马迁公开肯定人们逐"利"行为的客观性和"利"能提高人的德性："君子富，好行其德"，"人富而仁义附焉"。① 唐宋之际，言利的观念日益盛行，以陈亮和叶适为代表主张经世致用，肯定了财富等社会功利内容符合人性需求。清代海瑞、黄宗羲、王夫之肯定追求"利"与人格完善存在必然联系的思维逻辑，海瑞提出圣人也言利，"有天下而讳言利，不可能也。"② 黄宗羲则主张按人性满足民利，"不以一己之利为利，而使天下受其利。"③ 王夫之则提出"义者，正以利所行者也。"④

综合上述观点，财富正当性获得是与人性实现和完善紧密相连的。正是因为财富具有满足人性本能的赋性，人类才能在财富的保障性和推动力作用下不断追求更高层次的生活品质，财富正当性获得反映着人类实践的物化能力，是人类迈向幸福生活的生存动力因。同时，财富获得是人的生命基本权利和人道普遍价值要求。阿玛蒂亚·森用"应得的权利"（Entitlement）来表明，人类的基本的、无条件的、通行的人权是人人都有天赋的资格获得经济上满足。德尼·古莱将维持生命（Life-sustenance）——使更多的生命存在和延长视为美好生活的首要价值标准。

财富正当性获得在现实中有多层次展现。首先，财富关乎人格尊严。个人合法拥有财富的多寡是个人财富能力大小的体现，以财富多寡为人性能力大小差距的体现。其次，不贪恋财富，喜爱财富本身并没有问题，但并非是金钱拜物教，以金钱为人生首要之义绝对不是有价值的人生；最后，尊重财富。尊重自己、他人的财产权与尊重他人的生命、权利同等重

---

① 《史记·货殖列传》。

② 《海瑞集·四书讲义》。

③ 《明夷待访录·原君》。

④ 《四书训义》卷八。

要，即要克服嫉富仇富心理又要克服鄙视财富心理。

第二，财富创造的可持续性，是"物本"向"人本"财富观哲学转向的核心内容。财富生产在"物本"外衣的掩盖下，在功利主义和工具理性张扬中，"物欲"驱动力全然代替了人类的可持续发展，"控制自然"成为支配现代人行为的一种不证自明的观念，最终造成人与自然关系日益紧张与疏离，导致生产目的与手段的"经常性矛盾"。生态体系危机同时就是人类自身的生存危机，严重的生态问题正如马尔库塞所描述的："妨碍着人对他的环境世界的爱欲式的占有（和改变）：它使人不可能在自然中重新发现自己。"①

在财富生产进程中，"人本"财富观以"前瞻性意识"为引领，注重财富生产创造的理性化和规范化。将财富生产"发展"与"可持续"有机结合，崇尚人类对自然界共存体物种的"类意识"。人类财富从自然界中产生，因而必须要赋予自然界一切生物以同等权利。以阿尔伯特·施韦兹敬畏生命的情感主义伦理学、彼得·辛格的动物权利论、莱奥波尔德的大地伦理学所建立的自然界具有"内在价值"生态学自然权利论为伦理来源，肯定自然界中每个生命的或者具有潜在生命的物体具有某种神圣的"自在的存在"和"非消费性价值"，从生命的固有本性上来体认生物在自然界中的不可否定的存在意义。

在人类自觉规范自己的财富生产，以"敬畏"的态度对待大自然的同时，在财富生产化现实中树立"财富生产的为人性"的"人本"价值实现意识。一方面，财富生产过程必须保证人的身心健康，以财富促进人的生理机能的和谐发展，兼顾保护财富生产的环境存在性价值，尊重和保护一切有益于社会的劳动。另一方面，财富生产注重人的潜力挖掘拓展，人的"内部界限在我们自身中存在着并孕育着无可比拟的发展潜

---

① ［美］赫伯特·马尔库塞：《工业社会和新左派》，任立编译，商务印书馆1982年版，第128页。

力"。① 人的潜力开发程度也是评判财富生产成效大小的标准。

第三，实现财富配置的公平正义，是财富观从"物本"走向"人本"转变的价值体现。正义公平是伦理学的最重要核心范畴之一，同时也是财富分配中"人本"突显的标志。克服财富的异化，也就是要建立一个最符合人类本性的合理化制度公正配置权利与义务。

追求公平效率的平衡点的人本化。公平说到底是人与人之间利益关系的合理性问题，效率追求生产赋值的最大化，公平效率问题就是如何达到财富分配中"义"、"利"与"劳"、"做"相统一问题。人本财富观肯定公平与效率同向变动性的辩证统一性，既要保证公平分配的合理实现，又要注意效率的同向提高。使公平和效率呈现和谐运行。

"人本"财富观关注财富配置的公平化和发展好处惠及所有社会成员的整体性。"物本"财富观带来人类当下生存状态的缺陷：在财富分配中的不公正不合理，导致生活世界中产生贫富差距、贫富两极分化以及财富流转的困境，财富成为人性变异的社会存在本体论的来源。罗尔斯在《正义论》中提到，"所有社会的基本善——自由和机会，收入和财富及自尊的基础——都应被平等的分配，除非对一些或所有社会基本善的一种不平等分配有利于最不利者。"② 同样的看法在约翰·穆勒的《功利主义》中也专门论及，穆勒提出"应得的正义"和"无偏私的正义"，"应得的正义"在于公道在于每个人得到他应得的东西（利或害）。而"无偏私的正义"是在不应有私恩偏爱的事情上抹杀别人，而与无私相联系的是"平等"，即对于一切人的权利要给予平等的保护。③

公平分配不等于"平均主义"，人本关怀还体现在运用适当补偿原则

---

① ［美］博特金等：《回答未来的挑战》，林均译，上海人民出版社 1984 年版，第 8 页。

② 参见 ［美］约翰·罗尔斯：《正义论》，何怀宏等译，中国社会科学出版社 1988 年版，第 303 页。

③ 参见 ［英］约翰·穆勒：《功利主义》，徐大建译，上海人民出版社 2008 年版，第 8—65 页。

使社会弱势群体的个人生活得到改善。罗尔斯在机会公平原则之后又提出差别原则"社会和经济的不平等应当这样安排,以使它们:(a)在与正义的储存原则一致的情况下,适合于最少受惠者的最大利益。"①财富的人性关怀体现在社会底层人群的利益分配倾斜,德尼·古莱在《发展伦理学》中提出,为所有人提供基本需要的财富,应优先于满足社会少数特权阶层的任意需求。

人本的财富分配理念还在于努力解决共富与先富、国富与民富等财富的合理调配、适度平衡,消除贫富两极分化、贫富差距加大,这也是社会发展应有之义和人类共同理想。

第四,财富使用和消费的适度性,是财富观从"物本"向"人本"变革的基本要义。"人本"批判和改正"物本"的财富消费"过"的状态,强调财富消费的"中"和"度",即要财富消费适度,消除消费不足和消费过度现象。

亚里士多德认为,以中道充实的生活才是最高尚而又最美好的生活。中道即德性,是灵魂的和谐运用,寻求不及和过度两者之间的中间性,是通达幸福的正确途径。孔子所阐释的中庸思想也是一种适度思想。《论语》中提到:"中庸之谓德也,其至矣乎"。孔子以中庸为最高美德和道德实践的最高境界,因此,人们的各种情感欲望、行为活动要做到恰到好处,这样就可以达到"中","中"乃宇宙中最根本的原则,遵循这一原则,让事物平衡、和谐的发展,就可以使万物各得其位,繁荣兴旺。中庸思想还表现在适度、不走极端等方面,即"过犹不及",孔子还说到,什么是君子的行为?就是不论何时何地都符合中庸之道。因此,"适度"状态是美好合理状态,符合人性的需求,也是财富消费的"人本"伦理维度。

适度消费提倡"节俭""节用"的财富消费思想,是对"物本"消费

---

① 参见 [美] 约翰·罗尔斯:《正义论》,何怀宏等译,中国社会科学出版社1988年版,第303页。

主义的一种解蔽。消费主义把物质消费作为生活的宗旨，把对物质生活资料的虚假需求作为人的主要的甚至是全部的需求。适度消费强调适度节制消费需求的理性生活态度，以适度消费审视、批判和解构消费主义，促进人们理性消费、合理消费，从而防止消费主义对人的异化。

适度消费消除消费符号化。"物本"财富观以消费符号诸如地位、声誉、品位、时尚、欲望等为象征意义。财富消费演化为符号化代名词，体现在追求炫耀性、奢侈性消费上。这种消费不顾及人的生理、心理需要，不在乎消费品对人而言的实际功能。而适度消费能制约主体消费程度，提高主体消费自我克制力。同时，适度消费还有利于形成合理消费心理，消除消费符号放大背离商品的实际功能，使人们对消费对象形成理性认识和理性行为。

适度消费有利于形成消费"自律"（self-discipline）意识。"自律"适度消费恰当地调解约束道德主体的心底欲望和行为方式，从表象上看是割舍了消费品赋予人的短暂身心享乐，但其带来的却是人类的持久消费、持久满足和持久健康，对消费过度和消费不足所带来的不良社会后果及时进行矫正纠偏。另外，适度消费自律性基于人类对自身生存与发展的自觉意识，在消费上对财富行为给以合理限制，在促进主体本身的生存和发展消费的同时，把不损害自然资源可持续能力作为消费的底线，把"资源生态边界"作为消费的上限，促进自然良性发展，个人的消费水平限制在这个合理"限度"、"范围"之内。

第二章　发展伦理的审视与财富观的嬗变

在发展伦理学科视角下，审视财富观"物本"到"人本"的演变是一个崭新的课题。发展伦理以伦理的基本规则、原理对"发展"问题进行价值评价及道德规约，在发展伦理视域中研究财富，我们应该首先明确发展的真正内涵，对发展的真实性和虚假性作出合理性判别，解读发展伦理视域中财富观的伦理意蕴，从而把握财富发展进程中出现的物本财富观和人本财富观两大历史形态的虚假发展和真实发展的相异本质。

第一节　发展伦理视域中的财富观

一、财富的双重伦理属性

财富的探讨、追寻是人类亘古不变的话题。"财富"概念的日常语言的理解基本与主流经济学中对于财富的一般解释相符合，均锁定在"财富"是有价值的物质资料的范畴解释上。

其实在词源学上，财富（wealth）由 weal（康乐）和 th（情形）两个单词组合而成，表示"幸福和繁荣的情形"或"康乐的情形"。引申自希腊文的"财富"描述"euporeo"，euporeo可被拆成两部分：eu（美好的、幸福的）和poros（通路）。"wealth"就其本义来说，是指充足繁荣的良好状态，从词的构造上探讨，包含着财富是通往幸福的工具或道路的意思，而从词的隐喻意义上分析，则蕴含着不可倒置在财富问题上目的和手段的关系，以及不可忽视对财富增长的终极目标和价值诉求的思考。因此，财富作为"物品"的解释仅是其基本含义，但是在现实生活中恰好相反，人们往往将财富模式化理解为仅是"物"的存在体。在《经济学大辞典》中，对于财富的阐释是有形财产及快乐、效用。这种片面性解释和狭隘性界定，极易把对人们对财富的理解引向歧途，遮蔽了财富隐含的更深层次的伦理内涵，即财富包含的人学价值，把物态的财富量的增值当作经济活动的最高目标，而把人仅仅当作与机器、原料等同类的，为了不断赚取财富而必须贬损、别无用处的资本，无视人在财富中所具有的直接意义。

在哲学意义上，马克思主义认为，财富实质上具有"物"和"人"的双重属性。财富的"物"的属性在于其效用性，这是人类对财富的原初认识。财富的"物"性在于财富总是以某种物质形式（一般存在）的形态而存在，常表现为纸币、股票、债券以及金融市场上的各种衍生工具等。人们对财富"物"的属性的认知，其共识在于承认一个物品之所以能够称为财富，在于它能够满足人的某种需求，具备对人而言的有用性。经济学家戴维·W.皮尔斯主编的《现代经济词典》中提出，任何自身有某种价值的东西（包括实物、资产、金融以及个人技能），可用以交换货币的有形和无形之"物"都可称为财富。色诺芬则说："凡是有利的东西都是财富，而有害的东西就不是财富……同一种东西是不是财富，要看人会不会使用它。"[①]萨伊把物品满足人类需要的内在力量叫作效用，提出财富就是具有

[①] [古希腊]色诺芬：《经济论：雅典的收入》，张伯健、陆大年译，商务印书馆1961年版，第3页。

效用的物品的看法，生产效用就是生产财富，效用增加就是财富增加。"创造具有任何效用的物品，就等于创造财富。这是因为物品的效用就是物品价值的基础，而物品的价值就是由财富所构成的。"①

财富的"人"的属性或者说其为人性、属人性是人类对财富的发展性认知。伴随着自然经济的解体和商品经济的到来，人类社会的财富不断得以快速增长，人们逐渐意识到，财富不仅具有"物"性，在更深层次的意义上，财富的本质在于其"为人"性。财富是人的"对象性本质"与"主体本质"实现的统一。②

纵观历史，肯定财富的"人"的属性的看法早已形成。法国古典经济学的终结者西斯蒙第从批评英国古典经济学开始，认为英国古典经济学只是研究如何无限制地增长财富，根本不考虑人的问题，似乎忘记了财富的增加并不是目的而是使大家享福的手段。他责问道："英国所积累的如此巨大的财富究竟带来什么结果呢？除了给各个阶级带来忧虑、困苦和完全破产以外，另外还有什么呢？为了物而忘记人的英国不是为了手段而牺牲目的吗？"③西斯蒙第看到资本主义社会中财富增长与人的背离，认为财富应当属于人而且为人所享受，人创造财富的目的，不是为了财富而创造财富，而是为了满足自身的愿望和需要。正因此，西斯蒙第主张从人的主体性角度重新界定财富的含义，明确提出了"财富正是属于人而且为人所享受"的财富观。而后，加尔布雷也提出，现代社会虽然物质丰富，但仍然存在缺陷，主要表现为消费者受生产者的支配以及把物质享受当作了幸福。德国古典哲学家黑格尔也非常关注财富的"人"的意义。他认为，财富（和国家权力）作为自我意识异化和创造出来的"现实的"、"对象性的东西"，"在其本身已经就含有自为存在的环节"；由此，自我意识（主体）

---

① ［英］萨伊：《政治经济学概论》，陈福生、陈振骅译，商务印书馆1963年版，第59页。

② 参见《马克思恩格斯全集》第3卷，人民出版社2002年版，第292页。

③ ［法］西斯蒙第：《政治经济学新原理》，何钦译，商务印书馆1964年版，第7—9页。

要想实现自己的普遍本质（普遍的精神本质），就必须"从财富那里取回自为存在的对象性并且扬弃这种对象性"。尽管黑格尔只是从"思想形式"上把财富看成同人的本质相异化的本质，但由于他对财富问题的切入一开始就联系着人的需要（欲望）和劳动的现实性这一内在确定性的根据，实际上已经从"劳动的人的本质"角度，在一定程度上把握到了财富之于人的发展的历史意义。

　　黑格尔这种观点在马克思那里得到了全面阐释，马克思在批判第二种社会形式时指出："私有制使我们变得如此愚蠢而片面，以致一个对象，只有当它为我们拥有的时候，也就是说，当它对我们说来作为资本而存在，或者它被我们直接占有，被我们吃、喝、穿、住等等的时候，总之，在它被我们使用的时候，才是我们的。"① 如果说，财富是满足人的需要的产品，那么，由于"人"的需要已经不仅限于"人的肉体"的"物质性需要"，而且包括"一切肉体的和精神的"需要和欲求，财富要满足人的这种全面需要等更广阔的领域，因此，财富是人的对象性存在物，是"物"的外在形式隐蔽下的人的社会关系的体现。马克思借用摩尔根的话说："人类的智慧在自己的创造物面前感到迷惘而不知所措了。然而，总有一天，人类的理智一定能强健到能够支配财富。"② 由此，马克思指出，财富的更高层次价值在于它是人通过其劳动而实现的人的"对象性本质"与"主体本质"的统一。③

　　事实上，当我们站在发展伦理论域上考察财富问题时，本质和财富本身具有物的属性（客体性）与人的价值属性（主体性）双重特征也就自然而然地显现出来了：一方面，财富的"物"的本性在于财富是人的"生产物"、"劳动物"，用于满足人的各种各样的需求，体现了财富的"质料因"

---

①　马克思：《1844 年经济学哲学手稿》，人民出版社 1985 年版，第 81 页。

②　《马克思恩格斯选集》第 4 卷，人民出版社 1995 年版，第 179 页。

③　《马克思恩格斯全集》第 3 卷，人民出版社 2002 年版，第 292 页。

的客观存在性质；另一方面，财富又具有"属人"的特性，是人类的"自由的有意识的活动"，涉及到主体的意义对财富占有的合理性、分配公正性以及财富追求的正当性等各种问题，是为人的自由全面发展的终极目的所服务，展现了财富"形式因"之下的"目的因"的主观存在性质。由此可见，财富内在的价值标准不仅在于探讨物的价值，更重要的是以人的尺度去把握财富的意义，将物的价值纳入到人的价值体系中，凸显人的主体性。

财富所具有的"物"与"人"的双重性质，必然衍生出"物本"与"人本"相对立的两种财富观。发展伦理的问题得以明确呈现出来：财富的本质既然是"财富的主体存在"，那么，财富相对于人的发展应是作为手段而存在，人的发展才是财富发展的真正唯一的目的。

二、物本向人本嬗变滥觞的伦理追溯

从伦理发生史角度探索，"物本"到"人本"的演进，是现代社会发展的特殊的伦理需求。从理性哲学视角审视和辨析，"物本"向"人本"的演进，是哲学思辨现代性批判性反思的结果。

第一，在现实社会发展层面，要求财富观不断趋归人本的价值。现代社会人类在极力摆脱农耕社会和工业社会生产力低下导致物质产品匮乏，解决人类生存问题，探索如何全面提升人的生存质量和生存意义的进程中，产生了财富悖论的两难处境。

一方面，物质产品或者说财富作为人自身劳动的凝聚物，在改善人类生存环境同时，却反过来成为挤迫人、奴役人的工具，产生了人的异化现象以及现代社会生产过程中财富对人的剥夺，在财富领域，形成财富认知悖论、生产悖论、消费悖论、分配悖论。长期以来，以物为本的财富观主导人类意识，侧重于关注收入与财富的单纯累积，其注意力不是放在人的完善上。更严重的是，人轻易地陷入受自身创造出来的异己力量的奴役，财富等客观性元素烙刻着宇宙进化论的标记，作为"新自然"，人被盲目地置于其权力统治之下。

另一方面，随着财富的数字化积累，人性欲望中的潜在的享乐因子开始膨胀和爆发，财富逐渐发展成为满足人性欲望的仅具有工具理性的人类衍生物。在享受财富带来便利和满足的同时，人对商品的依赖却日趋严重，人逐渐退化成为马尔库塞所比拟的无批判性、思考性和超越精神性的"单向度的人"，社会日益成为单向度的"风险社会"。①人的财富心理畸变，求富心切、财富索取无度，仇富、炫富等财富心理滋长，带来财富异化、财富幻象、财富虚假发展（财富的反发展、伪发展、假发展并存），物质丰裕与精神荒芜形成鲜明对比。

解决财富悖论，消除财富"自反性"——财富分配不公、贫富差距悬殊和两极分化严重，生态可持续发展危机频发，人性本质异化等，是摆在人们面前的迫切需要解决的现实财富的问题。现代财富悖论困境的尖锐化，使人类对财富观进行深刻批判反思，重新审视建立更具有人性化、更符合科学性的财富新思维，为"人本"财富观诞生提供了现实的土壤。

第二，在伦理原理及人文精神层面，要求财富观人本的内在提升。伦理所要解决的是社会共同体中的人伦秩序、人伦规矩以及人伦准则等问题。然而，"物本"的财富观聚焦于效用、收入和财富等逻辑学和工程学问题，对财富的本性和追求人们美好生活的实质欠缺深层次思考。在财富量的无限扩大化唯一目标主导意识下，对效率的关怀常常摆在对伦理的关怀之前。民主、自由、责任、正义等伦理道德规约，仁爱、同情、共感等伦理力量的社会内聚力作用完全被效用或效益最大化的要求所遮蔽，公平、仁爱、节制、责任等价值原点被遗忘甚至抛弃。人的自利利己思想也

---

① 这是乌里希·贝克（Ulrich Beck）在财富生产上的观点，他认为，以财富为中心的生产（更确切而言是"增长"）同时，系统地生产了社会问题和风险，因此，现代社会成为"人为的不确定性"（manufactured uncertainties）的由人自我造就的、具有全面问题的风险社会。——作者注

被无限推崇。人类所有行为都被纳入"成本—收益"分析模式中进行估量。

以僵化和机械的财富数量多寡作为人伦关系判断的唯一准绳，以物为本煽动人们追逐利润满足欲求，人的自利利己思想也被无限推崇。人伦关系和传统德性条目，公平、仁爱、节制、责任等价值原点被遗忘甚至抛弃。社会生活最基本的保有的伦理道德原则规范，比如人道原则、尊重原则、整体性原则淹没在对财富的顶礼膜拜之中。

同时，日渐社会达尔文主义化的"抽去"了人文精神的物本财富观，是金融危机、生态危机和社会发展危机的根源。面对社会的发展，"物本"财富观的效益最大化、财富物性无限化与经济人文化现状极不适应，违背了经济学与人文精神的融合要求，将财富生产之目的与手段颠倒，导致经济至上主义、效率中心主义在现代社会中大行其道。物本财富观与创造财富的方式的狭隘的历史发展阶段和狭隘的市场经济相适应——"为了某种纯粹外在的目的而牺牲自己的目的本身"。在生产性质上，表现为物对于主体的人演化为异己的东西；在交换价值上，表现为人的社会关系、人的能力转化为物的社会关系、物的能力。人的主体价值贬抑，作为"个体人"和"社会人"共同体的人的主体能动性不能充分发挥。

第三，发展的伦理要求促进了"物本"向"人本"的财富理念转向。发展是现代性的语词和行为，本身蕴含着"量"和"质"的相互统一。财富是发展的核心问题，现代社会的发展为人们对财富的阐释注入全新的视角，发展的本真意义，发展的出发点在于改善人类生活和社会安排，其终极关怀在于为人们提供日益广泛的选择来寻求共同的和个人的福祉。① 因此，社会发展不等于财富的"非理性"数量增长，本质意义上，发展是一个综合的范畴，涉及人的进步、社会整体前进等的多维活动，而发展的终极关怀在于人的发展，人的全面自由的解放和进步，这是发展的最高阶

① ［美］德尼·古莱:《发展伦理学》，高铦等译，社会科学文献出版社 2003 年版，第43—48 页。

段，也应成为发展核心的财富发展的最高层次。

"物本"财富观试图用量化指标来排斥发展价值评判，为维护此种观点，有些经济学家特别强调这些指标的所谓客观性，以此来解释财富疏离人的独立存在。然而，发展的外在硬性指标以及这种所谓的"发展"对获取财富和增加资本所表现出来的无知行径，同人类共同体所约定的道德律令、伦理规则之间存在着不可调和的矛盾，这是现代社会当中出现非人道行为的主要原因。发展的内在规定性用事实表明，财富与人不会也不能割裂，因为不论是社会还是人，都不能单纯用物来代替。

第四，人性"善"的存在，推动着财富伦理维度由"负性"向"理性"的演进，促进人本财富观的形成。物本财富观将财富凌驾于一切事物之上，因此，在资本与技术逻辑形成的合流漩涡中，功利主义畸变、工具理性张扬，"物欲"驱动着人类"恶"的因素的出现，人的"欲望"动物性本能急剧膨胀，享乐主义、拜金主义、消费主义空前发展，人类的可持续发展日渐遥远，人与自然关系日益发生冲突疏离的"经常性矛盾"。

人本财富观以人性的"善"辩证认识财富与人的关系：首先，财富对人的"善"性在于其手段性存在。不断提升和完善人性，使人获得全面发展；消除发展的人学悖论，以自觉的主体态度承认实现财富增长所具有的具体直接目的性意义的同时，更重要的还在于自觉地不断扬弃财富作为人的发展的中介环节的意义，使财富不断复归作为人及社会发展的手段性的本质。其次，人对财富的"善"在于理性对待财富，人类对财富的获得、生产、支配等要一分为二看待，既肯定财富对于社会发展和人类进步的必然性价值，也肯定财富是人类生存和发展的客观对象物的外在形态，对财富的应有之义做出合理的判断和定位，保证财富在合理度和合理量之间保持平衡和发展。

因此，从"物本"到"人本"财富观的转向，是对财富内在价值理性的反省式的哲学思考，是对财富并非独立自生自为绝对之物的客观认识，是对财富是人类发展史和生命进化史的必要而不是决定因素的全新思维，彰显了财富是人类生命存在和意义、展现主体本质的伦理归属意义，使财富最终回归其属人性内在价值。

第二节　真实发展与虚假发展的甄别

在长期的发展经验中，人类对发展与发展所付出的代价二难悖结进行深刻哲学反思，真实发展与虚假发展这两个研究发展现象的新术语应运而生。发展伦理作为以经济领域研究为发轫的学科，对真实发展与虚假发展进行本质鉴别，能为财富发展提供合理性考量的伦理维度。对"发展"与"增长"的伦理辨析，其最深层含义引出对真实发展与虚假发展的考量，真实发展是契合发展实质，既具有发展之值又具有发展之实的"发展"。而虚假发展仅仅是"发展"的繁荣性表象，其最终意义上只是一种具有发展之名而无发展之实的"增长"。因此，从"发展"与"增长"的内涵辨析着手，才能厘清真实发展与虚假发展的哲学意义。

一、"发展"与"增长"范畴伦理辨析

"发展"（Development）与"增长"（Growth）是词义相近而词性不同的范畴，自近代工业社会以来，人们长期混淆发展与增长的不同内涵和意义，把经济增长等同于经济发展，把"物"的增长等同于"人"的进步，带来"人态"与"生态"的严重分离，以及"有增长无发展"的"恶的增长"物本财富发展模式。因此，有必要对"发展"与"增长"的逻辑和内在关联作出澄清和辨析。

"发展"词性解析在前文已有阐述，从生物学涵义而来，到人类对"发

展"的认识和定义与经济变迁相联系。直至 1978 年国际伦理学会创立，"发展"被界定为"价值观的基本问题和新文明的创造"，是"从较少人道向较多人道阶段的一系列过渡。"①"发展"概念从此开始正式被注入人性元素，具有了终极目标性。"增长"（Growth）的解释，以美国著名生态经济学家赫尔曼·E. 戴利为代表，"'增长'可理解为通过物质吸收或增加导致的实际规模上量的增加。""在经济学领域里，增长意味着在量上增加——更多工厂，更多产量，更多工作。"② 因此，"增长"是纯粹的经济学意义范畴。

从"发展"与"增长"词性分析和演变过程判断，"发展"的内涵较"增长"宽泛，"增长"指涉"量变"（数量性增加），是内涵较窄、偏重于数量的范畴，而发展指涉"质变"（质量性进步），是一个既包含数量又涉及质量的概念；"增长"的伦理界面仅在于经济领域，而"发展"涵盖多重伦理层面，"发展"超越了经济（增长）的局域，完整集合了社会生活所有界面、层面的要素于一体。"增长"主体是"物"（主要是经济财富），"发展"主体除了物质财富增加之外，更侧重于"人"与"社会整体"，即人的全面发展和社会的整体进步。

从价值性上看，"增长"是从低级到高级、从简单到复杂、从量少到量多的"自然过程"，而"自然过程"无法用价值来评判，也不能用伦理术语"好"或"坏"来加以辨识，是"无伦理性"的过程。增长的评价标准只能是具体的、可量性和可数性的经济学指标，比如 GDP、GNP，最适合"增长"的"评价语言"为"大或小"、"快或慢"、"多或少"的工具性范畴，"增长"的终极指向表述为"以物为本"，泯灭了人的主体性和能动性。

---

① ［美］德尼·古莱：《发展伦理学》，高铦等译，社会科学文献出版社 2003 年版，第 6 页。

② ［美］赫尔曼·E. 戴利：《超越增长——可持续发展的经济学》，诸大建、胡圣等译，上海译文出版社 2001 年版，第 237 页。

　　而"发展"体现的是一种价值理想，它不能仅仅用复杂程度、数量刻度的"增长"来衡量。为此，美国发展经济学家托达罗（Michacl P.Todro）指出："发展不仅仅包括人民生活的物质和经济方面，还包括其他更广泛的方面，因此，应该把发展看为包括整个经济和社会体制的重组和重整在内的多维过程。"[①]托达罗提出社会综合发展观之后，人们开始注重用社会发展多重目标取代经济增长单一目标，扬弃传统工业发展的财富增长唯一思维定式。"发展"已不再是描述性而是规范性的范畴，其价值内涵突破了传统功利主义局域，朝着深化方向继续拓展。"发展"的价值内核是人的发展，发展终究是人的发展——这是发展伦理学的创立至今蔚为壮观的价值转向和伦理革命，"发展本身并无伦理意义，人的加入改变了发展的无主体性、发展的内容和方向。发展的最终目的应该是人类的福祉，人的自由和解放，这是几十年发展反思的结果。"[②]

　　从哲学意义分析，"增长"应从属于"发展"。"增长"是置于"发展"之下的哲学范畴，只有在"发展"的语境中研究"增长"，才能更准确地把握其价值实质和伦理规则。正如伊曼纽尔·沃勒斯坦（Immanuel Wallerstein）指出的——获得更多就是发展，这是普罗米修斯式的神话，是一切欲望的实现，是享乐与权势的融合。欲望的满足和数字的累积、增加不是发展的实质。而乌里希·贝克（Ulrich Beck）则强调，以财富为中心的生产（更确切而言是"增长"）同时，系统地生产了社会问题和风险，因此，现代社会成为"人为的不确定性"（manufactured uncertainties）的由人自身造就的、具有全面问题的风险社会。发展的目标远远超越财富的积累和国民生产总值以及其他与收入、福利有关的变量的增长。"这并非忽视经济增长的重要性"（阿马蒂亚·森语），而是社会发展这一历史进程

---

① ［美］M.托达罗:《经济发展与第三世界》，印金强等译，中国经济出版社1992年版，第50页。

② ［美］德尼·古莱:《残酷的选择——发展理念与伦理价值》，高铦等译，社会科学文献出版社2008年版，第320页。

在"内容和范围上都大大超出了那些变量"，[①]"发展"的关注点更侧重于使我们生活得更充实和拥有更全面的自由，而不仅仅是物质财富的数字"量变"。"应当把发展问题提到全人类的高度来认识，要从这个高度去观察问题和解决问题。"[②]把发展理解为有着自觉意识和价值取向的过程，才能真正地显示出"发展"与"增长"的本质区别。

从目的性上看，"发展"与"增长"是目的之于手段的关系。"增长"是"发展"得以实现的必要手段，"发展"为"增长"提出终极目的。首先应肯定的是，"增长"是"发展"得以实现的必要手段。[③]尽管用 GDP 增长或人均国民收入的增长来描述"发展"是不充分的，但经济"增长"确实是"发展"必不可少的条件。在"发展"的初级阶段，经济增长是"发展"的最主要内容。"增长"产生的正价值在于：其一，它是人的生物性的满足即人的"类"的存续得以维持和保障的元素，人类最本能、最原始的物质需要得以保证，才可能为最终实现社会和个人的整体发展提供物质基础；其二，它是人的社会性的满足，即人的社会自由的扩大先决条件。"增长"是"发展"持续进行、不断扩展的必要前提。

从人的发展和解放来看，"增长"不会自动"解放人"，但却能为达到人类解放提供必要的条件，使发展中的人的基本需求走出物质局域，变成了人的内在必然性要求和对人的全面完善的期盼，即对人的个性的全面、丰富和自由的发展的需要。而"发展"为"增长"提供总体目标，在发展伦理学视域中，"发展"的总目标是社会整体的发展，发展意味着消除贫困、人身束缚、各种歧视压迫、缺乏法制权利和社会保障的状况，新的发展概念要求把人类社会作为一个整体来研究，强调对社会发展的考察应以

---

① 　[印度] 阿马蒂亚·森：《以自由看待发展》，任赜等译，中国人民大学出版社 2002 年版，第 25 页。

② 　《邓小平文选》第三卷，人民出版社 1994 年版，第 281 页。

③ 　这里我们要明确，"增长"并不一定带来发展，但不"增长"一定不"发展"。——作者注

揭示特定形态社会（国家、民族是其具体表现形式）自身的要素、结构、功能的变化状况为目标。德尼·古莱首先提出的"整体发展"思想被认为是发展史对"增长"的含义和目标的重大改进和转向突破，而后，阿马蒂亚·森（Amartya Sen）、戴维·A. 克拉克（David A Crocker）相续提出"实质自由"、"发展应用性"等研究，也对"增长"进行了目标修正和改进。

"发展"趋向成熟、完美、公正、幸福等丰富的质量思想，人始终是发展的价值核心和终极目的。"增长"不再成为发展的中心，而作为社会活动的人，在发展中始终居于核心地位。这样，对发展问题的价值研究，就使作为发展主体的人的意义得以体现出来。"发展"为"增长"提供了更为深刻的价值目的。

因此，"增长"不等于"发展"，"发展"既包含着"增长"的伦理意蕴而又超越了"增长"。基于对"发展"与"增长"的伦理辨析，发展伦理指出，真实发展是对发展内涵的真正把握和理解，以"重人"的方式展现，是建立在对人性的高度关注基础之上的实质发展，其哲学导向是更好地促进和达到人的完善和发展；反之，虚假发展则是发展的一种虚假性呈现，以"重物"的方式呈现，其最终意义上只是"物态"的数量的"增长"，是"无人身"的价值搁置、价值背离过程。

二、真实发展：合伦理性的发展

20世纪的存在主义（existentialism）以其独特的"人的关切"视角，涉及了包括马克思主义、宗教哲学在内的各人本主义哲学思潮和伦理思潮，对西方现代哲学、伦理学、文学艺术、政治学以及社会实际生活产生了浩大而持久的影响。为发展伦理注入了新鲜血液与活力，是发展伦理研究视角从单一"增长"转向"人"的发展的起点。

存在主义哲学创始人海德格尔批判自柏拉图的西方古典哲学一直未能澄清存在的意义，以对"此在"的分析建构其生存论。海德格尔批判传统本体论把作为哲学最高本体的存在（sein）混同于"存在者"（seiende），传统形而上学纠缠于"存在"与"在者"，因而导致了"存在"的本体论失落，是一种"无根的本体论"，他认为唯有人这种特殊的在者才能成为"在"的问题的提出者和追求者，唯有人才能揭示在者"在"的意义，人的"此在"即人的"在此"（being-here），亦即"在世界之中"，是一种"在世的存在"（being-in-world）。这就是人的"此在"之基本结构。海德格尔旨在揭示人不同于其他所有的存在者，所以，人在其生命的展开与存在过程中是有主体能动性的，有其对人生目标与意义追求的自为性，个体生命的人生也因其自为性而具有了不同的存在方式与人生。① 德国哲学家马克斯·舍勒（Max Scheler）的哲学人类学则突破了存在主义仅仅把人的存在理解为单个生存的孤立状态，而停留于对人内心世界的探讨的局限，对人的研究从人的存在本身出发，注重内在性和外在性的和谐统一，舍勒把个人和人格视为人与世界联系的关键，认为正是通过个人，世界才显露出其价值意义。西方哲学生存论的转向对人之生存现状进行了批判和反思，其对生存状态的审视和对生存未来的思想建构，目的就是为了人如何更好地生存。

生存哲学的兴起无疑对发展伦理的致思路径产生了全新而具有启迪性的影响。生存哲学对人的主体性的肯定和倡扬，成为真实发展的合理性立论伦理来源和基础，促使发展伦理打破传统财富的"见物不见人"的思维弊端和局域，进而转向关注、研究人生的根本性和总体性问题，包括人的本性和人性、人的价值和尊严等，将轴心问题聚焦于探讨人如何生活得更好。

"真实"是一个形而上学的命题。"真实"的英文解释为"true"、"real"。"true"的意思更注重"真"的解释，是"与事实相符的"，而"real"的解释更侧重于发展的实然性，是"现实"之意。由此看来，"真实发展"

---

① 叶启绩等：《20 世纪西方人生哲学》，人民出版社 2006 年版，第 126—127 页。

用英文表示应为"true development"，是指符合事物发展规律的发展，即有益于人类整体利益实现的发展。现代汉语中常用的"真实"一词，源于佛典，原为梵文 tattava 的意译，本意为如实，其反义为虚妄、虚假。如果再对"真实"二字分开解释，则"真"主要从认识论角度认知，是指如事物之本来面目；"实"主要从实在论角度解析，是指不依待他物而实有。真实的本体认意义，是指未经主观认识意念增减的事物本真或者本原面目，是一种趋向或达致理想的状态，具有批判和检验现实合理性的功能。

发展的真实性也谓之真实发展，它所要回答和研究的是发展的"真"（或"真实性"）是什么？或者说，什么样的发展才是发展的本义，真实发展的研究价值体现在对现实发展价值进行审视与梳理，以及为将来发展探索合伦理性的有价值的发展方向。真实发展不仅要实事求是地研究问题，更是要把问题放在思辨统一的系统中全面地研究。真实发展的理论基础以事实为基本依据，以伦理为价值标准，在真实发展的视野中，发展不是一个纯物质、纯物性的客观理性过程，而是被人的追求和价值全程投射的过程。在伦理的指导下对社会发展过程中"真问题"研究，形成对人类发展的真实价值进行理性思辨和追寻的探讨，使发展过程更具人道，它是实现经济学与伦理学对话的桥梁，是连接伦理价值与道德哲学的纽带。

真实发展的伦理要义就在于"以人为本"，伦理宗旨在于"以人为根本"、"以人为核心"，促进人的自我价值的实现，追求人的全面发展，其终极目的及现实意义内涵着通过社会善和社会公正创造实现全体人民的共同富裕以及幸福美好生活的真正实现，"为一切人的发展和人的全面发展。"[①] 从哲学本体论考证，"真实发展"蕴含三个层次的伦理意蕴：首先，真实发展本质为"善"的、"好"的发展，是弃"恶"扬"善"、使发展的价值性得以全面展现的真正的发展。真实发展是伦理价值维度及发展现实意义的统一，它符合伦理尺度和道德标杆的实质发展，符合发展应然的价

---

① ［法］弗朗索瓦·佩鲁：《新发展观》，张宁、丰子义译，华夏出版社 1987 年版，第 11 页。

值之维，是对发展伦理意义的肯定，体现了社会进步与文明，以伦理原理指导社会发展过程，实现真正的、实在的及有价值的发展，是社会整体利益得以实现的真实反映。其次，真实发展映射出虚假发展的虚幻存在性和内在谬误性。以真实发展的"实"比照虚假发展之"虚"，发展的价值实在性能得以展现。再有，真实发展的首要"善"体现在追求"人"的美好生活的发展上。真实发展不单纯包含经济的增长，其意义更引向社会多方面、多领域、多层次改善的更高标准，是社会客体价值与主体价值、物的价值与人的价值、经济价值与文化价值、自然价值与社会价值的统一。因此，对发展的价值性进行全面更新和创造性转换，坚持整体发展、协调发展和可持续发展，促进和实现人以及社会真正全面、和谐、自由的发展是真实发展的应然之义。

三、虚假发展：反伦理性的增长

虚假发展（False Development）是在发展过程中，对违背发展初衷的发展假象的伦理反思，它是从发展的根本性问题出发产生的道德自觉。"虚假发展"是人类以"真实发展"为价值标准，对以物为本的发展过程和结果的代价不断进行哲学批判的结果。

在《现代汉语词典》中，对"虚假"的解释是：跟实际不符合。在《辞海》中"虚假"也有两种解释：一是假的，不真实的；二是假借，假托。从"虚假"的词性解释中可以推断出，"虚假发展"是指"假的"、"不真实的"发展思想和观念，本质上是谬误的发展理论。从虚假的本质内涵可以分析，虚假发展即发展的虚假性，它无法真正反映甚至还会误导发展的价值方向，是假借发展之名而进行的追求经济利益最大化的伦理倾向。虚假发展不利于社会整体利益的实现，甚至反其道而行，阻碍并摧毁社会的进步。

虚假发展借发展之名恶意追求经济利益最大化。它是对社会发展过程进行伦理价值检视而暴露出来的"反道德"、"反伦理"的违背伦理原则现象的事实映照。虚假发展本质上违背社会发展的本质规律，违背发展的内生性要求。从表象上看虚假发展的物质量的繁荣似乎与人类利益最大化的"事实"相符，然而在内在持久性检验上则为"脆弱"、"非理性"的，虚假发展因与发展价值目的相悖离，在现实的挑战面前便无立锥之地。实际上，如果从发展的价值论检验，虚假发展仅有发展之实而无发展之值。

在当代发展伦理语境中，"发展"是文明、进步、自由、合理、繁荣等一切美好价值的代名词，虚假发展只关注如何发展得更快，而对于"为了什么而发展"的目的论和"怎样发展才是好的发展"的内在论问题并不关心，其实质是工具理性过度膨胀和价值理性过度缺失，以追求物质收入的无限增加为终极目标。将发展局域于经济增长，其公式是"发展＝经济发展＝经济增长"，这种模式是对"发展"的无批判性崇拜和追捧，是对文明的颠覆。突出表现为：以自然环境和社会利益的牺牲为代价，未能给社会的大多数成员带来真正的福祉，更没有带来社会的真正进步。虚假发展主要类型有："伪发展"——远离以人为本的"透支发展"；"假发展"——为消除真正贫困的发展；"反发展"——只有经济量的增加而没有社会进步的发展。①

虚假发展在现代集中表现为"发展至上论"或"发展至上主义"，伴随着工业革命的到来，为了"发展得更快"，人类不惜开采一切可以利用的资源创造积累财富，产生"发展异化"和发展"无人身"的价值迷失，财富发展表面"繁荣"实质却"无目的性"，偏离了发展的初衷，忽视发展的"人本"价值，以经济中心主义、功利效用主义为价值原点，见"物"不见"人"、重"经济"轻"社会"、漠视人的"个体"价值以及人的"类"的整体价值。在财富发展过程上，是财富增长对人的排斥和漠视，即"物本"对"人本"的颠覆。在财富发展目标上，是以人作为发展手段而不是

---

① 冯皓、王玲玲：《发展价值维度的伦理审视》，《求索》2010 年第 9 期。

目标的"手段"与"目的"的颠倒,即对"物本"的极度崇尚和对"人本"的彻底颠覆,虚假发展的结果导致"物"的发展无理性、无限度状态,最终产生"物"凌驾于"人"之上的物本财富观的形成。

对人的价值的贬抑也是虚假发展的基本特征。虚假发展削弱了人所应具有的主体地位,人成为发展的手段,物欲控制主体的人,财富成为人的唯一追求目的。德尼·古莱(Denis Goulet)直接地将这样的"发展"描述为"反发展",他表示,一旦人们规范美好生活的基本因素——最佳生存、尊重、自由和自我实现等等——减弱而不是增强了,那么就导致了反发展。反发展过程中"发展使手段绝对化,使价值物质化",虚假发展已然成为社会问题,是一种发展的异化。

对社会发展终极目标的忽视是"虚假发展"的固有属性。经济增长本身成为了虚假发展的目标,就是实现各种各样的经济指标。以经济增长论为代表,社会发展演变为一个无限的量的机械运转过程,没有了内在目的和终结的过程。这种发展其实就是卡思陀瑞狄思(C.Castoriadis)所说的"社会想象的表意"(Social Imaginary Signification),发展成为了沿着未加界定的轴心无休止的运动,这样的表意想象不再能够提供定性的目标和观点,这是人类欲速则不达的发展愿望。

有"增长"无"发展"性是虚假发展的内在本质。"增长"本身并没有带来社会实质性的提升,"发展"停滞不前甚至倒退,社会逐渐成为非人格性体系所操纵的非健全的、扭曲的社会。审视近一个世纪以来发展的历史,面对推崇的增长式发展模式,发展在人类毫无节制的欲望之下,陷入无伦理规范和道德控制的虚假发展失控状态。呈现的是仅有财富"物"的数量增长而无质的提升的财富样态。对于虚假发展的危害,联合国《人类发展报告1996》就明确列举了单纯经济增长可能导致无工作增长(Jobless Growth)、无声增长(Voiceless Growth)、无情增长(Ruthless Growth)、无根增长(Rootless Growth)、无未来增长(Furtureless Growth)的五大"不增长"现象。当然,否定单纯增长发展,并非一概否认经济增长和科技进步的重要性，但如果这些"增长"不能真正解决贫困、平等以及人的全面多重需求问题，不能真正解决生存危机，人类的财富发展将走向恶性循环的"反发展"道路。

第三节 财富观的历史嬗变

综上所述，在历史发展进程中，由于对财富价值内涵认知的不同，社会发展进程中存在着把无限增长财富"物自体"(物质资料、货币、资本等)的量作为社会发展的杠杆的物本财富观，以及把人的全面发展作为财富发展目的的人本财富观的两种主要形态。

物本财富观与人本财富观的出现，是社会发展的必然结果。近代以来，以工业化为目标的经济增长论的理论，在发展战略方面，一味强调经济指标的增长，比如库兹涅茨（Simon Smith Kuznets）的"经济增长理论"、罗斯托（W.Rostow）的"经济成长阶段论"、保罗·罗森斯坦·罗丹（Paul Rosenstein-Rodan）的"'大推进'平衡增长理论"、塔尔科特·帕森斯（Talcott Parsons）的"现代化理论"以及"联合国第一个十年发展计划（1960—1970）"等理论学说和文献，很长一段时间都成为大多数国家奉为准则的发展主题和发展理论。而伴随着社会发展和文明进步，人们在思考人与财富的哲学关系中逐渐意识到，以人为本的财富观不仅符合人道性，而且符合发展伦理的实质追求，是与时代进步要求相适应的财富观。从物本财富观到人本财富观的转向，是财富观的历史性伦理变革。

一、物本财富观：虚假发展的呈现

"以物为本"财富观，其最大特点就是形成人的社会发展的"物化性"

或"物役性"，以人对"物的依赖性"为显著特性。以发展伦理的视角分析，以"物本"为核心价值的财富观是"有增长无发展"的"恶的增长"的非理性财富发展模式。从工业革命产生时起，一直延续到 20 世纪 50 年代，人们对发展的理解主要是追求经济和财富的不断增长。这种发展理念适应了资本的需要。确实，在以经济为核心的物本财富观指导下，人类创造了经济增长的奇迹，但是由于单纯追求经济和财富增长，"物本"导致许多国家经济结构失衡、社会发展滞后、能源和资源日趋紧张、生态环境急剧恶化以及财富两极分化、失业增加、社会腐败、政治动荡等问题。马尔库塞把这种现象称为"人成为经济活动的物的奴隶"，人作为一种工具、一种物而存在，是奴役状态的纯粹形式。佩鲁更是大声疾呼："此路不通，因为不论社会还是人，都不是物。"以单纯的经济增长为核心的片面发展论，显露出畸形化以及伦理的"空场"运转，衍生出越来越多的社会问题、财富困境以及人性危机。

物本财富观是增长决定论、经济至上论和金钱万能论的体现，按照"现代化＝工业化"的思维方式，物本财富观简单而肤浅地理解社会发展和现代化，它致力于特殊物品的总供给（total supply）、总收入（aggregate income）与国民产值（national product）的提高，漠视人类的"权利"和这些权利产生的"能力"（权利指的是一个人在一个社会中运用面对的全部权利和机会所能支配的可选择的商品；能力是指一个人在很多评价问题上的优势和权利基础，即一种无法由效用或商品指数取代的作用，阿玛蒂亚·森语），漠视人的福利、生活水平以及自由等积极因素，因而形成"有增长之实而无发展之值"的现状。

长期以来，人们所秉持的财富观是重视有形物质资产的财富论。从中国汉字的"富"字看，上面是"宝盖头"，代表房屋，中间"一个口"，代表男丁劳动力，下面为"田"，代表土地，有田、有屋、有人，即为富足。明显体现了财富以实物形态存在的观点，在一定程度上却体现了对财富无形样态的忽视。20 世纪 40 年代，西方社会充溢着一种"血汗和眼泪"

(Blood, Sweat and Tears) 的"积累 BLAST"物本财富观思想,"残酷"(Hard)和"严厉"成为财富发展的主流观点,出于对传统资本主义扩展史的崇尚,BLAST 的支持者提出,应给予财富发展以优先地位,为了美好的未来,人们需要作出"必要的牺牲"(如放弃民主、自由和公民权利);为了获得成功的发展,人们需要忍受各种"现代病症"(如贫困、饥饿、不平等)。这种"积累 BLAST"一味追逐资本积累和财富增长的"量",忽视人们的福利与生活质量,掩盖社会剥夺问题,忽视人力资本,深层次上是忽视了"人"主体存在的优先价值。正如胡塞尔所指出:"由于过分迷恋于现代化的经济和财富效果,漫不经心地抹去了那些对于真正的人来说至关重要的问题",结果是使人沦为物的附属品,人就会"苦苦挣扎于虚幻的繁荣和苦涩的失望之中"。由此可见,"无目的的繁荣"是物本财富观虚假发展的表象状态。

从某种意义上说,这种"以物为本"的财富观产生了现代社会生产过程中财富对人的剥夺,进而形成了现代财富发展的"三大悖论"。(1)生产悖论:财富生产在资本逻辑与技术逻辑融合潮流中,在功利主义畸变和工具理性张扬中,"物欲"的驱动力全然代替了人类的可持续发展,造成人与自然关系日益紧张与疏离,导致生产目的与手段的"经常性矛盾"。(2)消费悖论:财富在使人们摆脱原先匮乏的生存境界的同时,落入了物化的生活方式中,一方面,它唤醒了人的"欲望"生活本能,调动了人的多方面能力去创造财富;另一方面,它又煽起了人们的动物性本能,导致了享乐主义、拜金主义、消费主义的盲目发展和空前膨胀。(3)分配悖论:财富在使人们的物质需求获得极大满足的同时,人的利己思想被无限发酵膨胀,人类崇尚的正义、公平的价值原点被抹杀,社会陷入贫富不均、贫富差距日益扩大的状态。

物本财富观在社会发展检验中日趋失败,体现为聚焦于效用、收入和增长等逻辑学和工程学问题,使发展偏离追求人们美好生活的实质,视角的偏狭导致对人类发展路径理解的欠缺和迷茫,直接肇始了当今世界的

"人态"和"生态"两重危机。

就"人态"危机而言，在科技进步和经济增长的主导意识下，对效率的关怀常常摆在对伦理的关怀之前。这样，应该规导我们生活的公平、民主、自由、平等、正义等伦理价值观，完全被效用或产出最大化的要求所遮蔽，人类所有行为都被纳入"投入—产出"固态模式，很大程度上忽视了仁爱、同情、共感等伦理力量的社会内聚力作用，导致个人主义、功利主义和消费主义横行蔓延。更严重的是，凭借科技和经济力量，人从摆脱自然力自发性奴役中又陷入自身异化的牢笼之中。"社会令人迷惑地顺从和依赖科学专门知识，自觉地制定计划和完美地进行管理的理想统治着生活的每一领域，甚至达到塑造公众意见的程度……个人几乎根本意识不到可以按照自己的决定生活"，① 一方面，人除了成为追求自我私利的"经济人"外，丧失了其他精神诉求动力；另一方面，人完全陷入经济"诸强制"当中，危害人和奴役人的可能性审视，不在财富增长的道德考量范围之列，甚至对于"人类资本"的贬值问题也漠不关心。

就"生态"危机来说，"控制自然"成为支配现代人行为的一种不证自明的观念，也是增长的题中之意，然而，对于每一次这样的"胜利"，自然界都相应地报复了人类。事实上，在人与自然的冲突中，人是最终的受害者。严重的生态问题"妨碍着人对他的环境世界的爱欲式的占有（和改变）；它使人不可能在自然中重新发现自己"②。生态体系危机同时就是人类自身的生存危机，"控制自然"和"控制人"是同一过程。以"增长"为核心理念物本财富观的虚假发展，未能给人类带来完整的解放结果，反而导致了"物"奴役"人"的价值贬抑的恶果。

---

① ［德］加达默尔：《哲学解释学》，夏镇平、宋建平译，上海译文出版社 1998 年版，第 108 页。

② ［美］赫伯特·马尔库塞：《工业社会和新左派》，任立编译，商务印书馆 1982 年版，第 128 页。

二、人本财富观：真实发展的观照

物本财富观引发的财富问题，使人们开始不断探索和转换自己的发展理念和发展目标。反思物本财富观的"无人性"，发展伦理主要提出两种批判观点：第一种是"无目的财富"，以阿马蒂亚·森（Amartya Sen）和杰·德热兹（Jean Dreze）为代表，认为物质的丰裕不但不能带来实质发展，反而导致社会"相对贫困"。第二种是"无发展的增长"，以克劳特（R.Clowet）为代表，反对无发展价值的财富过度消耗和分配不公。

人是"事实本质"与"价值本质"的统一体，"事实"与"价值"不是平等关系，人能够做的，不能必然地无条件地推出就是人"应当"要做的。关于这一点，18 世纪英国经验主义哲学家休谟首先在其《人性论》中进行阐述："我所遇到的不再是命题中通常的'是'与'不是'等关联词，而是没有一个命题不是由'应该'或一个'不应该'联系起来的。"[1]休谟认为，以"是"为系动词向以"应该"为系动词命题之跳跃缺乏逻辑根据，"是"与"应该"分属理性和情感世界，从"是"不能直接推导出"应该"。休谟关于事实与价值的"二分法"以及价值判断不可能从事实判断中推导出来的主张，构成了 20 世纪道德分析哲学主要议题。摩尔进一步深化了休谟的观点，批判传统伦理学将价值归结于事实是犯了"自然主义的谬误"。而马克思也强调"事实"与"价值"的辩证关系，马克思是从人的本质概念是人的价值本质（关涉人的"应该"）和事实本质（关涉人的"是"）两种性质结合明晰二者之联系的，"其唯物史观的逻辑框架将人的价值本质从单纯和目的性的'应该'变成为由人的事实本质之为合规律性的'是'所担保的历史必然。"[2]

---

[1] ［英］休谟：《人性论》，关文运译，商务印书馆 1980 年版，第 509—510 页。

[2] 徐长福：《人的价值本质与事实本质的辩证整合——马克思关于人的本质的思想及其解释过程新探》，《中山大学学报》2003 年第 5 期。

发展伦理的基本命题就是从人是"事实本质"与"价值本质"的统一体出发，提出的"能够"做不一定是人"应当"要做的，即人的事实行为不能当然推断出价值所在。因此，人的主体行为既具有自主性又具有必然限度。人既有物质性需求，又有精神性需求，是工具性和目的性价值的合一。满足人的物质享受有其合理的一面，但若极端化，就会偏离人的发展目标和终极价值，财富增长极限化会导致人的片面化。

因此，在对传统财富发展理论批判性反思的基础上，发展伦理研究学者从"增长第一"到"满足基本需求"，从"增长极限论"到"综合发展观"，从"以人为中心的内源发展观"、"可持续发展观"到"人类幸福指数"的发展模式转换中，重新确立财富生产不能超越合理限度，追求单一纯粹的经济增长，满足人的无限度贪欲，而提出财富发展应当是全局性全方位的，发展的目的在于不断走向人类生活的质量完善和意义完整的信念，其中就蕴含着丰富的人本财富思想。德尼·古莱在《发展伦理学》一书中所述的发展构想是发展伦理的人本财富论的典型观点，他提出从解决人类"生存"、"需要"出发的财富发展，目的是在于实现人的"自由"，财富发展的轨迹应为：为各社会成员提供更多、更好的生存物品→以某种方式产生或改善物质生活条件以达到所想望的尊重需要→使人们摆脱压制性奴役而取得自由→提高人们所设想的自我实现机会。①

人在发展中占据核心地位，既是发展的主体，也是发展的最终动力，发展最终目的在于实现人的全面自由发展，实现人的幸福，"发展最主要涉及的是有关'什么是美好生活'的内容。"② 而"美好生活"应建立在发展应以人为核心的价值基础之上。人本财富观"扬弃"与资本主义发展史相适应的物本财富观，主张人为财富之本，是第一性的，即人是根本，人

---

① ［美］德尼·古莱：《发展伦理学》，高铦等译，社会科学文献出版社 2003 年版，第 56—57 页。

② ［美］德尼·古莱：《发展伦理学》，高铦等译，社会科学文献出版社 2003 年版，第 46 页。

本财富观的"人"既是指社会的整体的"类"的人，也是指个体的人，是马克思所说的自然存在物、社会存在物与精神存在物相统一意义上的"现实的个人"与"社会的个人"；而"本"是指在财富之"物"的意义与"人"的意义相统一基础上的以人为主体和目的的"根本"。相对人性而言，财富仅仅是作为实现人的主体性的手段，仅具有工具性的特质。"以人为本"的财富观体现了财富的"人"本性，是与"自由个性"的未来理想社会相适应的财富观。从这个意义上说，人本财富观体现了发展的真实性。

人本财富观根植于财富内在属人性。第一，从财富概念的认知看，财富虽然代表着一定的物，以物质财富多寡作为主要的度量标准，但它又表现为人与财富的关系。第二，从财富追求的目的看，财富的目的不能偏离人的目的。财富以人为中心，财富的衡量尺度是人的发展，人的发展作为财富的尺度，使财富的本性得以扩展。财富的使用价值，就是财富能够满足人的物质需要、对人的有用性而言的，对人的尺度的强调可以帮助矫正单一的物的尺度。英国经济学家威廉·汤普逊曾经把财富直接与人的幸福联系起来，提出生产财富的唯一理由，终归是因为它是能增加谋求幸福的手段。经济学家克拉克也认为，所谓财富，是指那些物质的、可以转让的、数量有限的人生幸福的源泉，财富是人谋取幸福的手段之一。第三，财富的使用价值随着人的需求不断提升跃进而不断拓展变化，财富的价值不是先验地或一成不变地隐藏于财富对象本身，而是会随着人的发展水平的提升而变化的，它指向人的内心真正渴望、追寻的终极价值。

人本财富观追寻"共富""共享"的价值目标，以实现最大限度地实现的人的自由发展为目的，具有科学发展的价值取向，以"公共正义"、"可持续"、"自由"等伦理范畴为创造财富的根本，具有人文关怀的科学发展理念。把谋取财富、增进财富、使用财富的立足点建立在促进人的全面发展目标之上，力求实现财富发展"为了人"、"依靠人"及发展成果"惠及人"，保障人们创造和享用财富的基本权利，把促进最广大人民的全面发展、实现社会成员的共同富裕，作为社会财富发展的最高价值追求。

人本财富观对物本财富观的扬弃，力求实现从"为财富而财富，为发展而发展"的"以物为本"财富观向"以人为本"的财富观的转变，这既是财富以及财富生产方式的历史趋势，也是社会发展的现实必然要求。当人类由于生产力的相对提高和财富数量的相对增加而为人的全面发展提供了一定的物质基础和经济前提之后，它就理应走向"以人为本"的财富价值所向逐步实现财富生产过程中目的与手段之关系的真正回归，从而使财富的生产成为人的发展这一最终目的的现实手段，使财富从侧重于财富之"物"的本性向侧重于财富的"人"的本性的历史变迁，最终为人的发展从"物的依赖性"向"自由个性"的历史变迁提供现实基础。就此而言，人本财富观蕴含着深厚的财富主体实质性维度及财富内在意义的辩证统一关系，是以财富之"物"的意义与"人"的意义相统一基础上的以人为主体和目的的财富理念。

人本财富观追求财富与人的自由发展的统一。财富的最终目标是满足人的需要，就是说财富总是作为手段价值存在的，如果财富作为目的存在，就会使财富作用有不断扩张的趋势。因此，全面理解"以人为本"的财富观，必须注意两个方面的问题：首先，在理论层面上，强调"以人为本"的财富观，并不意味着对"物"的全盘否定，财富作为"质料因"与"目的因"双重存在体，虽然在规定性上不同，但它们是相互依赖、相互关联的。其本质区别在于在财富发展中究竟是注重其中的"物"的因素还是注重其中的"人"的因素；"以人为本"的财富观恰恰强调在注重"物"的生产同时也注重"人"的发展，就是说，在财富的物的生产过程中不断提升人的发展的"能力"和"关系"等现实因素。其次，在现实层面上，强调"以人为本"的财富观，一方面，要摆脱"以经济建设为中心"，以追求单纯的物质财富为目标的"以物为本"的财富思维偏隘，扬弃以物质财富为目的的社会发展理念；另一方面，要摒弃"以人为本"就是对"以经济建设为中心"的否定与背离的观念桎梏。事实上，提出"以人为本"的财富观不仅不是对"以经济建设为中心"的否定与背离，而恰恰正是为了实现经济发展的同时能更好更快地促进人的自由而全面发展的双赢。

　　总之，如果说"以物为本"的财富观能够实现最大限度地解放并发展生产力但却带来了现代社会发展的生产悖论、分配悖论和消费悖论，那么"以人为本"的财富观从社会和谐视角来认识，这既是社会生产在创造出大量物质财富的同时，能否推动整个社会走上社会主义核心价值观倡导的文明发展道路的自觉实践，也是更好地实现解放与发展生产力这一功能性要求的同时，更好地实现社会公平与正义这一合法性要求的理性回归。

第三章 虚假发展：物本财富观的诘问与反思

　　"发展"与财富"增长"的意蕴辨析和伦理关系表明，"发展"不只是一个纯粹描述性的名称。如果说，将"发展"视为反映某些水平的经济业绩与社会效能的数量情况，忽视对"发展"概念的无批判使用，就是犯了将"发展"等同于"增长"的错误，是手段与目的的颠倒。这种缺少价值关照的弊病，使人类社会的发展在科学技术的巨大推动下，盲目片面追求经济效益、急功近利，经济物质体积累成了发展的代名词。在一定程度上，是经济不断增长和物质极大丰富，然而，随之而来的是诸多社会问题的出现，秉持物本财富思想的最终结果竟然是发展的异化——人们追求发展的愿望和经济的繁荣与贫困化加剧的矛盾日益尖锐；人们物质生活的丰裕化与生命意义追寻的空虚化之间的矛盾愈益彰显；人们越发地觉得人与自身关系的矛盾、人与他人关系的紧张、人与社会关系的对抗、人与自然关系的对立的加剧。享乐主义、个人主义、物质至上主义盛行，与人类精神生活的相对贫乏形成鲜明的反差……，凡此种种，"发展"没有使人感到进步与解放，反而使越来越多的人感到生活的紧张与痛苦。种种异象的出现，形成了巨大的财富发展价值观危机。

　　发展伦理从人类的可持续生存和发展的需要出发，立足于人道的尺度，审视和反思物本财富思想宣扬"该如何做"以及"如何做得更快"、

"如何获得更多"，而不关心"是否值得"、"是否应该做"这一直接关涉人性的问题，漠视"什么是合理的发展"、"为了什么发展"、"什么样的发展才是好的发展"这一涉及人类生存可持续发展的价值论问题。对物本财富观的诘问与反思，就是对人类财富的发展道路进行哲学的评判和价值的审问，以期对未来的财富发展模式形成合理的道德评判并进行伦理约束和规范。

第一节　物本财富观的虚假发展危机症候

当代人类面对的诸如全球性的资源危机、环境危机、生态危机等已经越来越严重。正如哈曼所言："我们在解决'如何'一类的问题方面相当成功。但与此同时，我们对'为什么'这种具有价值含义的问题越来越变得糊涂起来，越来越多的人意识到谁也不明白什么是值得做的。"[1]财富困境和危机的涌现和凸显，无不表明物本财富观的短视和谵妄，财富数量增长的机械化，导致发展速度与方向日渐迷失，人类日益面临重大威胁。

马克思、迪尔凯姆和韦伯曾经试图以"异化"、"失范"（anomie）与工具理性的"铁笼"等不同的概念，表达人类追求现代性过程所付出的"成本"，用来描述物本财富观带来的社会危机症候。财富无序无度发展带来负面影响和负价值：只关注财富使用性的有效增加，漠视是否对人的自由和幸福有益；财富创造只注重当前利益而忽视长期有效的发展；拜金主义倾向严重，财富畸形消费；财富分配非理性化；经济与伦理价值分离。物本财富观引发"虚假发展"的社会财富危机，以假发展、伪发展和反发展为三大现实表征。

---

[1]　[美] 威利斯·哈曼：《未来启示录》，徐文译，上海译文出版社 1998 年版，第 193 页。

一、财富的假发展：未消除"真正贫困"的发展

财富发展的现代表征之一是：社会财物大量涌现，社会发展的繁荣是一种表面形式，当人们陶醉于有形财富的累积和增加时，表象的喧闹之下存在一个危机事实：实质的贫困并未得以消除。

在经济学的意义上，贫困划分为三类：赤贫（Destitution）、生存贫困（Subsistence Poverty）和相对贫困（Relative Poverty）。而这三类贫困通常又被归纳为绝对贫困和相对贫困两种（最早提出绝对贫困和相对贫困概念的是 Robert K.Merton 和 Robert A.Nisbet）。

科学的贫困概念界定反映贫困现象本质属性的抽象思维。"贫困"有其词性解释，中国古代典籍对"贫困"的解释多以"贫穷"来指称，《说文》曰："贫，财分少也"；《广雅·释诂四》对"穷"的解释是："穷，贫也"，"贫"与"穷"为同义词，多指财物（货品）的匮乏。在西方，《牛津大学社会学简明词典》将贫困界定为：是一种缺乏资源的状况、通常是缺乏物质资源，但有时也缺乏文化资源。[1] 英国社会学家皮特·汤森在《贫困的国际分析》中则将贫困界定为：在一个社会中，一个人缺乏参与社会惯例或社会所广泛认同的活动和享受普通生活水平所必需的资源。[2] 然而，这些对"贫困"的界定都是生物学方法上的定义，是对"绝对贫困"的描述性界定，从词义上来理解，绝对贫困是人的劳动所得和其他合法收入不能维持其基本的生存需要，泛指"总收入不足以获得维持体能所需要的最低数量的生活必需品"。[3] 反映生存贫困表象，绝对贫困显然只是对贫困的浅显性描述。

相对贫困是对贫困的实质性揭示，相对贫困的提出是经济发展的特定

---

[1]　Marshall Gordon: *Oxford Concise Dictionary of Sociology*, Oxford University Press, 1996, 409.

[2]　Townsend: *The International Analysis of Poverty*, Allen Lane and Penguin Books, London, 1979.

[3]　[印度]阿马蒂亚·森：《贫困与饥荒》，王宇、王文玉译，商务印书馆 2001 年版，第 19 页。

产物。其实，亚当·斯密早在 200 年前就曾指出相对贫困所蕴含的内涵，斯密从生存必需品和社会商品角度来界定贫困的实质："我所理解的生活必需品不仅包括维持生命所必需的东西，而且还包括这样一些东西：如果没有它们，甚至对最下等人来说，也会被社会习俗认为有伤风化。"①斯密举例说，比如皮鞋、衬衫都是连最贫穷的人都想极力拥有的体面的商品。联合国开发计划署在《1997 年人类发展报告》中正式提出"人文贫困"(Human Poverty) 的概念，指出贫困不仅是收入缺乏问题，更是一种对人类发展的权利、知识、尊严和体面生活等多方面剥夺。它不仅包括人均国民收入的因素，也包括人均寿命、卫生、教育和生活条件等因素，贫困意味着陷入这种状况的群体不能很好地履行必要的生产和生活职能以及一些基本能力的缺乏。

世界银行《2000—2001 年世界发展报告》指出"贫困是指福利的被剥夺状态"，贫困不仅指物质的匮乏，还指低水平的教育和健康；贫困还包括风险和面临风险时的脆弱性，以及不能表达自身的需求和缺乏参与机会。② 世界银行前副行长尼古拉斯·斯特恩博士 2002 年在北京大学题为《消除中国的贫困》的演讲中也提出：贫困这个概念本身是非常复杂的，它其实是一种多维现象，收入、教育和消费结构失衡，准确地说更应看成是贫困的结果，而不是贫困的精确度量。英国社会学家安德鲁·韦伯斯特说："贫困仅仅是相对而言，是将一群人的境遇与另一群人的境遇相比较而得出的一种概念。"③ 从以上阐释可以看出，绝对贫困的存在是贫困的"显性"形式，而相对贫困是一种"隐性"形式，具有隐蔽性、持久性和非量化的特征。

---

① [英] 亚当·斯密：《国民财富的性质和原因的研究》（上下卷），郭大力、王亚南译，商务印书馆 1974 年版，第 213 页。

② 世界银行：《2000—2001 年世界发展报告：与贫困作斗争》，中国财政经济出版社 2001 年版，第 l5 页。

③ [英] 安德鲁·韦伯斯特：《发展社会学》，陈一筠译，华夏出版社 1987 年版，第 2 页。

绝对贫困仍然成为发展的难题。"我们生活在一个前所未有的丰裕的世界中，在一二百年前这是很难想象的。……但是，我们生活的世界仍然存在大规模的剥夺、贫困和压迫。"① 世界银行发布的《2000—2001 年世界发展报告：与贫困作斗争》中总结道，"过去的 50 年中，世界财富增加了 7 倍，世界范围内的贫困问题不仅没有得到缓解，反而使贫富差距越拉越大，贫困问题日益恶化。据世界银行统计，2001 年全世界 60 亿人口中，有 28 亿人每天仅靠不足 2 美元来维持生计，还有 12 亿人每天仅靠不足 1 美元来生活。"② 贫困问题困扰着当今世界的发展，成为社会发展的一个巨大障碍，从而被联合国列为社会发展的问题之首。以美国为例，美国是世界上公认的经济发达国家，然而，2010 年 9 月 16 日，美国人口普查局发布的一份报告显示，美国生活在贫困线以下的人口总数由 2008 年的3980 万，占人口总数的 13.2%，上升到 2009 年占人口的 14.3%，也就是说，2009 年有 4360 万人生活在贫困之中，这个数字比 2008 年增加了近400 万。③ 发展中国家也出现了类似的财富危机。

除了绝对贫困的存在，现代财富危机的最大难题是陷入"相对贫困"的困境。这种具有相对性的匮乏或不足的状态的贫困，在某种程度上蒙蔽了作为客观事实存在贫困的严重性。正是因相对贫困其隐蔽性和内在性，财富危机中的相对贫困甚至比绝对贫困更为严重更难以解决，财富危机中的相对贫困主要体现在两个方面：

首先，实质贫困的存在。在现实中是反贫困理论和实践缺少对贫困地区人文贫困的实质性关注。在这方面，发展伦理学家们已经深入研究。例如，阿玛蒂亚·森出于对穷人的深切关怀，在详细分析贫困的实质后提

---

① ［印度］阿马蒂亚·森：《以自由看待发展》，任赜、于真译，中国人民大学出版社2002 年版，第 38 页。

② 世界银行：《2000—2001 年世界发展报告：与贫困作斗争》，中国财政经济出版社 2001年版，第 6 页。

③ 参见《美国贫困人口数创历史新高 每 7 个人里 1 个穷人》，人民网，2010 年 9 月 19 日。

出，贫困并不是收入低下，而是可行能力的缺失以及主体地位的丧失。"按照一个社会现行的最低生活标准来描述穷人的困境必然存在一定的含糊性，它就潜伏在贫困的概念之中。虽然，含糊性的描述并不同于规范性描述，但当我们在许可的常规做法与最低生活标准的可能解释之间做出选择时，随意性是难以避免的，这需要我们正确认识和认真对待。"① 森主张把贫困视为基本可行能力被剥夺来进行识别，在《以自由看待发展》一书中，森详细论述了"可行能力"（capability）和"功能性活动"（functionings），他认为"可行能力"指人有可能实现的各种功能性活动的组合，而"功能性活动"指"一个人认为值得去做或达到的多种多样的事情或状态"②。如果仅用收入被剥夺来解释贫困，"贫穷"就只具有"工具性"，混淆贫困内在的实质而从人的自由发展目标层面来解释，"贫穷"才具有"目的性"。

物本财富观带来的危机之一是，发展成为只有经济量的数字的快增长，却没有经济结构、社会状况的明显进步和质的提高，财富没有带来生活质量和生存品质的改变，特别是忽视人的基本权利和人的真正自由发展。在世界银行以《从计划到市场》为题的《1996 年世界发展报告》中明确提出："我们评价一个国家（从计划到市场）的转轨是否成功，并不单纯看国家财富、投资或生产率的统计数字，而且要看居住在这些国家人民的生活质量。"③据统计，全球 65 亿人口中，发达国家人口仅仅 10 亿多，其余都在发展中国家。目前 13 亿人生活在最贫穷的国家，每天人均收入不足一美元，8 亿人忍受饥饿，8000 万人完全不能享受医疗服务，2.6 亿人不能上学。④ 这些数据表明，尽管社会总体财富在表面上是增加了，但

---

① ［印度］阿马蒂亚·森：《伦理学与经济学》，王宇、王文玉译，商务印书馆 2003 年版，第 34 页。

② ［印度］阿马蒂亚·森：《以自由看待发展》，任赜、于真译，中国人民大学出版社 2002 年版，第 62—63 页。

③ 世界银行：《1996 年世界发展报告》，中国财政经济出版社 1996 年版。

④ http://www.cssn.cn/news/379661.html.2012, 10, 11.

是世界的贫困问题并没有得以解决，这些"贫困"问题不仅是"绝对贫困"数字未有下降，"相对贫困"状况还具有上升的趋势。

物本财富观带来的危机之二是，财富两极分化的加重和收入的不平等。米勒（Miller）和罗比（Roby）认为，贫困问题的本质就是一个不平等问题。在全球社会财富占有方面，发达国家占了80%，发展中国家仅占有20%。譬如自20世纪90年代以来，中国的贫富差距逐渐拉大，基尼系数越来越高，已经超过了国际公认的警戒线。中国社会科学院城市发展与环境研究所发布的《中国城市发展报告No.4——聚焦民生》显示，目前我国城乡收入差距比为3.23∶1，成为世界上城乡收入差距最大的国家之一。150万个家庭（约占全中国家庭总数的0.4%）占有中国财富总量的70%。有些专家认为，在中国，20世纪90年代初，"10%的人掌握了60%的有价证券和40%的银行储蓄，到20世纪90年代中期，20%的人拥有80%的存款，80%的人存款只占20%，到20世纪90年代末期3%的富裕人口占有居民储蓄存款的47%。"[1]

行业间的收入差距，城乡间的收入差距越来越大，有人估计，高低阶层收入差距达55倍，各种"黑色收入"、"金色收入"、"灰色收入"导致分配秩序严重紊乱，财富集中在少数人手中。由贫富差距带来的低收入群体的"相对贫困"在这20年中加大了，经济增长取得长足进展的同时，中国由于贫困存在及贫富悬殊所表现出来的"相对贫困"现象非但未减弱，反而还不断加剧，相当一部分人不仅没有享受到经济增长带来的好处，反而成为GDP增长的受害者。"2003年，中国农村贫困人口首次出现反弹就是一个佐证。"[2]

相对贫困带给贫困人群的不平等感、压抑和愤懑比绝对贫困更强烈，给社会带来的不稳定危害也更大。"增长优先"、"效率优先"的倡导使人类在

---

[1]　http://www.tzrl.com/news/176243.html.2012, 10, 12.

[2]　王玲玲、冯皓：《发展伦理探究》，人民出版社2010年版，第165页。

陶醉于经济快速增长带来的物质丰裕之时，忽视了经济增长背后已经和即将付出的沉重代价，带来贫富悬殊、分配不公、社会矛盾的加重等社会问题。因人为的财富不均和不公而使饥荒、疾病、无知本可以被消灭却还长期存在，这在道德上是悖谬的无存在的合理性。同时，在发达国家中以发展的名义已经做的事必须优于不发达国家中可能做的事的观点是愚蠢的。"问题不是反对发展，而是反对许多当代"先进"社会的伪发展。以上述目标与原则来衡量，许多"发达"国家达到的不是真正的发展而是大规模异化与伪发展。"①

二、财富的反发展：财富异化

"异化"在德语原文中表述是 entfremdung，英文翻译为 alienation，起源于拉丁文 Alienalio，含有"转让"、"疏远"与"脱离"等意思。"异化"被看作一种悖论，或是一种矛盾，因为"异化"通常指自己创造的东西反过来反对和否定自己。西曼把"异化"分解为五个独立要素：权力丧失（Powerlessness）、意义丧失（Meaninglessness）、规范丧失（Normlessness）、孤独（Isolation）和自我离异（Self-estrangement）。② 广泛使用的异化概念是一种标志某种历史状态的异化。在这种状态下，人参与创造的东西在逃脱了人的控制和约束后，反过来反对和否定人本身。发展过程出现的财富异化是指人作为有自我意识和能动性的主体，在发展过程中亲手创造出来种种力量却成为外在于人，独立于人，不以人的意志为转移，与人疏远或隔阂，甚至反过来支配人、奴役人。

人类在发展进程中之所以会出现异化现象，是因为人类的发展极端化的

---

① ［美］德尼·古莱：《残酷的选择：发展理念与伦理价值》，高铦等译，社会科学文献出版社 2008 年版，第 238 页。
② 参见刘森林：《辩证法的社会空间》，吉林人民出版社 2005 年版，第 187—189 页。

凸显。传统的"重物"发展模式为发展经济而发展经济，为创造物质财富而创造物质财富，人成为财富利益的工具、物质商品的附庸和金钱的奴仆，成为"经济动物"和"单面化"的人，陷入到物质化的趋利活动中，淹没了人的目的性存在，人迷失了自我，丧失了主体性，因而被财富所束缚和奴役。

财富异化的突出现象之一：社会财富和财富劳动不断成正比例增长。自资本主义社会以来，就开始了生产力越发展、社会总体财富越增加，而与劳动者的收入不成比例，劳动者获得的报酬与社会财富的增加处于分离状态。对此，马克思有经典的论述，"工人生产的财富越多，他的产品的力量和数量越大，他就越贫穷。工人创造的商品越多，他就越变成廉价的商品。物的世界的增值同人的世界的贬值成正比。劳动不仅生产商品，它还生产作为商品的劳动自身和工人，而且是按它一般生产商品的比例生产的。"① 异化劳动在创造财富中并未合理地发展劳动者的主体力量，而是使它片面化和畸形化，体现为创造财富的劳动主体的异化。劳动所生产的对象（劳动产品）作为异己的存在物和独立于生产者的力量同劳动相对立，社会财富的增长与创造财富的劳动者的贫困成正比。所以，马克思得出结论："工人对自己的劳动的产品的关系就是对一个异己的对象的关系。"②

弗罗姆也提出社会财富与人的悖反问题："我们在现代社会中发现的异化几乎是无处不在的。它存在于人与他们的工作、与他所消费的物品、与他的国家、与他的同胞，以及与他自身的关系中。人创造出了一个前所未有的人造世界。他建立了复杂的社会机器来管理他所建造的技术和机器。然而他所创造的一切却居于他之上。他感觉不到自己是一个创造者和中心，反而成为自己双手创造出的机器人的奴仆。他所释放出的力量越为强大，他越感到作为一个人的无能。"③ 在不同时代生活的马克思和弗罗姆

① 《马克思恩格斯全集》第 3 卷，人民出版社 2002 年版，第 267 页。
② 《马克思恩格斯全集》第 3 卷，人民出版社 2002 年版，第 268 页。
③ ［美］埃里希·弗罗姆：《健全的社会》，蒋重跃等译，国际文化出版公司 2003 年版，第 108 页。

都发现了现代社会在发展中出现的相同问题，即"物的世界的增值同人的世界的贬值成正比。"① 从社会层面上来说，生产力发展了、经济发展了，社会的总体财富增加了，同时却是人陷入了"贬值"状态，人类用先进科技创造出的"机器"不是被人所控制而是控制人，劳动创造的产品（财富）居于人之上，"人"不能感受到自身价值的存在，此外，财富的创造者并没有从劳动中获得应得的利益和酬劳，反而是少数不劳而获者侵吞、占有社会大量财富。

财富异化的突出现象之二：物质财富与精神幸福之间的矛盾尖锐化。赫伯特·马尔库塞（Herbert Marcuse）《解放论》（*An Essay on Liberabion*）中论述，在只关注财富而忽视人的本质需求的发展模式中，许多人类自身天然的、与生俱来的良善愿望，诸如对自由、尊严等的追求，在一定程度上被埋没了，"消费型经济和共同资本主义政治（Politics of Corporate Capitalism）创造了第二种人性，它把人粗暴无礼地束缚在商品形式之上。"② 现代性的物化、异化性表现在人们过多地追求金钱、货币、财富，而忽视了对更全面、更合理生活的追求，对财富实体诸如货币不择手段地无止境、无限量地追逐颠倒了财富价值的本意。货币作为现存的和起作用的价值概念混淆和替换一切事物。现代资本主义社会所谓人文危机、道德危机、价值观念危机，充分体现了货币作为财富形态的迷人魔力。因此，一个货币异化的社会，必然是一个拜金主义的社会，也必然是一个价值观念颠倒、道德尺度失衡的社会。财富发展异化的结果，不仅没能给人类带来物质幸福和精神财富，反而因为经济与人的亲和纽带被切断，导致了"人"被疏离于原有的本质地位。

反发展过程中"发展使手段绝对化，使价值物质化。"③ 人成为发展的

---

① 马克思：《1844 年经济学哲学手稿》，人民出版社 2000 年版，第 51 页。

② 转引自 [加] 克里夫·贝克：《学会过美好生活——人的价值世界》，詹万生等译，中央编译出版社 1997 年版，第 5 页。

③ [美] 德尼·古莱：《发展伦理学》，高铦等译，社会科学文献出版社 2003 年版，第 20 页。

手段，物欲成为人的追求。这种发展异化已经成为社会问题。现实的写实是：尽管科学技术迅速发展，物质生活高度富裕，但是，人们并没有感到真正的幸福，相反，幸福却离人类越来越远。人的存在与人的本质处于破裂状态，马尔库塞在《单向度的人》（One-Dimensional Man）中指出，发达工业社会中人的异化状态加剧，人成为了缺乏否定性、批判性和超越性精神的单向度的人，社会则成了单向度的社会，这样的人处于幸福"无能"状态，存在着严重的孤独感和失落感。在物质财富不断积累的同时，孤独、苦恼和郁闷却日益增多，现代人的亚健康、焦虑症和忧郁症逐年上升，人被机器和物质财富（有形物）等异己力量所控制，信仰迷茫、精神空虚甚至丧失生存兴趣。

财富异化现象的突出现象之三：现代科学技术对人性的奴役。现代极度膨胀的科技意识和科技手段，导致对人性的奴役和扭曲。海德格尔在1927年发表的《存在与时间》里提到，人类精神世界在衰落和枯萎，精神力量在消散和减弱。现代科学技术造成了技术与人的异化，以及技术对人的控制，一切都能够被操纵、被订做和可制作，可以说人已经被现代技术所掠夺和侵占和异化："平均状态是常人的一种生存论的性质。常人本质上就是为这种平均状态而存在……平均状态先行描绘了什么是可能而且容许去冒险尝试的东西，它看守着任何挤上前来的例外。任何优越状态都被不声不响地压住。一切源始的东西都在一夜之间被磨平为早已众所周知之事。一切奋斗得来的东西都变成唾手可得之事。"[①] 人成为缺少灵性和充盈着构架化的人，只是麻木地接受技术所交代的任务，人变得更加机械化、平板化和计量化。

现代科学技术的发展和应用成为社会单向度化的主要原因之一，而科学技术的进步的无伦理制约性使人们能够保持在富裕的生活水平上，使人们满足于眼前的物质需要，不再向往另一种生活方式、不再追求自由和幸

---

① ［德］海德格尔：《存在与时间》，陈嘉映等译，生活·读书·新知三联书店1999年版，第148页。

福的代价。"技术合理性是保护而不是取消统治的合法性，理性的工具主义视界展现出一个合理的极权主义社会。"①而且，财富日益增量的社会却因道德规范的漠视，往往越易于使人的理性变得麻木，使人性变得冷酷无情、善恶不分。

三、财富的伪发展：财富幻象②

财富幻象内蕴着财富力量、梦想、欲望、膜拜等元素。是人们脱离财富的物质实体基础、财富生成的历史渊源和财富的属人性，而在主观上通过感觉、意念、想象路径所形成的关于财富的意向性存在。而在追逐"物至上"的财富社会，财富幻象繁衍成一种充斥社会的意向性存在是财富危机的另一大表征。

"意向的"、"意向的内存在"概念是布伦塔诺首先引入到哲学中的，他认为，"意向性"是各种认知、感情、意愿所直接指向其对象时的特征。人在其意向性体验中获得对象的表象，并对其做出判断；同时又体验到各种感情现象（Emotional Phenomenon）。"意向性，它构成自我学的生命之本质。意向性，换一种说法，就是'思维活动'。"③意向性既意味着包念构造客体的能力，也包含着意识指向客体的能力，它不是一种传统形而上学所固守的客观性分析态度，而是强调如此之精神功能，通过意向性，经验世界作为存在着的事物价值等的恒常物，对我们总是具有有效性和重要

---

① ［美］马尔库塞：《单向度的人——发达工业社会意识形态研究》，上海译文出版社2008年版，第144—145页。

② 马克思曾在《1844年经济学哲学手稿》、《1857—1858年经济学手稿》和《资本论》等著作中，对财富幻象作了深入详细的剖析。马克思认为，财富幻象包括有四个方面：货币幻象、资本幻象、信用幻象、目的性幻象。——作者注

③ ［德］胡塞尔：《欧洲科学的危机与超越论的现象学》，王炳文译，商务印书馆2001年版，第144页。

性。"所谓对世界的意识所指的就是完成着世界有效性的主观性之意识生活，或者说得更确切些，在其持续不断地获得的形式中总是具有世界，并且总是主动地重新将世界构造出来的主观性之意识生活。"①为此，我们可以推论出意向性的哲学释义在于将自在的第一性的东西当成是主观存在性，认为唯有主观性起作用的世界才是真正的存在。

"财富的意向性"的财富幻象把货币、资本当成财富内在本质，将物欲当做人性根本属性，"把作为财富一般形式和一般代表的货币理解为是财富的本质；把资本当作纯粹的物，幻想成为财富生成的内在根据；把人们财富欲望的满足及其具有的享受功能，幻想为对人的本质的真正占有和人向自身、向合乎人性的人的复归。"②人失去对自身逐利行为进行道德衡量和伦理反思能力。一方面，人们在财富创造和实践上产生不正当行为，陷入一种非理性的财富迷茫和狂乱境地，并采用各种非理性财富生产及消费行为，不断造成人与人、人与自然、人与社会的对立矛盾，社会发展严重阻碍和失衡；另一方面，人的主体性遮蔽和财富异化。财富幻象充斥着美好向往与残酷现实纠缠的财富发展之矛盾。

一是财富幻象带来价值观错位。对财富的价值和意义的理解呈现出目的性幻象已经成为现代人的通病。这种幻象是"手段"与"目的"的颠倒和错位，即把作为手段的财富颠倒成为作为目的的财富，从而认为财富攫取就是目的本身，人在主体自我意识深处把财富看作超越人的本质力量的终极存在以及人的生命活动的绝对目的，把人的本质力量的实现等同于自己对财富的无限度的要求的实现，把财富的权力神圣化，夸大财富对于个人享受的至上性，并以此作为评判人的存在的意义和价值的根本依据，从而在对财富的主体支配情欲中，甘愿成为财富的奴隶，把凌驾于自己之上

---

① ［德］胡塞尔：《欧洲科学的危机与超越论的现象学》，王炳文译，商务印书馆 2001 年版，第 183—184 页。

② 范宝舟：《财富幻象：马克思的历史哲学解读》，《哲学研究》2010 年第 10 期。

的完全异己的力量的财富当作自身的力量，"物役人"使人的价值的认知幻象化。

二是把财富的物性特质幻想为财富的人的主体存在本质。无视人的主体存在的本质，财富的物性特质被提升为财富的主体。马克思指出，重商主义者把贵金属（货币）看作是财富的存在，使"财富的对象、财富的材料立即获得了自然界范围之内的最高普遍性，因为它们作为自然界仍然是直接对象性的财富"。① 在这里，财富的主体本质被理解为无关人性的、纯粹作为特殊自然物存在的财富对象和材料。获取货币和积累货币成为追逐财富的最高目的，从而财富的本质表现为在人之外存在并且不依赖于人的外在的、无思想的对象性本质。

三是把财富对人的享受功能幻想为财富对人的发展的价值。将对财富的价值和意义的理解停留在人的享受层面上，"终极目的（不是）财富，而是享受"，② 泯灭了财富对人的全面发展的促进和对社会进步的推动的根本意义。由于财富形态上表现为"独立物质形式"的"财富幻影"，而它们所体现出来的人与物的关系遮蔽了其背后人与人的关系，显示出其欺骗式的虚幻性。经济生产不是为了促进人的发展和现实的人的需要，而是为了诱惑起人的病态的享受欲望。马克思指出："产品和需要的范围的扩大，要机敏地而且总是精打细算地屈从于非人的、精致的、非自然的和幻想出来的欲望。"③"工业的宦官顺从他人的最下流的念头，充当他和他的需要之间的牵线人，激起他的病态的欲望，默默盯着他的每一个弱点，然后要求对这种殷勤服务付酬金。"④ 现代财富对人的享受功能不仅体现在对物的享受上，更进一步地体现在对人的控制和支配上。"每个人都力图创造出一种支配他人的、异己的本质力量，以便从这里面找到他自己的利己

---

① 《马克思恩格斯全集》第 3 卷，人民出版社 2002 年版，第 291 页。
② 《马克思恩格斯全集》第 3 卷，人民出版社 2002 年版，第 349 页。
③ 《马克思恩格斯全集》第 3 卷，人民出版社 2002 年版，第 339 页。
④ 《马克思恩格斯全集》第 3 卷，人民出版社 2002 年版，第 340 页。

需要的满足。因此，随着对象的数量的增长，奴役人的异己存在物王国也在扩展，而每一种新产品都是产生相互欺骗和相互掠夺的新的潜在力量。"①

四是把财富的力量幻想为人的本质力量。财富幻象的另一个重要体现是对财富的力量的有限性替代人的本质的无限性。一方面，仅仅将财富行为作为随意操纵的个人行动，将他人的财富劳动当作满足自己的贪欲应得物，把人本身（包括自我）当作可抹杀的无足轻重的无价值存在物，把人的本质力量的实现，仅仅看作自我无度要求的实现。但是，另一极端化方面，财富又被仅仅看作手段，看作应当加以消灭的东西。因而，马克思指出，"他既是自己财富的奴隶，同时又是它的主人；……他还没有体验到这种财富是一种作为凌驾于自己之上的完全异己的力量的财富。他宁愿把财富仅仅看作自身的力量。"②马克思的表述揭示了人的本质力量异化为财富的力量的三重意蕴：首先，人的本质力量的大小体现在获取财富的数量多寡上，谁拥有的财富越多，谁的本质力量就越大。"人"的价值依附于"物"，人的受尊敬度与之拥有财力成正比，人本身成为无价值的存在物。其次，财富从是人的发展的手段，上升为统治人、奴役人的力量，反过来使得人们的生活本身和人的发展成为获取财富的手段。作为人的实践活动产物的财富，被当成人的实践活动的全部追求，美好生活内在本真和人的发展，被对财富的追求彻底"格式化"。正如马克斯·韦伯在分析资本主义精神时指出的，"资本主义的一条首要原则"，就是"人竟被赚钱动机所左右，把获利作为人生的最终目的。在经济上获利不再从属于人满足自己物质需要的手段了"。③再次，财富的符号价值成为人的身份的象征。人之本质肯定无足轻重，重要的是人拥有财富的多寡和档次，并成为人的力

---

① 《马克思恩格斯全集》第3卷，人民出版社2002年版，第339页。

② 《马克思恩格斯全集》第3卷，人民出版社2002年版，第349页。

③ ［德］马克斯·韦伯：《新教伦理与资本主义精神》，于晓、陈维纲译，三联书店1987年版，第37页。

量大小和人的身份品位高低的标识。马克思曾经举例说，"如像冯·路特希尔德先生那样，据我所知，他把两张各值 10 万镑的银行券分别放在镜框里挂出来，当作自己的显赫的徽记。"① 凡勃伦也曾经尖锐地指出，拥有财富，起初只被看作是能力的证明，现在则一般被理解为其本身就是值得赞扬的一件事，财富本身已经内在地具有荣誉性，而且能给予它的保有者以荣誉。财富从作为人的特征和本质力量的体现以及个人自身价值和人格性状的介质，上升为超越于人本身之上的灵异。

第二节　目的论指导思想的反思

自利理性观和功利主义价值论是物本财富观的发轫和形成的特殊的目的论指导思想。目的论，主张行为的对与错，完全取决于这个行为所产生的结果或实现的目的。物本财富观的发展模式建立在自利理性观和功利主义价值论基础之上，将目的论思想直接运用到财富发展中，会给财富带来一系列的悖离，使得财富发展目标和战略的理解背离财富的本意。假如我们对效率的关怀超越对伦理的关怀；假如功利价值和效用意识被拔到至高无上的地位，进而成为衡量发展的唯一标准；假如过于强调经济增长的结果和效用，以财富的物质增长量或者说是物品的丰裕度衡量财富发展行为的对与错，忽视了除物质量的积累直接结果以外的其他伦理价值比如美德、公平、正义、自由等因素的考虑，那么，社会就会产生伦理与经济的断裂，经济失去道德的约束，而这种缺失对于社会的进步和文明的进程而言代价是惨重的。

---

① 《马克思恩格斯全集》第 30 卷，人民出版社 1995 年版，第 184 页。

一、自利理性观

自利理性观发轫于效率优先论。这种观点认为，人追求物质财富和经济利益是天经地义的，人天生就是一种经济动物。

在现代经济理论诞生前的几千年里，人们对经济生活的探讨从未停止。而经济理论体系形成是在 1763 年，米拉波（Mirabeau）创造重商主义，用货币积累最大化来支配 18 世纪末的经济论述中的经济思想的松散体系。重商主义的研究重点是如何增进国家财富，以及如何通过增加国家的黄金储存来增加财富，它将货币及其积累视为壮大单一民族国家首先要关心的问题。重商主义是"效率优先论"的开端。

19 世纪以来，西方主流经济学开始形成非道德的"丛林"经济概念，"丛林"经济概念以"利润动机"或者说"抽象的贪婪"为理论的出发点。认为所有的人都（"自然地"）为获得更多的金钱欲望所驱动。西方主流经济学家把在经济领域活动的人类行为抽象为纯粹的"经济人"行为，假定"利润动机"是"经济人"行为的唯一动机和目的。如果说"利润动机"是非道德的"丛林"经济概念的理论根据，"利润动机"则被认为不仅是"自然的"，是"人的本性"，而且在道德上被认可。人们的愿望纯粹是赚取金钱财富，至于人们对他们的期望所依赖的伦理道德、经济活动的性质则置若罔闻。所罗门把这种对金钱无限度的欲望称为"抽象的贪婪"。

此外，以亚当·斯密（Adam Smith）为代表的古典经济学财富发展理论为"效率优先论"提供了系统的理论根据。1776 年，斯密出版了他一生中最重要的著作《国民财富的性质和原因的研究》（*An Inquiry into the Nature and Causes of the Wealth of Nations*），斯密研究国民财富的性质及其产生和发展的条件，目的在于找出促进或阻碍财富增长的原因。在书中，他首次提出将发展等同于国民财富增长的观点，斯密以人们"改善境遇的欲望"为基础，阐发了经济自由主义思想，他认为，在经济生活中，人们在力图追求个人利益的同时，自然会给全社会带来利益。自由竞争是"一只看不见的手"（The Invisible Hand），能自发地调节生产活动的全过程，而国家过多地干预私人的经济生活只会起到妨碍作用。

斯密指出，市场配置中的每个人，亦只是为了他们自己的利益。因此，每个人通常"没有促进社会利益的心思，他们亦不知道他们自己曾怎样促进社会利益"时，每个人都会努力把他的资本用来支持国内产业并管理这一产业使其生产物具有最大的价值，都必然会竭尽全力使社会年收入增加。通常情况下，他既没打算促进公众利益，也不知道自己对公众利益有多大地促进，他考虑的只是自己的安全，盘算的也只是自己的利益。在这种情况下，和在许多其他情况下一样，他由"看不见的手"牵引着，达到了并非他意欲达到的目的，而且也并不会因为此事并非出于本意就对社会不利。他追求自己的利益，往往能更有效地促进社会利益，甚至比他真正出于本意要促进社会利益时更有效。斯密认为，虽然共有的精明（Prudence）这一原理并不能总是指导每一个个人的行为，但它总是影响着每一阶级或阶层中的大多数，乔治·施蒂格勒把这一观点解释为自利主导着大多数的人们。斯密提出自利不仅是"经济人"的行为自然而合理的动机，而且还能有效地促进社会利益，是理性的自利思想的发轫。

效率优先论在近代西方经济学家中一度盛行。1965 年，美国学者埃尔斯沃思（P.T.Ellsworth）也提出，发展问题实质上就是通过增加人均产出来提高国民收入水平，使每个人都能消费更多，发展就是财富的不断增长。阿弗里德·马歇尔（Alfred Marshall）在 1890 年出版的《经济学原理》中重申，生产者和消费者追求的主要目的分别是追求利润最大化和效用最大化。瑞典学者缪尔达尔（G.MyrdaL，1957）、美国学者奥肯和理查森（A.M，Okun，H.W. Richardson，1962）、阿德尔曼（Irma Adelman，1961）也先后提出了效率优先的观点。

　　事实上，西方主流经济学理论大都认同人追求自利最大化合理化的思想，"经济人"、"理性人"是社会的人的总体特征。理性的自利在好几个世纪中，一直是西方主流经济学的核心特征。[①]"自利行为"这一复杂结构有三个性质完全不同、基本相互独立的特征：1. 自我中心的福利（Self-centred Welfare）：一个人的福利仅仅依赖于自我的消费（尤其不存在对他人的同情和憎恶）。2. 自我福利目标（Self-welfare Goals）：一个人的目标就是自我的福利最大化，当存在不确定性时，他（她）会最大化这种福利的概率加权期望值（尤其是不直接重视他人的福利）。3. 自我目标选择（Self-goal Choice）：每个人的行为选择只接受其目标引导（而其他人所追求的目标被给定，不会因为认识到各自成功的相互依赖性而被约束或调整）。在标准的经济理论中（如主流一般均衡分析），这三个特征往往被同时提出，并混合在一起。

　　自利理性观（Self-interest View of Rationality）在很大程度上意味着对"伦理相关"动机观的否定，追求自利的行为成为经济选择的唯一基础。对此，阿马蒂亚·森反对指出，尽自己的最大努力实现自己追求的东西只能是理性的一部分，而且这其中还可能包括对非自利目标的促进，那些非自利目标也是我们认为有价值的或愿意追求的目标。把任何偏离自利最大化的行为都看成是非理性行为，就意味着拒绝伦理考虑在实际决策中的作用，"不是某种被称为'伦理利己主义'（Ethical Egoism）的外来道德观或别的什么道德观。"[②] 而后，随着伦理主义与经济中心论的辩争的发展，西方主流经济学的福利经济学避开了个人之间的效用比较，而以帕累托最

---

① 阿马蒂亚·森在《伦理学与经济学》一书中对"理性的自利"也有自己详尽的解释，森指出在日常的经济学文献中，"理性的自利"是一个人总是被假设为其效用函数的最大化，而他的效用则仅仅依赖于他自己的消费并取决于他自己的选择。——作者注

② ［印度］阿马蒂亚·森：《伦理学与经济学》，王宇等译，商务印书馆 2000 年版，第21 页。

优（Pareto Optimality）作为判断的唯一准则。① 然而，帕累托最优所涉及的也仅仅是效用范围内的效率，而不重视效用分配方面的考虑，"帕累托最优"也仅是市场经济自利行为的深化，追求"经济效率"最大化成为市场经济的最终目标，而其他价值元素则被淡化和模糊了，"在为福利经济学所限定的狭窄范围内，由于帕累托最优成为判断的唯一准则，追求自利的行为成为经济选择的唯一基础，所以说某种事情在福利经济学中有意义的场合也就越来越少了。"②

西方主流经济学在市场经济运行的初级阶段，确实发挥了重要的作用，在"经济人"和"理性人"之后，也看到了一味追求经济效益的缺陷，例如，斯密在《国富论》之后又撰写了《道德情操论》，论述了"道德人"的观点，对社会的道德融合提供了伦理依据。但是，由于受到当时社会条件制约，西方主流经济学未能更深入地分析仅限于经济发展的弊端。经济学家仍然以自由市场制度就是适合个人潜力发挥的经济制度作为引领，用凯恩斯的话说，这种自由市场制度的信念是，人们出于最低俗最不堪的动机也不知什么原因还是能作出对市场经济有利的事情。在这种信念的支配下，经济学家们"认为发展完善的市场是一种使得人们加入比他们所理解的更为广泛深入的一种过程的有效方式，正是通过市场才使得他们能够

---

① 帕累托最优也称为帕累托效率（Pareto efficiency），是以意大利经济学家维弗雷多·帕累托的名字命名，他在关于经济效率和收入分配的研究中最早使用了这个概念。帕累托最优是资源分配的一种状态，在不使任何人境况变坏的情况下，不可能再使某些人的处境变好。提高经济效率意味着减少浪费，如果经济中没有任何一个人可以在不使他人境况变坏的同时使自己的情况变得更好，那么这种状态就达到了资源配置的最优化。以弗雷多·帕累托为代表的西方经济学家认为，帕累托最优是公平与效率的"理想王国"，如果一个经济制度不是帕累托最优，则存在一些人可以在不使其他人的境况变坏的情况下使自己的境况变好的情形，这样低效的产出的情况是需要避免的，帕累托最优曾被称为是公平与效率的"理想王国"。——作者注

② ［印度］阿马蒂亚·森：《伦理学与经济学》，王宇等译，商务印书馆 2000 年版，第 21 页。

为与自己毫不相干的目标贡献力量。"①对此，阿马蒂亚·森曾经持批判看法，认为这是把理性等同于自利最大化（Maximization of Selfinterest），用理性作为媒介的机械方法论。②

二、功利主义价值论

"功利主义"（Utilitarianism）的基本观点是认为，人的自然本性在于追求快乐，功利（Utility）是快乐的基础，功利是个人行为的实际效果及其对自身、对他人、对社会所产生的实际效益或实质性价值。"功利主义"主张以人的行为效果（而不是人的行为动机）作为衡量道德价值的标准。③

"功利主义"从利己性出发，把享乐作为人生的目的，把"趋乐避苦"作为个人幸福的感性基础。"功利主义"的精神渗透到人类发展实践的方方面面，影响到人类社会所有成员的行为方式，影响并决定了现代人们的财富思想。功利主义重视单一的经济思维，忽视伦理上多样化的动机和道德观念，它遵循三个主要原则：利益原则，即经济活动中的一切行为都是为了实现自我的最大物质利益。选择原则，即趋利避害。这里的"利"是物质利益，这里的"害"是对获得经济利益目的的损害。实效原则，为了获得最大的物质利益，迫使经济主体必须注重行为的实际结果。

功利主义对发展理论的贡献在于，它不像利己主义那样，主张个人利益的优先性，而是强调以个体利益和幸福为基础的共同幸福原则，主张个

---

① ［英］弗里德里希·哈耶克：《个人主义与经济秩序》，贾湛等译，北京经济学院出版社 1989 年版，第 8 页。

② 阿马蒂亚·森认为，用理性概念作为媒介在方法论上是极不恰当的。人们把所有人都自私看成是现实的可能是一个错误；但把所有人都自私看成是理性的要求则非常愚蠢。参见阿马蒂亚·森：《伦理学与经济学》，商务印书馆 2000 年版。——作者注

③ 在这里，我们仅以反思功利主义的一种狭隘化思维和逻辑为起点，即功利主义的原初价值论的单一经济功利观点。——作者注

体与社会、自我与他人的利益共享、协调和幸福（利益）总量的增进。这不仅符合人们追求更加美好生活的要求，也顺应社会发展的趋势，人类社会的发展就是要实现人类的幸福和社会的全面进步。利益和福利是人类生活幸福、社会进步发展的物质基础和保障，只有个体不懈地追求自身合理利益，才可能实现经济社会的发展；只有个体利益普遍最大化，才可能实现社会整体利益的最大化。

虽然在某些方面功利主义具有其他理论难以替代的优势，然而功利主义面临的理论困难也相当明显。主要批评来自以罗尔斯、西季威克为代表的道德和政治哲学领域的质疑：第一个质疑是，功利主义结果论的幸福最大化提出，如何来定义幸福和福利，并计算出它们的量？每个人具有不同的主观感受性，功利主义者诉诸直觉主义来解决这个问题是不合理的。第二个质疑是，功利主义的目标旨在尊重利益而不是人，换句话说，它把人当成手段而非目的。从契约论证的角度和制度层面来探讨，这是可以攻破的理论缺陷。

而功利主义在20世纪受到系统的批评以后，也进一步改变了自身的论述方式，产生了规则功利主义和行为功利主义。行为功利主义意指道德要求个人在每种场合都以促进人们幸福的最大化为目标来行动。这意味着，像正义和守诺之类的道德规则只是权宜的，当严格遵守这些规则会减少人们的总体幸福时，便有理由违反之。这种行为功利主义针对义务论的伦理理论，然而，其弱点是难以为规则的普适性作辩护。规则功利主义试图避免行为功利主义的这一问题，它所评估的不是特定行为的结果，而是遵守规则的结果。这就是说，它从功利的角度评估像守诺、讲实话和正义原则等普遍规则的意义。破坏某项规则有可能带来局部的暂时的快乐，但之所以不能容忍这种破坏，是因为遵守规则会在总体上促进人们的社会福利。也就是说，它对遵守规则的评估不是出于具体的暂时的行为结果，而是出于总体的长远的社会后果。因此，规则功利主义可以避免行为功利主义的某些困难，但它对遵守规则的强调既不同于自然法理论或社会契约论，也不同于康德式的义务论理论，而且它在为规则作辩护时，并不求助于任何集体的目的。规则功利主义可以像程序正义论者一样，为遵守规则的要求作论证，但其立足点始终还是其行动结果。

功利主义的价值论应用到经济行为中去，就易于将发展理解为狭隘的经济增长，认为经济价值——收入的提高主宰经济发展。比如，经济增长的无限论就是功利价值的一种重要体现，经济增长的无限论将经济增长等同于发展，强调经济增长可以永不停止、永无限度地持续下去，即"发展＝增长"的思维逻辑。20世纪30年代以来，凯恩斯主义经济学把国民生产总值作为国民经济统计体系的核心，成为评价经济福利的综合指标和衡量国民生活水准的象征。"发展的问题实际上被归纳为单纯的经济增长问题。应当说，这是50年代前后的一种流行的观点。"① 在现代人类发展的历史上，这种财富观一度占据统治地位，支配着现代人类的一切活动和现代经济社会的各个领域。

发展问题的研究与现实结合起来成为一种实证研究，对这种经济学含义的发展概念的普遍认同，产生于20世纪50年代。1951年，联合国发表了题为《欠发达国家经济发展应采取的措施》的报告，在当时欧洲国家开始战后的经济恢复、广大的第三世界国家面临如何发展的情况下，这份由诸多著名的经济学家参与起草的报告对世界的未来发展充满了乐观主义的信念。其基本观点是，只要取得了投资和资本就能解决发展的主要问题，因为经济增长与按人口平均的资本增长是联系在一起的，资本及其积累是"发展"的动力。发展中国家的根本问题就是如何加速资本的形成问题。

在这种观点之下，出现了一大批研究发展的经济学家和发展经济学著作。由刘易斯等著名经济学家参与起草的《欠发达国家经济发展应采取的

---

① 陆象淦：《发展——一个受到普遍关注的全球问题》，重庆出版社1998年版，第26—27页。

措施》，充满了乐观主义的展望和设想，体现了以经济增长为核心的发展观的基本思想。而后，刘易斯在其论著《经济增长理论》中将增长、发展、进步列为同义词，认为在不同场合使用这些名词只是为了"照顾到多样性"，这种观点在当时极具代表性。美国著名经济学家罗斯托也提出"经济增长阶段"论，罗斯托主要根据经济增长水平和物质消费水平，来划分所有国家和民族都需要在不同历史时期经历传统模式、创造起飞条件、经济起飞、向成熟期过渡、大众消费五个发展阶段，并将发展问题归结为单纯的经济增长问题。1971 年诺贝尔经济学奖得主西蒙·库兹涅茨被称为 GDP 之父，他用国民收入的概念和计量法研究各国经济增长，形成了经济增长理论的重要分支。在《生产和价格的长期运动》一书中，提出了长期动态增长过程在深化经济现象理解的重要核心地位。1971 年 12月，库兹涅茨在接受诺贝尔奖的演讲中提出了现代经济增长的六个相关联的方面。1. 总产量和人口的快速增加；2. 生产效率的增长率；3. 经济结构从农业生产占主导地位转向制造业和服务业占主导地位的改变；4. 社会结构和思维方式的转变；5. 通讯和运输技术改变引起的国家之间的相互依赖；6. 世界经济中的分化迹象。他提出在这六个方面中，总产量和人口的快速增加、生产效率的增长率是最重要的。美国哥伦比亚教授纳克斯（Nurkes）的"贫困恶性循环理论"（vicious circle of poverty）提出，"一国穷是因为它穷"（a country is poor because it is poor），发展中国家的贫穷是因为经济中存在相互作用和联系的"恶性循环系列"，解决发展中国家贫穷问题，必须采用平衡增长方式，在增加储蓄的同时要在许多行业进行大规模的投资。

深受近代以来的功利主义价值论影响的近代发展经济学理论，在为发展中国家提供发展范式过程中形成了单一经济增长财富观，追求国民生产总值和人均国民收入的迅速增长成为发展政策的首要的甚至是唯一性指标。形成了以 GNP 或 GDP 增长为核心的传统发展理念，希冀通过经济单项突破的"淋下效应"和"扩散效应"来带动非经济部门的发展和社会福利的增进。这些理论学说和文献，片面强调经济指标的增长，把经济无限增长视为头等大事及等同于社会发展，很长一段时期是大多数国家奉为准则的发展主题和发展理论，形成了社会"有增长无发展"的"恶性增长"模式。

功利主义倡导的社会发展目标是求得社会福利的最大化和求得最大多数人的最大福利，并且认为这也是道德的终极目标。功利主义重视单一的经济思维，忽视伦理上多样化的动机和道德观念。一方面，狭隘的效用一元论信息评价标准，强调利益总量的增进，忽视利益在个体之间的分配；另一方面，将幸福等同于单向度的物质目标，只将道德看作实现普遍幸福的手段。功利价值、效用意识，逐渐被拔高到至上的地位，成为衡量发展的唯一标准。另外，功利主义价值观只重视经济学的工程学根源，忽视了经济学伦理学根源的最根本问题。伦理关怀被排斥在经济学研究范围之外，经济学运用工程学的方法论，把追求物质需要、最大化的效益看作是人生的唯一目标，抛弃了人类道德要素，把人的精神世界归结为单纯的逻辑理性，肢解了人的需要内容的完整性和丰富性，有以牺牲人的其他高级需求和以物为本非真正人性化的倾向。"市场经济的功利主义价值观把'追求自己的物质利益'合理化了，它被看成是合乎人的自然本性的，因而是合乎伦理的。"①

现代工业社会对于"发展"的认识很大程度上是建立在功利主义价值论基础之上，从而导致了发展的功利化。"经济至上"论是功利主义的价值观又一体现。受行为的功利及效果理念影响，"经济至上"论只注重人类发展的当前、局部效益利益，重视"繁荣"忽视"发展内涵"的"多样化"，用经济指标来单一地评价"发展"，以至毫无节制、永不知足地向人类赖以生存的自然环境攫取财富，忽视发展的可持续性，仅关心指标的"评价"

---

① 刘福森：《西方文明的危机与发展伦理学——发展的合理性研究》，江西教育出版社2005年版，第70页。

而不是发展主体的"需求满足度"和生存价值，正如闵斯特伯格所言："在我们的实际生活中，处处充斥着一种可怕的强烈感受——我们的仓促、忙碌的生活已使我们失去了目标，尽管我们的效率获得了成倍的增长，但我们生活的意义却濒临危险的境地。"①

功利主体（经济主体）通常以创造多少财富或收入作为衡量判断事物及行为标准，未能超越功利价值认识来理解"完善发展"的深层意蕴，这必然导致人类对物质需求的无限制追求，从而产生异化于及失衡于人类理性的畸形"发展"。把一切关系都看作是从属于功利关系，使得人们普遍的价值取向是对物质利益财富的追求。对"发展"所涉及的各种"关系"没有给以足够的正视，例如发展的公平性、发展的代价性、财富差别的合理性等没有纳入"发展"的评价体系之中。

第三节　工具理性盛行的反思

一、工具理性颠覆价值理性

物本财富观的问题就在于，它使人们关注的焦点集中于发展速度，而对于"为了什么"和"怎样才是好的"发展的目的论价值论问题并不关心。这样的发展，无疑是财富生产工具理性（Instrumental Reason）的过度膨胀和价值理性的缺失。

不可否认，财富工具性存在确实对幸福感的发生、发展奠定了物质基础，当代世界科技的进步促进了生产力的发展，为人们的幸福生活奠

---

① Hugo Muensterberg.*The Eternal Values*[M]，Boston and New York: Houghton Mifflin Company, 1909, 4.

定了雄厚的物质基础，"物质生活的生产方式制约着整个社会生活、政治生活和精神生活的过程。"① 人的自由发展与幸福程度也上升到了一个新的水平。然而，问题在于，现代社会"财富"沉沦为"敛财"之"工具理性"，财富的工具理性颠覆了财富的价值理性。产生"工具价值"，"工具价值"是"某些被用来当作实现某一目的的手段的事物"。② 其属性是事物因它物的需要才具有的。财富把社会中的个体变成纯粹的"欲望工具"。"物"的实现以遮蔽"人本"来换取。"物"的发展本来是改善人的生存处境，提升人的生命质量，促进人的自身发展，但在现代社会财富实践中，"物"的发展和实现并没有带来"人本"的改进，反而造成了"人本"的失落；"物"的增长以压抑"人本"为条件：一面是"物"的工具性凸显，"物"不断扩张，一面是"人本"的不断压抑。"物为人役"在现代社会中转化为"人为物役"。财富已经异化为纯粹世俗及仅具繁衍生息无关乎内在之价值之物，人则狭隘化、虚无化为"经济动物"的异己力量，经济社会成为一个物性化的世界。财富工具理性引发的人的各种非理性冲动，人们对财富的本质、规律、创造拥有方式、评判方式的思考畸形发展，对财富的社会意义等问题所秉持的理念系统发生错位。从价值论角度来看，是以"物"代替了人类发展的全部，将"物"视为人类社会发展的终极价值目标。

"发展"的价值理性颠覆的原因，可以在马克思异化劳动理论中寻找依据。马克思的异化理论是在对卢梭、黑格尔和费尔巴哈异化思想扬弃基础上建立的。马克思肯定卢梭的劳动具有两面性和私有制是社会和人性异化的观点；认同黑格尔异化观的积极作用并全面批判他的唯心主义异化观，提出了唯物主义辩证法和劳动异化论；此外，马克思还超越了费尔巴哈抽象的"类本质"的异化理论，在彻底批判费尔巴哈人本主义异化思想

① 《马克思恩格斯全集》第31卷，人民出版社1998年版，第412页。
② 马克思：《1844年经济学哲学手稿》，人民出版社1979年版，第108—109页。

的基础上创立了科学的异化论和唯物史观。

马克思的异化思想认为，在资本主义社会，一切财富都是工业的财富，然而"人们至今还没有从它同人的本质的联系，而总是仅仅从外在的有用性这种关系来理解"①。所以"人的对象化的本质力量以感性的、异己的、有用的对象的形式，以异化的形式呈现在我们面前"②。首先，人与劳动产品相异化，导致的"人"的贬值。"工人生产的财富越多，他的产品的力量和数量越大，他就越贫穷。工人创造的商品越多，他就越变成廉价的商品。"③其次，人与劳动本身相异化，劳动的幸福感丧失。劳动对工人而言不属于他的本质；因此，他在自己的劳动中否定自己，感到郁闷不幸，不能自由地发挥自己的潜力，反之使自己的精神受践踏。再次，人与自己的类本质相异化，与"人的本质"相异化，异化劳动对人来说，把类生活变成维持个人生活的手段。"第一，它使类生活和个人生活异化；第二，把抽象形式的个人生活变成同样是抽象形式和异化形式的类生活的目的。"④最后，人与人相异化，人成为与自己、他人相对立的"物"。"人同自己的劳动产品、自己的生命活动、自己的类本质相异化的直接后果就是人同人相异化。当人同自身相对立的时候，他也同他人相对立。"⑤显然，马克思异化劳动理论揭露了现代社会财富发展的畸形化，并揭示了财富异化的根源。

而后，西方马克思主义者均从不同角度对人和物的博弈关系进行异化理论的不断思考。对于异化，大部分西方马克思主义者都是秉持反对观点，卢卡奇"物化"的异化思想，列斐伏尔人与自然的分离的异化论，马尔库塞提出异化根源在于人作为对象性的存在物所固有的矛盾，异化和人

---

① 《马克思恩格斯全集》第3卷，人民出版社2002年版，第306页。
② 马克思：《1844年经济学哲学手稿》，人民出版社2000年版，第51页。
③ 马克思：《1844年经济学哲学手稿》，人民出版社2000年版，第54页。
④ 马克思：《1844年经济学哲学手稿》，人民出版社2000年版，第57页。
⑤ 马克思：《1844年经济学哲学手稿》，人民出版社2000年版，第59页。

的存在不可分割，弗洛姆提出人在劳动中异化，人的存在与他的本质疏远等学说，都认为异化是社会腐化的来源，是人性泯灭的根本。因此，他们基于对社会发展的反思，对人类自身和人类未来的思考，积极探索消除异化的途径，提出还原人的本质，回归财富的价理性，还原人类生活的本真状态。

二、"无限超越性"的财富生产

物本财富观提倡"发展天然合理论"，以生产效率的提高和人们占有、消费物质财富的多少作为衡量社会进步程度、生活水平高低的终极尺度。为了达到加速经济发展的目的，假定"资源无限"，鼓励人们进行"过剩性生产"和"挥霍性消费"，追求经济的"无限增长"，危及了人类的可持续生存。

在人与自然的关系上，本质上人的超越性始终应以"非超越性"为前提和基础。人的超越性始终是在非超越性的范围内的一种"有限的超越性"。人与自然界之间的存在论上的统一性始终是人的超越性的根本基础和界限。如果否定了人的非超越性，把人的超越性绝对化，人就被看成了"绝对主体"，把人的超越性和主体性绝对化，否定了人的实践活动的界限，财富生产就成为了"无限超越性"生产。

人的无限超越性哲学来源于人万能论，人万能论强调世界的主体是人，人是万能的，世界万物都要服从及服务于人类，并为人类所奴役。从"人是万物的尺度"（普罗泰戈拉）到"人为自然立法"（康德）再到"绝对精神"（黑格尔）的提出，都是对这种观点的支持。

普罗泰戈拉（Protagras）"人是万物的尺度"的思想，是西方哲学史上第一次强调人的主体能动性的典型命题。普罗泰戈拉认为，人是万物的尺度，是存在者存在的尺度，也是不存在者不存在的尺度。他把神、物、人的关系颠倒过来，展示人自身的力量，将人当做主宰万物的力量来理解，标志着人类的自我意识的升华，主体的"人"作为客体的存在物"万物"的尺度包括本体认知、价值尺度，把自我提升为万物的尺度。文艺复兴时期，经过漫长中世纪的压制，人类热烈高扬"自由、平等、博爱"的大旗，将人的主体性地位提高到前所未有的高度。启蒙理性高扬人的主体性旗帜，以体现人的自主意志的方式，颠倒人与外部世界的关系，将人作为全部一切的中心，启蒙理性以主体与客体对立的内存单一范式，以抽象的、单一的和普遍的"人"作为主体，将人置于所有"他者"之上存在。认为人（"我"）就是一切，人能超越、主宰、控制和驾驭自然。随着人的主体性地位呼吁之声日渐提高，而后，人的主体观随着生产发展扩大到全球而成为主宰世界的法则。近代以来，康德（Immanuel Kant）在纯粹伦理学领域里同样发动"哥白尼式的革命"，强调人就其本性来说，是一个理性的存在，是具有绝对目的意义的存在。一切道德法则和义务要求，不是基于其他任何目的，只是为了人本身，即以人为最高的、绝对的目的。"实践的令式是如下：'你须要这样行动，做到无论是你自己或别的什么人，你始终把人当目的，总不能把它只当做工具。'"① 康德的"道德律令"本义在于人作为理性存在者，自己给自己立法，同时人又为自然立法，因为，理性存在的人具有绝对的意志自由。黑格尔（Georg Wilhelm Friedrich Hegel）也以人的"自我意识"、"绝对精神"主导自然界和社会（精神世界），"个人兴趣和自私欲望满足的目的，是一切行动的最高势力的源泉。"② "精神"（德文译为 Geist）是黑格尔精神哲学中的基本概念。实际上，黑格尔所谓的精神的自我意识就是人，即是人的精神和精神的人；只有人才是精神，才具有理性和创造性的生命力。"精神"是主观精神之"在自身并为自身"，即"在己"与"为己"，它规定"其自身为灵魂与意识的真理"。在黑格尔哲学中，"精神"从"理性"过渡而来，因而是完全普遍的、

---

① ［德］康德：《道德形上学探本》，唐钺重译，商务印书馆 1959 年版，第 43 页。

② ［德］黑格尔：《黑格尔历史哲学》，潘高峰译，九州出版社 2011 年版，第 88 页。

彻底摆脱对立的自我确定性。"精神"的具体形式是"知晓"。在黑格尔哲学体系中，把人的主体性以"自我意识"、"绝对精神"之规定展现，赋予人的主体性主导地位。此外，实践哲学思想更加强化"人"的主体性。认为自然世界无"自在"性，是"属人的世界"或"人化的自然"。笛卡尔是主客二分思想的奠基人笛卡尔的"我思故我在"的命题中，"我在"是"我思"的根据和基础，"我思"从"我在"推论而来。认为在"我在"的命题中含有'我设定'——即"我"既是设定者又是思想者。"这一命题的特性在于，它首先设定它所陈述的东西，即基体（subiectum）。它所设定的东西，在此情形中就是'我'；'我'是最高原理的基体。"① 因此，"我"也是一个特殊的、与他物有别的基础，"结果是，自那以后，我特别地被称为基体（subiectum），即主体了。"② 主客二分和对象性思维造就了人与世界的对立和以人为中心的文化观念。统一的世界被一分为二。人成为主体，本性在于自由，人把世界"对象化"，世界也只是作为人（主体）的客体对象而存在，是被主体按照自己本性"规划"而成的存在。人成为世界的中心，自然界只能是围绕着人、为了人而存在的奴仆，自然失去了自身的存在论根基。

经济的快速发展本身是符合马克思历史唯物主义的观点的，而长期以来的财富观忽视从伦理的视域对财富生产进行价值考量，为了达到生产力和经济快速发展，人类不惜使用一切手段进行生产创造，而经济的发展手段却毫无价值评价、伦理规约和哲学反思，发展进入无序和混乱状态。亚里士多德早在《尼各马可伦理学》中指出，人的"自由"的行为是经过理性慎重"选择"的自愿行为，因此，人的行为应在理性控制的范围内。人万能论将人抬高到至高无上的主体地位，为了自身的发展，人类可以肆意

---

① ［德］海德格尔：《海德格尔选集》（下），孙周兴选编，上海三联书店1996年版，第881页。

② ［德］海德格尔：《海德格尔选集》（下），孙周兴选编，上海三联书店1996年版，第881页。

无度向大自然掠夺，人的自我意识和主体意识无限膨胀，将大自然的可持续发展置之度外，产生了破坏人类赖以生存的自然界的"人类中心主义"论，带来了现代财富危机。以传统发展思维判断，发展是无问题与危机的过程，传统经济发展理论指导下的这种物本财富发展模式，尽管能够在短时期内获得经济上的高速的量的累积，但其本质是对发展追求的盲目性和价值迷失，最终必然会陷入种种的冲突，对人类自身生存和发展终极目标的遗忘，直接引发现代社会的种种伦理道德矛盾和危机。增长无限，必然无限耗费地球、自然资源，人类社会将面对种种突发性的和无法控制的崩溃。

第四节　物本凌驾于人本的反思

"经济增长本位"的物本财富观以实证主义的思考方式，把发展的某些手段和阶段性标准当作发展的终极价值，其价值指向泛化在各种经济的、生物的和文化表层，未能探寻和真正揭示发展的人本主义深层意义。

一、物欲的非理性化

长期以来，人们对物质欲望过度索取，人类欲望理性部分被遮蔽，欲望走向非理性化，人类无限度的欲望和非理性需求演变成为贪婪之性，发展的目的、价值扭曲和缺失。

欲望（desire）是人先天所具有的东西，与欲念、欲求是近义词。从本质上来说，欲望有两个方面：一是欲望是人的本能的释放形式，是人类行为最内在与最基本的依据。荀子说，"性者天之就也，情者性之质也，欲者情之应也。以所欲为可得而求之，情之所必不免也。以为可而道（达）

之，知所必出也。"①"性"的实质就是"情"，"情"的发作就是"欲"。崇尚玄学的汉代王弼提出"圣人有情"，感物而产生情欲是自然之性，而心能控制情欲而不妄性。在西方，欧文将"欲望"等同于人类"利己心"："人生来就具有谋求幸福的欲望，这种欲望是他一切行为的基本原因，是终身都有的；用一般人的话来说、这便是人的利己心。"②同时，欧文认为人也生而具有某种类似于维持、繁殖生命的享受生活的欲望的动物性倾向。马克斯·韦伯（Max Weber）赞同"欲望"是人的天性，人与生俱来就有"获利"的本能："获利的欲望、对营利、金钱（并且是最大可能数额的金钱）的追求，这本身与资本主义并不相干。这样的欲望存在于并且一直存在于所有的人身上。"③按照韦伯的观点，凡是世俗中所有国家、所有时代以及所有人，全都具有这种欲望本能。二是欲望是人谋求财富，促进财富发展的原动力。米塞斯指出："不知足的欲望，正是经济改善的动力。"④巴尔扎克把欲望看成是支配生命的力量和动机。是幻想的刺激剂，是人类行动的意义。马克斯·韦伯弘扬新教伦理，把增加财富视为对上帝的义务，肯定了人类具有财富欲望是社会进步发展的良性诱因，认为只是要加以适当的伦理道德的控制和约束，欲望对财富生产、创造就会具有重要的推动作用，这些思想在其代表著作《新教伦理与资本主义精神》中都有论述。

　　"欲望"是人的生而具有的天性已经成为共识，然而，人的"欲望"应有其"度"。现代财富危机在于，人的欲望太过、不切实际，"欲望"无度因而变成了奢望、贪婪和野心，危及了人的存在。马克斯·韦伯在指出"欲望"是人的本性后，就指出"贪欲"与"欲望"是不同的，并指出"贪欲"

---

① 朱贻庭：《中国传统伦理思想史》，华东师范大学出版社 1989 年版，第 147 页。
② ［英］欧文：《欧文选集》上卷，柯象峰等译，商务印书馆 1984 年版，第 56 页。
③ ［德］马克斯·韦伯：《新教伦理与资本主义精神》，于晓、陈维纳译，三联书店 1987 年版，第 7—15 页。
④ Ludwig Miser：《反资本主义的心境》，（台湾）远流出版事业股份有限公司 1991 年版，第 23 页。

不同与"资本主义精神"的实质,"对财富的贪欲,根本就不等同于资本主义,更不是资本主义的精神。倒不如说,资本主义更多地是对这种非理性欲望的一种抑制或至少是一种理性的缓解。"①印度20世纪心灵导师克里希那穆提指出,对欲望的理解,是人从桎梏和恐惧中解脱出来的重要途径,如果扭曲、压制、毁灭欲望,就可能摧毁自己的本真生活和一种非凡之美。法国心理学家拉康(Lacan)指出,人的欲望比虚无更空虚,依据拉康的镜像理论和他者认同说,个人主体的存在本体是一个无,可是欲望比无还可怕,因为它是比真还要真的假,欲望是人对无法被要求表达的那部分需要的体验,它不面对真实的对象,而是异化式地表现出一种本体论意义上的匮乏和缺失。萨特(Jean Paul Sartre)曾经讨论过这种存在论意义上的"欠缺"。他说,"欲望是存在的欠缺,它在其存在的最深处被它所欲望的存在所纠缠。"②在这个意义上,欲望将是永远填不满的沟壑。叔本华曾对于欲望的无度造成的个人、社会危害,做过深刻剖析,指出欲望过于剧烈和强烈,就不再仅仅是对自己存在的肯定,相反会否定或取消别人的生存。如果任欲望无节制泛滥,就一定会贻害社会,伤及他人并毁坏自己。

现代人的欲望膨胀表现在:首先,个人的欲望在"量"上无限地增长。在财富增长等于发展思想影响下,现代人疯狂追求物欲、贪图享乐,背离了理性的生活态度,思想和意识也产生严重的扭曲。正如贝尔所说:"资产阶级社会与众不同的特征是,它所要满足的不是需要,而是欲求。欲求超过了生理本能,进入生理层次,它因而是无限的要求。社会也不再被看作是人的自然结合——如城邦和家庭——有着共同目标,而成了单独的个人各自追寻自我满足的混杂场所。"③"欲求"变异为"无限的要求"以后,

① [德]马克斯·韦伯:《新教伦理与资本主义精神》,于晓、陈维纲译,三联书店1987年版,第7—15页。
② [法]让·保罗·萨特:《存在与虚无》,陈宣良等译,三联书店1987年版,第132页。
③ [美]丹尼尔·贝尔:《资本主义文化矛盾》,赵凡等译,三联书店1989年版,第68—69页。

社会秩序被打破，社会成为每个人都自行追寻自我满足而不顾他人的混乱场所。其次，欲望呈现非理性无度膨胀态势。物本财富观，使人们对经济增长和生活水平提高已经形成了"习惯性期待"，一旦这种"习惯性期待"无法满足，人就很容易产生心理上的不平衡。表现为人们的生活水平普遍得以提高，很多人却并没有感到满足和幸福。再次，个人欲望在"质"上下降了，各种低级的欲望被引发出来，人类沦落为欲望的奴隶。最后，在生活中是人们把追逐物欲错当作生活的本身，使生活失去实在性，物欲追逐与人们心灵的匮乏愈成反比例关系。

信奉物质主义的人认为，只有人所占有和享用的物质财富才是人生意义和价值的象征。所以，只有多赚钱、多消费，我们才能生活得幸福，产生对幸福内涵的误解。认为在市场经济中，欲望满足就会得到幸福，拥有财富就等同于快乐。对于这种说法，马克思曾经指出，"如果人的需要长期在物质享受层次停留，就会产生恶性消费和恶性开发，从而破坏环境也摧毁人自身。"[①] 现代社会以拥有多少物质财富作为衡量国家的发达与落后、国家富裕或贫困的标准，以物质来衡量人和国家的地位或价值，这就使得社会所提倡的"进步"、"发展"、"幸福"等也仅仅是用量化的物质性内容来衡量，人类在这些被扭曲了的"进步"、"发展"、"幸福"的诱惑下，就会任意放纵自己的物质力量，无节制地追求物质享受，经济中心主义、拜金主义盛行。

二、"物"对"人"的拒斥

在财富价值上，是财富增长对人的排斥和漠视，即"物本"对"人本"的拒斥。"以劳动为原则的国民经济学表面上承认人，毋宁说，不过是彻

---

① 转引自许先春：《惩罚中的觉醒：可持续发展之路》，内蒙古人民出版社 2001 年版，第 152 页。

底实现对人的否定而已。"①在西方财富世界，主流财富观信奉的是存在着在人之外独立存在着并且不依赖于人的财富观念，仅看到了财富本身表现的物的关系，没有看到财富背后的社会关系，以至于表现出"漠视人"、"排斥人"的倾向。

物本财富观将重心定位在"物本"上，一切实践活动包括人自身的发展，都必须服从于物的发展。物不仅成为社会发展的起点，而且上升为社会发展的目的，而人则被降低为物，并被物化为物的一种构成元素，变身为物借以发展的手段和条件。固然，脱离手段的目的和脱离目的的手段在现实中都是不存在的。但是，当一个社会背离目的和手段的统一关系，片面地把手段置于目的之上，并将其视为社会追求的最终的乃至唯一的目的时，"物本"和"人本"的悖反就发生了。此时，"物本"不仅疏离于而且凌驾于"人本"，通过挤迫"人本"甚至不惜牺牲"人本"，来求得"物本"的发展，换取社会的"进步"。这样的发展和进步在短期内也许是超常的，但却是畸形的、盲目的、不可长久的。

物本财富观把"发展是天然合理的"和"能够做"的就是"应当做"的作为自己的哲学信念。在这样信念的指导下，发展比不发展好，发展快比发展慢好，但发展是为了什么？这样的发展是否有助于人类的可持续？这些伦理观价值观的问题却不被人们重视。这样，就把最能体现人类物质文明的经济增长归结为社会的全面发展，这种单一增长模式破坏了人与自然、人与人、人与社会之间的和谐共存。财富发展理论的前提批判、哲学反思、价值评价的维度和伦理道德的规范和约束缺失，使发展成为"一只无头的苍蝇、一台失去控制的机器，一种不知天高地厚的妄自尊大，陷入失去理智后的疯狂"②。因此，财富的内在价值（Intrinsic Value）即"那些

---

① 马克思：《1844 年经济学哲学手稿》，人民出版社 2000 年版，第 73—74 页。

② 徐惠茹：《发展伦理学：当代社会发展理论的伦理基础》，《自然辩证法研究》2002 年第 5 期。

能在自身中发现价值，而无须借助其他参照物的事物"①也受到屏蔽。

人是物质性存在和精神性存在的统一：作为物质性的存在，人有"饮食男女"动物性欲求和超越动物的对财富和权力的无限性欲求。但人作为精神性的存在，具有高于和优于动物的内在本质。财富的价值关怀在于对人的发展的深层诉求，是对财富的物态形式背后的非物态形式的把握，它诉求于人的精神财富的创造和占有，是通向人的幸福的终极目的的路径。然而，建立市场经济社会以来，我们几乎把全部精力都投放到了对自然的改造和对物质财富的占有上，而用于提升人的心智力量的精神生产和精神过程却被弱化了。人类长期对物质生产凌驾于精神生产，也是物本财富观的弊端之一。事实证明，经济学人性假设中的人的理性是无限的假设被证明是虚假的，因为无论是面向"物自体"的"纯粹理性"，还是处理与自己的欲望有关的事项的"实践理性"都是稀缺的，它们都有相对明晰的边界。在此情况之下，人的体力与智力未能得以合理分配，物质生产与精神生产内在关系存在不平衡，财富形式掩盖了人类精神层次需要的多样性和丰富性。

现代人在快乐主义幸福观的影响下，把幸福等同于感性需要的满足，等同于物质财富的占有，认为拥有越多的财富就必定带来更多的幸福。然而，有关幸福的研究中显示，财富达到能够维持正常生活以后，财富和幸福并没有直接的关系。心理学家赛利格曼等人从不同国家中分别抽取了1000人作为样本进行研究，比较在差异的文化背景和经济水平条件下个人主观幸福感的指数。调查结果表明，处在贫困状态下，人们会认为拥有财富是令人幸福的事情，而一旦拥有了财富，这种想象的幸福感并没有长久地保持，反而被更大的欲望所代替，人们又处于不满足当中，这样的事实不断循环反复，随着财富和成功的增加，人们的不满足感也随之水涨船

---

① 〔美〕霍尔姆斯·罗尔斯顿：《生态伦理学》，杨通进译，中国社会科学出版社2001年版，第45页。

高，所以调查的结论是：财富和成功都不能令人永葆幸福。"财富等于幸福"是一种很危险的认知模式。

幸福还有一个"相对财富说"：人类追求财富的竞争是"零和博弈"，没有真正的赢家。一个人相对于别人收入增加，那么他自己的幸福感是增加了，但别人相对于他收入却是减少了，幸福感也随之减少，而且为了追赶这个领先者，落后的人们需要付出痛苦的努力提高自己的收入。人们把追逐和拥有巨额的物质财富作为财富的终极目的追求财富带来的幸福和自由被抛诸脑后。因此，现代社会的人们就像是老鼠赛跑，不断加速获取财富，并不断交替领先，最终每个人都精疲力竭，每个人都毫无幸福感可言。

恩格斯曾经一针见血地指出，在资产阶级社会一切生活关系都以能否挣钱来衡量，"金钱至上"的幸福观是人类痛苦和不幸的根源。把财富幻化为人生幸福终极追求目标，不仅不会使人幸福，反而使人陷入不幸和痛苦。有学者指出："现在美国生在一个一切价值都是相对与平等的世界里，……倒不是人们比以前更重视金钱，而是他们比以前更轻视其他一切事物，也不是因为他们比以前更贪婪，而是没有别的价值来抑制他们的贪婪。"① 在社会主义市场经济条件下，发展商品经济，追求经济效益，把追求和拥有金钱作为人生的全部意义和唯一的目的，将会陷入资本主义社会"金钱至上"的泥淖，盲目追逐财富行为不是社会主义经济建设的应有之义。

总之，"非人性化"的物本财富观遭到来自发展伦理的质诟，发展伦理主张在发展中注入人性关怀，对被视为永恒正确的"繁荣"、"积累"、"经济增长"等范畴提出疑问并反省，批判在经济增长的主导意识下，人们对财富量的追求优先于对伦理的关怀，因而物欲社会使人在庆幸自身逐渐脱离自然力的奴役和压迫时，却又遭受到自身创造的异己力量的奴役和压

---

① 陈先奎：《西方人看西方》，今日中国出版社 1991 年版，第 89 页。

迫，导致"人"与"物"的悖反。发展伦理认为，发展在于实现人的全面自由，而人的全面自由的实现的内在价值就是实现人的幸福。"美好生活"是建立在发展以人为核心的价值基础之上的，"发展最主要涉及的是有关'什么是美好生活'的内容。"这已经成为发展伦理的共识。①

---

① ［美］德尼·古莱：《发展伦理学》，高铦等译，社会科学文献出版社 2003 年版，第 46 页。

第四章　人本财富观的发展伦理理论来源

在对人本财富观如何构建展开论述之前，有必要对人本财富观的发展伦理哲学理论基础作简要的回顾与概述，这些具有代表性的发展伦理思想是人本财富观建构必要性和重要性的哲学基础。发展伦理理论包括众多人物、众多的理论体系和理论观点，要对其进行全面深入的梳理本文无法一一论及。因而选择几位最具代表性的、特别重要的、对财富问题有深入研究和具有广泛深刻影响的发展理论进行剖析。

西方具有代表性的发展伦理学家有德尼·古莱、阿马蒂亚·森、德斯·可思波、大卫·克拉克、内格尔·杜威等等，马克思的著作中也有很多发展伦理的论述。在众多学者中选择德尼·古莱、阿马蒂亚·森、马克思三位学者的有关思想进行述评，主要根据如下理由：第一，三位学者关于发展的财富思想较为丰富和具有启发性，德尼·古莱关于美好生活的价值理论，为我们提供了财富在发展中作用的思考；阿马蒂亚·森"以自由看待发展"的思想，从伦理视角探讨经济问题，是发展伦理财富思想的重大突破；马克思关于财富的论述具有丰富的人学内容，与发展伦理的核心思想具有一致性。第二，三位学者分别代表着发展视域中财富思想的不同理论进路。第三，其关于发展与财富关系的理论具有相对完整性。本书只梳理和研究他们理论中的发展财富思想，以期从他们的论述中获得发展的财富思想的理论来源。

第一节 阿马蒂亚·森"以自由看待发展"财富思想

1998 年诺贝尔经济学奖获得者、印度籍发展伦理经济学家阿马蒂亚·森（Amartya Sen）始终关注实现对增长的突破和对人的自由本性追求，其理论深刻切中当代财富发展困境问题。森的思想始终"贯穿着一条道德主线，这其中，他深切地关怀着人及其尊严"。[①] 森的一生都致力于发展伦理的研究，发表了大量著述，如《贫困的水平》（1980 年），《贫困与饥荒》（1981），《资源、价值与发展》（1984），《商品与能力》（1985），《伦理学与经济学》（1987），《不平等的再考察》（1992），《以自由看待发展》（1999）等著作和论文，森的发展伦理思想在于努力消除伦理学与经济学之间存在的鸿沟，重建经济学的伦理维度，特别是在对财富问题例如贫困、饥荒、不平等的发展伦理研究上更是独树一帜。

森创立了一种以自由为核心的发展观，主张人的自由既是发展的首要目的，也是促进发展不可或缺的重要手段。森认为，以往的发展理论以追求 GDP 指标的增长、经济的增长为发展的目标，是一种狭义的发展观。为此，森指出，经济发展就其本质而言是自由的增长和扩展人们的可行能力，可行能力既是发展的建构性目标，又是发展的工具性手段，让人们能更有保障、更有价值、更有尊严地生活。判断一种发展有无价值和价值大小，关键在于它提高人们的可行能力的程度。

森在其具有里程碑意义的著作《以自由看待发展》一书中认为，自由、发展与财富之间存在着非常重要的关系，发展的目的虽然不是财富本

---

① Peter Coy:*"The Mother Teresa of Fconomics "*,Business Week, No.3601, October 26, 1998, 44.

身而是人的自由问题，但人的自由却只能通过财富的发展才能得到最终实现。因此，自由既是人的发展的首要目的，同时也是促进人的发展的重要手段。由此出发，阿马蒂亚·森称前者为自由的"建构性"而称后者为自由的"工具性"。① 分析阿马蒂亚·森的思想可以发现，森是以自由的实现作为财富的发展的伦理方向和道德基点的。森提出关于"以自由看待发展"的观点，彻底突破了狭隘发展理论专注于财富单一增长的范式，围绕"人的实质自由是发展的根本目标和重要手段"这个核心思想，构建起了发展伦理视域中的崭新的"人本化"财富观。

森以自由看待发展，以伦理的关照，反思发展价值，主张发展是目的价值与工具价值的统一，并且目的价值高于工具价值，论述了发展是经济与伦理的整合，通过聚焦于目的而不是手段，森革新了发展范畴的解读模式。根据森的观点，发展应该致力于扩大人类获得能力，把获得能力当作人的需要，人才是真正发展的最终受益者。森主张人类发展指数（HDI）超越经济方面的国民生产总值（GNP），成为发展理念的新突破。因此，弗勒拜伊（Marc Fleur-baey）讲道："在我看来，能够在明确的基础上，通过理性的和一致的描述为社会和个体生活设计方案，这便是森的理论为什么能够为世人接受，并获得高度评价的重要原因。"②

一、经济发展的伦理之维

现代主流经济学研究对象主要是财富的获取和占有，人沦落为"工具论"的假设和"功能性"的要素，也就是说，人自身成为财富、手段性和工具性模具，森批判称这种"价值观倒转"现象，针对现代主流经济学疏

---

① ［印度］阿马蒂亚·森：《以自由看待发展》，任赜、于真译，中国人民大学出版社2002年版，第30页。

② Marc Fleurbaey.Development, Capabilities and Freedom. in: *Studies in Comparative Development*, Summer 2002, pp.76-77.

于对伦理学的关注而导致的一个根本缺陷——"经济学的贫困",森重申经济学应界定为"引领人类生活的科学",人的研究应该成为经济学研究的核心和目标。[①] 近代以来,随着实证主义逐渐主导世界的精神领域,经济学完全占据了发展研究,剥夺了伦理学确立原则规范的功效。在众多经济学家那里,"不合时宜的思想"、"无意义的"或者"没有意思的"直接等同于"伦理的"。于是,经济学中出现了一个"伦理学空场"。阿马蒂亚·森将其喻为"经济学的贫困",即经济学与伦理学的疏离,而这一疏离在人类发展实践中的表现样态即是以"增长"替代"发展"。因此,森试图从批判功利主义入手,重建经济的伦理分析方法。

(一) 对功利主义的扬弃

森的批判从福利经济学角度对传统功利主义进行审视修正开始。在福利主义经济学研究中,森力求在功利和权利之间开辟一条新路径,为功利主义在现代经济领域发展中寻求正确的哲学理论思考。

"功利主义"(Utilitarianism)通过"最大多数人的最大幸福"这一概念的不同解释或表述,如"社会利益"、"公众幸福"、"社会繁荣"以及表示"效率"的各种标准如"帕累托最优"、"GDP"、"生产可能性边界"等,在一定程度上对现代的人类经济进步产生了特有的积极正面的影响。然而,由于功利主义过于注重道德价值的效用评价效果,功利"最大化"(Maximizing)原则就有可能带来财富分配不正义和结果不公正等问题。

森首先肯定功利主义的进步意义在于,按其结果来评价各种社会安排的重要性和"评价各种社会安排时,需要关切所涉及的人们的福利"[②],森认为,功利主义效用论在经济领域,价值标准的优点在于它着眼于社会机

---

① 周文文:《伦理理性自由:阿马蒂亚·森的发展理论》,学林出版社 2006 年版,第 31 页。

② [印度] 阿马蒂亚·森:《以自由看待发展》,任赜等译,中国人民大学出版社 2002 年版,第 51 页。

制的后果，而且后果即人的福利（而不是货币收入），这是合理的假设。

但是，森认为功利主义也造成了经济与伦理的隔离，违背了人类历史认识的发展规律。现代主流经济学对人的行为动机作了及其狭隘的假设（预设），断言人都追求自利最大化，把它固定化为自圆其说的"定律"，并且仅仅限于物质财富，形成了极其泛滥的功利主义潮流。经济学只强调实证性、数学化、工程学的东西，排斥对经济关系和价值意义的全面关注，表现出不自然的、无伦理的特征。森强调："经济学不自然的'无伦理'特征与现代经济学是作为伦理学的一个分支而发展起来的事实之间存在着矛盾。"① 森批判功利主义发展观只重视单一的经济思维，忽视伦理上多样化的道德动机和伦理观念。

森总结后指出，功利主义重大缺陷集中在于：功利主义漠视和忽略分配，效用计算方法忽略了分配中的不平等；功利主义评价标准的依据狭窄，忽略了其他非效用因素的价值；功利主义视角采用的个人福利的观念不稳定，容易被心理调节和适应性态度所改变。所以，用功利主义去评价社会状态，必定是片面的、非理性和具误导性的。为此，森具体展开了对福利主义（welfarism）效用论、结果主义（consequentialism）和功利主义总量排序（sum-ranking）等三方面的批判。

第一，对福利主义（welfarism）效用论的批判。森批判福利主义在对事物状态的伦理考量中，评价人类行为的唯一标准是"效用"。功利主义认为非效用因素只是间接地、仅就其影响效用而言有价值，因而否定了其自身固有的重要性。森指出，功利主义评价标准不够全面。功利主义认为事件状态的"善"以完全根据该状态中效用的"善"来评价而忽略其他所有因素。

因此，森批判把效用定为评价社会成就的唯一标准的不合理性。"效用至多是个人福利的反映"，② 而一个人的成就并不能单凭个人的福利来判断，

① [印度]阿马蒂亚·森：《伦理学与经济学》，王宁等译，商务印书馆2000年版，第35页。
② 黄海德、张禹东：《宗教与文化》，社会科学文献出版社2005年版，第21页。

成就的展现除了经济因素外，还体现在精神的、文化的、政治的等多方面。由此可见，功利主义最终不关心人本身，一个人被功利主义视为除了产生所谓有价值效用外什么也不是，效用产生、转化、占有方式等对功利主义而言这些因素最终都不重要，重要的只是效用的满足与否这一单一的评价标准。

森指出，效用并不能完全反映个人的生活状况。通常用来表示效用的快乐和欲望，的确是人们生活的一个重要成就，是人们意欲对象之有价值性的一个良好指标，然而它们既非个人福利的唯一表现，也不可能准确反映个人的福利状态。我们不能用幸福感和欲望的满足程度来判断一个人的福利，因为欲望和快乐基本上是一个心理状态，很容易被心理调节和适应性态度所改变。幸福感只是瞬时性的、不是与个人福利相关的唯一成就，欲望忽视了一个人对不顺利的环境的限制，环境能决定一个人快乐感和欲望的强度，我们能感到多少快乐，敢不敢于欲望什么，这其中经常牵涉与严酷现实的妥协，涉及"可行性"考虑。福利最终是一个价值评价问题，而幸福感和欲望都不是一种对福利的评价活动，它们的准则是不充分的。因此，森认为福利并不是唯一有价值的东西，而主观能动不仅具有工具价值，而且本身也有其内在价值；效用并不能完全展现福利的意义，效用判断具误导性。

第二，对结果主义（Consequentialism）的批判。结果主义认为事件状态的好坏由其结果状态的好坏决定。把福利主义和结果主义结合在一起，那么，事件的状态好坏由后果状态决定，后果状态又仅按其效用来评价。森认为，一切选择（无论是对于行动、规则、结构等等做的）都必须根据其产生的结果来评价具有片面性，"为了全面评价某一行为的伦理意义，不仅必须看到它的内在价值（若有的话），还要关注它的工具性作用，以及它对其他事物的影响，即考察这个行为所具有的各种内在价值和非内在价值的结果。"[1]

---

① ［印度］阿马蒂亚·森：《伦理学与经济学》，王宇等译，商务印书馆 2000 年版，第 76 页。

为了克服功利主义的这种缺陷，森提出，我们评价"综合结果"（Comprehensive Outcome）的时候，其中往往包括取得"顶点结果"（Culmination Outcome）所经历的过程。在评价事件状态之时，结果推理的范围应该包含选择过程。在《结果评价和实践理性》一文中，森称这种考虑方式为"状态成分的非排斥性"（Nonexclusion of State Components）。其次，应该考虑立场相关性，即采取处境评价（Situated Evaluation）的方式。要求评价者不得忽视个人在整个事件状态中的特殊位置。个人必须考虑自己在事件中的立场，以及为他作出的实质选择承担责任。"个人道德决策的性质使得立场特征不可避免对于评价和选择有意义。"①

第三，对功利主义总量排序（Sum-ranking）的批判。总量排序把不同人的效用直接加总得到总量，要求效用信息的好坏由总效用的好坏来决定，总量排序把不同人的效用直接加总得到总量，而不注意这个总量在个人之间的分配。功利主义在个体层面以最大幸福（快乐、利益或功用）作为最高价值原则，在社会层面以最大多数人的最大幸福（快乐、利益或功用）作为最高道德原则。然而在现实道德情境中，二者常常产生功利"最大化"与个人基本权利和尊严之间的重大冲突。

森分析认为，由上述三个要素构成的功利主义，"在评价信息上展现出来的是一种过分的'节俭性'，反映了'一元论'的特点。"② 这实际上说明了一个问题：功利主义最终并不关心人本身，一个人除了产生效用外什么也不是。由于功利主义的缺陷来自其信息基础的分析，森提出"可行能力"（Capability）概念，并借助"可行能力"来超越功利主义的局限性。"一个人的可行能力指的是此人有可能实现的、各种可能的功能性活动组

---

① Amartya Sen: 'PositionalObjectivity', Rationality and Freedom, Cambridge, MA: Harvard University Press, 2002, 480.

② ［印度］阿马蒂亚·森：《以自由看待发展》，任赜等译，中国人民大学出版社 2002 年版，第 62 页。

合。"① 对于功利主义来说，任何人都追求幸福最大化，或者说寻求最大化效用，效用计算为经济学和道德哲学提供了一种简便的价值衡量和评价方法。但是，按照可行能力，无论把效用解释为快乐、欲望满足还是选择，它们既不能准确反映人们的福利状况，也非评价唯一考虑的因素。② 功利主义忽视了经济学的伦理学根源，森认为："经济学的发展，伦理学方法的重要性已经被严重淡化了。被称为'实证经济学'的方法论，不仅在理论分析中回避了规范分析，而且还忽视了人类复杂多样的伦理考虑。"③ 功利主义把追求物质需要、最大化的效益作为人生的唯一目标，肢解了人的需要内容的完整性和丰富性，把人的精神世界归结为单纯的逻辑理性，有非真正人性化的倾向。④

（二）能力中心观

在批判和吸收功利主义思想基础之上，森提出了能力中心观，以此取代功利主义的效用观。森指出，个人幸福是他所能做的各种事情即"能力"的函数，个人某些方面的能力对于个人获得的效用水平是重要的，是个人

---

① [印度] 阿马蒂亚·森:《以自由看待发展》，任赜等译，中国人民大学出版社 2002 年版，第 53 页。

② 阿马蒂亚·森在《以自由看待发展》中指出:在功利主义那里，一个人除了产生效用之外，其自身并未得到关注，功利主义只注意快乐、幸福或愿望等个人福利的观念本身很不稳定，很容易被心理调节和适应性态度所改变。森认为快乐和愿望的心理测度具有太大的弹性，人们可能会为了生存而将愿望和期望调整到看来是可行的程度，因此不能成为被剥夺和受损害状态的可靠反映。——作者注

③ [印度] 阿马蒂亚·森:《以自由看待发展》，任赜等译，中国人民大学出版社 2002 年版，第 36 页。

④ 功利主义价值论应用到经济中，发展将被理解为狭隘的经济增长、收入的提高和 GNP 的上升，按照经济增长的发展思路，唯一关键的是必须把蛋糕做得更大，"发展"与"增长"混淆，考察指标只是收入与财富的增长，虽然在短期内见效，但是单一的经济发展，在增长到一定阶段后，就会显示出它的局限性，不能完全反映人类社会真实的生产和生活状况，也不能继续为经济本身的发展注入活力。——作者注

价值的源泉。个人的其他能力，比如识字能力、竞争政治职位的机会等，虽然与个人的效用不直接相关，但也同样是衡量个人幸福的重要因素。

森的能力方法是用个人在生活中实现各种有价值的功能的实际能力来评价生活质量。这种方法所要回答的问题是"某个人实际能够做什么或处于什么状态"（努斯鲍姆，Matha Nussbaum，2000）森的能力方法的核心概念是功能（Functionings）和能力（Capabilities）。"功能"是一个人生活中的各种活动或生活状态（Doings and Beings）。它与经济学中常用的"商品"（Commodities）一词含义不同，一个人拥有某种商品却不一定能保证他获得该商品所带来的各种功用，而功能是通过一个人使用商品的能力得以实现的。物质条件只是实现功能的条件之一，商品只有通过人的能力才能转化为一种功能。"一个人的成就取决于他（她）能否使现有的物品发挥作用"。①

按照"能力"分析思路，森认为，所谓"权利"，是指个人在社会上运用他享有的权利（Rights）和所面临的机会（Opportunities）而获得的可供选择的商品束（Commodity Bundles）的能力。"能力是指一种最基本的自由，即一个人所拥有的能够给他带来何种生活的选择范围。"（德热兹和森，1995）森指出，传统发展经济学集中于国民产品、总收入或某种商品的总供给的研究，而不是人们的"权利"（Entitlement），以及这些权利所产生的"能力"（Capabilities），是错误和狭隘的。在"权利"这一基础上，一个人能够获得一些能力（做某些事的能力，例如达到良好的营养），而同时不能拥有另一些能力。森主张，经济发展过程应该被看做是人们个人"能力"扩展的过程，而贫困就是指缺少最基本能力的状态。若给定个人对商品的权利与他们能力之间的函数关系，则"权利"的扩展就成为经济发展、社会进步的衡量指标。以能力和自由为衡量标准，发展的目标是"人类可行能力"的扩展，即给人们以自由去做他们认为有价值的事情，

---

① Amartya Sen. *Commodities and Capabilities*. Amsterdam: North Holland, 1985: 10-14.

一个人的能力越大，他选择过某种生活的自由度也就越大。人类潜能的开发以及自由的相应拓展才是经济增长的目标。

在对"能力"进行界定和分析后，森提出可行能力（Capabilities）视角的超越。森认为可行能力信息基础具有更大的宽泛性、包容性和多维性，所以自由可以从不同角度被理解。因此，我们应该用一个人所拥有的自由来代表他的利益，而不应该用一个人从这些自由中所得到的实体来代表他的利益。森的发展观将发展的含义从只限于经济增长的、以财富为目的的理论，转向重视"生活质量"的、以人为目标的理论。森的发展观的关键变化是：经济学关心的不应是商品，而是行为。即一个人能做什么和处于什么状态，这比他所消费的商品更重要。

森认为，经济发展最终应该归结到人们"是什么"和"做什么"，即"所做和所是"（Doings and Beings）的组合可行能力反映一个人可以实现的可选择功能的组合。这些直接与人们的"权利"相关联，而不仅是与经济的总供给和总产出相关联。另外，森强调首先要把功能性活动（Function-ings）与商品区别开来。从最终的意义上说，功能性活动并不是拥有一定的商品量，而在于追求有理由珍视的生活。商品与运用商品而达到的生活状况之间的差异，至少受到五种来源的影响：（1）个人的异质性。（2）环境的多样性。（3）社会氛围的差异。（4）人际关系的差异。（5）家庭内部的分配。此外，森指出必须把功能性活动与由此产生的幸福区分开来，例如骑车与实施骑车行为所获得的愉悦感是不能等同的。总结起来，在判断一个人的自由或可行能力时，不能过早地将分析局限于商品和福利，我们需要集中注意的是人们的功能性活动。

据此，森引入了含义更加广泛的"功用"概念，把人应当享有的权利及其所能得到的作用作为衡量幸福和快乐的标准，以取代功利论的"效用"概念，为规范经济学和社会福利水平的价值判断提供了更为有效的分析和衡量方法。

二、发展的新视角：自由发展观

（一）发展的自由理论 ①

森将自由看作人之本质，看作发展之追求。森认为人类社会对于平等和自由的追求是永恒的价值目标。他认同 T.H. 格林关于自由的阐述："我们可能都赞成，自由应被正确地理解为一种最大的福祉，它的实现将是我们作为公民的所有努力的终点。"② 森认为，人的自由是经济发展的目的，提高人的能力、获得收入的方法只是手段。贫困摧残了人的自由和尊严，改变贫困的方法，例如教育、卫生等就是希望实现富裕，由工具性的手段（外在价值），最终达到人的自由（内在价值）。

森的自由思想建立在亚里士多德、亚当·斯密和马克思思想理论基础之上。森对可行能力的看重在某种程度上也是对斯密"发展人类可行能力"思想的回归。人类能力的发展、劳动分工和技能形成在斯密的"国民财富"分析中具有相当重要的中心地位。除了"财富最大化"，斯密还考虑到了功能性活动，并且分析为了实现这些成就，商品需要怎样随着社会习惯和文化规范变化而变化，这些习惯和规范反过来也受到各自不同社会经济条件的影响。在分析这些关系时，斯密不仅使自己的方法与商品拜物教和财富最大化划清界限，而且显示了商品和能力之间关系的社会性质，他提出"什么"才能算做一个社会的"必需品"，决定于"什么"是提供某种最低限度的自由所需要的，斯密关于"天生"（nature）和"后天培养"（nurture）作用的探讨，以"人类可行能力的可改善性的

---

① 阿马蒂亚·森接受 18 世纪哲学家伊曼努尔·康德（Immanuel Kant）的观点，认为要把人自身看作目的，而不是仅仅作为其他目的的手段，这是森提出的以自由看待发展理论的基础。20 世纪 80 年代后，森发表的系列学术论文和著作，运用了与众不同的能力研究方法，尝试为人类幸福和发展理念构建更为全面完整的理论体系。——作者注

② Amartya Sen: *Rationality and Freedom*, Cambridge, MMA: Harvlarvard University Press, 2002，P7.

坚定信心"①影响着森的自由观。亚里士多德强调财富不是人生的最终目标，幸福才是人生最高的"善"，幸福不是物质的享受，而是人能充分发挥自己的功能性活动，这些关于什么是人的幸福生活的思想融入进了森的经济伦理思想之中。马克思对"商品拜物教"的批评，对自由概念所蕴涵的"能力"之分析，也对森影响甚深。马克思强调，人的全面而自由的发展，就是要在极大满足人的自然需求的同时，使个人能够全面发挥他们各方面的才能。自由王国就存在于真正物质生产领域（必然王国）的彼岸，在这个必然王国的彼岸，"作为目的本身的人类能力的发展，真正的自由王国，就开始了。"②森在综合借鉴这些思想后，提出了自己的观点：一个人的可行能力就是一个社会在现有的基本条件下，所能提供给人们过一种有价值生活的各种活动的组合；自由就是能过一种有价值生活的可行能力，能过一种有价值生活的自由就是一种实质自由。

对自由是一种可行能力（capabilities）的理解，是森对自由作出的独特的可行能力式的解释③，森在《以自由看待发展》中指出："一个人的可行能力指的是此人有可能实现的、各种可能的功能性活动的组合。可行能力因此是一种自由，是实现各种可能的功能性活动组合的实质自由（或者用日常语言说，就是实现各种不同生活方式的自由）"。④"功能性活动（functionings）是可行能力的基础，它不同于一个人所拥有的

① ［印度］阿马蒂亚·森：《以自由看待发展》，任赜等译，中国人民大学出版社 2002 年版，第 293 页。
② 《马克思恩格斯全集》第 25 卷，人民出版社 1979 年版，第 926—927 页。
③ 格瑞蒂·罗伯恩斯（Ingrid Robeyns）在《可行能力方法：一个跨学科的介绍》中，对森的可行能力方法的渊源作概括指出：可行能力方法的一些方面可以直接追溯到亚里士多德、斯密、穆勒和马克思那里，但这个方法的现代形式是由森开创和延展的，并受到了当代的亚里士多德主义者努斯鲍姆理论的影响。——作者注
④ ［印度］阿马蒂亚·森：《以自由看待发展》，任赜等译，中国人民大学出版社 2002 年版，第 62 页。

（1）商品（和相应的性质）；（2）福利（由功能性活动产生的幸福），是一个人在生活中能够成功地去做的事情（doing）或达到的状态（being）。前者比说看书、读报，后者比如说合群、身体健康等等。① 功能性活动与商品不同，功能性活动具有超越效用主观性和商品的"拜物教"优点，它处在主观主义（内在论）效用立场和基于资源的过分"客观的"（外在论）的立场之间。功能性活动并不旨在拥有一定的商品量，而在于追求一种我们有理由珍视的生活。

可行能力表现为按照自己的意愿、过有价值生活的实质自由。它着重强调的是人们主导自己生活的能力，他（她）有完全的自由去选择自己的生活方式。"做选择"自身可以看作是一种可贵的功能性活动，"可行能力集"的大小直接反映一个人"做选择"的自由程度，而且，"可以合理地把在别无选择的情况下拥有 X，与在还有很多其他可选事物的情况下拥有 X 区分开来。"② 而"自由"是人们享受他们有理由珍视的那种生活的可行能力（capability）。一个人的自由反映在其可行能力当中。

总之，自由、可行能力和功能性活动三者的关系是：功能性活动是可行能力的基础→可行能力的发挥和进步就是要达到自由的境界（主体能力是实现自由的载体和内在条件）→自由是人们所追求的目的价值和内在价值相融合的功能性活动（functionings）。

自由 ③ 处于发展过程的中心地位。森认为，自由具有手段性（或工具

① Amartya Sen: *Commodities and Capabilities*, Amsterdam: North–Holland, 1985, pp.10-11.
② ［印度］阿马蒂亚·森：《以自由看待发展》，任赜等译，中国人民大学出版社 2002 年版，第 63 页。
③ 绝大多数情况下，森的自由指的是个人自由，是某个人的自由。正如他所言，"对发展的分析以个人自由为基本要素"。（参见阿马蒂亚·森：《以自由看待发展》，任赜等译，中国人民大学出版社 2002 年版，第 13 页）但森在具体使用这个概念时，也涉及了群体范畴，比说"妇女的自由"或"穷人的自由"，等等，这种情况下的自由通常指的是被研究群体中个体自由的平均状况；在极其特殊的情境下，森还用这个概念指称人类的总体自由，也就是关注人类发展的整体自由状况。——作者注

性）价值和内在价值，但现代经济学中错误的理解是，自由的手段性（或工具性）价值要比其内在价值更受关注。森试图超越两者的对立，将自由的工具性与内在性两方面价值同时合并到发展框架当中。

首先，自由是发展的目的。自由是一种"实质自由"在"实质的"（substantive）意义上的定义。即享受人们有理由珍视的那种生活的"可行能力"（capability），它"包括免受困苦——诸如饥饿、营养不良、可避免的疾病、过早死亡之类——基本的可行能力，以及能够识字算数、享受政治参与等等的自由。"① 森认为，以人为中心，最高的价值标准就是自由，这种自由是实质性的，包括法治意义上的自由和政治权益。② 森所称的自由不仅仅包括基本的经济生活的物质保障权利（如失业者有得到救济的权利，收入在最低标准线以下者有得到补助的权利等），也不仅仅扩大到基本的意见表达和政治参与权利，更扩及基本的教育文化权利（每个孩子享有接受教育的权利等）。

其次，自由是发展的重要手段，这体现了自由的工具性作用。自由是关于各种权利、机会和权益是如何扩展人类的一般自由的，从森的理解来看，"工具性自由"是"一般自由"，其有效性的根据主要来自"各种类型自由的相互关联性，而且一种自由可以大大促进另一种自由"。③ 从而为发展作出贡献。森列举了五种类型的工具性自由：政治自由、经济条件、社会机会、透明性保证、防护性保障，这些工具性自由能直接扩展人们的可行能力，帮助人们按照自己的意愿过有价值的生活，同时它们之间也互相补充和互相强化。

---

① ［印度］阿马蒂亚·森：《以自由看待发展》，任赜等译，中国人民大学出版社 2002 年版，第 30 页。

② ［印度］阿马蒂亚·森：《以自由看待发展》，任赜等译，中国人民大学出版社 2002 年版，第 15 页。

③ ［印度］阿马蒂亚·森：《以自由看待发展》，任赜等译，中国人民大学出版社 2002 年版，第 31 页。

　　总之，通过对自由是发展的首要目的和重要手段的两方面分析，森得出结论：发展不单纯是经济增长，它是对人类自由的各种可能性的全面承诺，是对"一个人选择有理由珍视的生活的实质自由——即可行能力的全面扩展"①。此为森的自由发展观的精髓和要义所在。正如本文第二章所论述，经济增长是一个内涵较窄、偏重于数量的概念；而发展的内涵较宽，涉足了经济、政治、文化和社会变革等广泛领域，是一个既包含数量又涉及质量的概念。因此，森认为，发展的目标必须远远超越财富的积累和国民生产总值以及其他与收入、福利有关的变量的增长，这并非忽视经济增长的重要性，而是社会发展这一历史进程在"内容和范围上都大大超出了那些变量"②。发展必须更加关注使我们生活得更充实和拥有更全面的自由。而一旦我们有理由珍视的那些自由得以扩展，"不仅能使我们的生活更丰富和不受局限，而且能使我们成为更加社会化的人、实施我们自己的选择、与我们生活在其中的世界交往并影响它。"③ 在森看来，财富收入扩大、技术进步、社会现代化等等作为发展的阶段性目标，只属于工具性的范畴，最终是为人的全面发展、人的福利服务的。

　　（二）自由实质的发展观

　　森认为扩展自由可以促进发展，因为扩展自由"既是发展的首要目的，又是发展的主要手段。消除使人们几乎不能有选择、而且几乎没有机会来发挥其理性主体的作用的各种类型的不自由。"④ 森认为，比

① ［印度］阿马蒂亚·森：《以自由看待发展》，任赜等译，中国人民大学出版社 2002 年版，第 62 页。
② ［印度］阿马蒂亚·森：《以自由看待发展》，任赜等译，中国人民大学出版社 2002 年版，第 25 页。
③ ［印度］阿马蒂亚·森：《以自由看待发展》，任赜等译，中国人民大学出版社 2002 年版，第 10 页。
④ ［印度］阿马蒂亚·森：《以自由看待发展》，任赜等译，中国人民大学出版社 2002 年版，第 293 页。

起那些单纯基于收入、经济富足的评价体系，他倡导的这种全面自由是指导人类发展的人性化标准。美国著名数理经济学家肯尼斯·阿罗（Kenneth J.Arrow）这样概括森的思想："阿马蒂亚·森精致、简明而范围广泛地阐述了这样一个概念——经济发展就其本性而言是自由的增长。"①

　　森创立的以自由为核心的发展观这一理论的提出，缘于对底层社会和贫困人口深沉的关怀思考。森对我们生活的这个世界作了理性的正反对照观察和思考之后发出疑虑：为什么我们生活在一个前所未有的丰裕世界里，却仍然存在大规模的剥夺、贫困和压迫？为什么无论在富国、还是在穷国，以这样或那样的形式，还存在长期的贫困与得不到满足的基本需要，甚至还有饥荒和大范围饥馑的发生？森提出发展的中心目标就是克服这些难题。那么，如何克服这些难题？森敏锐地指出，对于这些问题，我们都必须透过现象看其本质。

　　首先，人们必须认识到各种形式的自由对于解除这些苦难所能发挥的作用，个人的主体地位最终的确对消除这些剥夺具有中心意义。森提出，扩展自由被看成既是发展的首要目的，又是发展的主要手段。其次，我们必须认识到每个人所拥有的主体自由，不可避免地被我们可能得到的社会的、政治的和经济的机会所规定和限制。因此，个人的主体地位与社会的安排之间有很强的互补性。重要的是，我们要同时承认个人自由的中心地位和影响个人自由的程度和范围的社会因素的力量，必须把个人自由视为一种社会的承诺。只有消除使人们几乎不能有选择、而且几乎没有机会来发挥其理性主体的作用的各种类型的不自由，才构成"发展"。反而言之，发展是对自由的承诺、发挥和实现，而自由是发展的前提、目标和手段。

---

① ［印度］阿马蒂亚·森：《以自由看待发展》，任赜等译，中国人民大学出版社 2002 年版，第 42 页。

森提出的自由实质的发展观，强调发展的评价介质及目标是实现人的全面的实质性自由，而不仅仅是 GDP 的增长，创建"以人为中心"代替传统的"以物为中心"的新型发展观。森倡导以人为经济学研究为根本核心和目标，重现了经济学重视现实人类生活分析与价值判断的传统，因为"经济学在很大程度上起源于对人们拥有良好生活的机会进行判断、对其影响因素进行分析的需要"。① 经济增长只是发展的一个方面，但不是全部内容。森批判现代经济学在研究财富、商品或资源配置问题时，"以物为本"对物的关注大大超越了对人的关注。

三、人类发展指数

（一）自由和权利的平等地位

森认为，人这一概念具有基本的不可约减的"二元性"。我们可以就依据一个人的主观能动方面来审视这个人，"认识和关注他或她建立目标、承担义务、实现价值等的能力。"② 同时，我们也要就福利方面来审视这个人。但是，在价值评价中，不管是主观能力方面还是福利方面，仅以成就来代表人的利益是不合适的。我们应以一个人所拥有的自由来代表他的利益，而不应以一个人从这些自由中所得到的来代表他的利益。"这些思考将会把我们引向对权利、自由和实际存在的选择机会的关注。"③ 这样，以自由和权利为基础的道德伦理的核心内容就展现在经济学的面前。"自由"的评价和"权利"的考虑，在伦理学中具有至高无上的地位，森十分关注人们在发展中的权利，在他看来，自由和权利等本身即具有追求价值的目

---

① [印度] 阿马蒂亚·森:《以自由看待发展》，任赜等译，中国人民大学出版社 2002 年版，第 18 页。

② [印度] 阿马蒂亚·森:《伦理学与经济学》，王宇等译，商务印书馆 2000 年版，第 44 页。

③ [印度] 阿马蒂亚·森:《伦理学与经济学》，王宇等译，商务印书馆 2000 年版，第 50 页。

标，经济学对自由和权利应予以同样的重视。这样，人类幸福和进步的目标得到了系统的整合性阐释。

森并不否认全面描述"发展"概念存在的困难。他认为困难主要在于"发展"概念中价值判断问题，即什么被看作是发展或什么不是发展。发展的定义涉及的价值判断表现在两方面：一是"价值的异质性"（value-heterogeneity），即不同的人所接受的价值函数各不相同；二是"价值的内生性"（value-endogeneity），即与发展进程有关的变化会调整相关个人的价值取向。在评价发展的本质时，森还特别强调"选择的自由"这一功用（functionings）的重要性。能够自由选择，对自身权利极为重要，如果一个人没有选择任何其他功用组合的权利，而另一个人拥有这种权利，那么，两个拥有同样功用的人，不应该被看作享受同样水平的福利。例如，饥饿的人和节食的人都不吃东西，两种功用是一样的，但两个人拥有完全不同的能力。前者没有任何选择的自由，只能忍受"饥饿"所带来的折磨和痛苦。

（二）人类发展指数的实质

森在《作为自由的发展》里，提出以"人类发展指数"（Human Development Index，简称 HDI）而不是"经济增长指数"作为社会发展状况的新的衡量标准，在经济与道德、效率与公平、工具与目的、眼前与长远、局部与全局的关系上，力图沟通、平衡，达到统一与和谐。人类发展指数（HDI）超越经济方面的国民生产总值（GNP），应成为现代新的发展思路。人类发展指数体现了新的发展尺度的综合价值要求，在发展的"能力"分析思路下，森构造了新的社会福利指数和贫困指数，联合国 1990 年发布的人类发展指数（HDI）与森的发展观是一致的，从此，"人类发展"被学术界广泛接受。"人类发展报告所造就的具有标志意义的人类发展指数（HDI），与 GNP 相得益彰，作为一种可供选择的发展度量标准，已取得相当的成功。它基于三个不同的组成部分——寿命指标、教育指标和人均收入指标。它不像 GNP 那样仅注重于经济的富裕程度。"①

人类发展指数（HDI）是一种融合了政治、经济、道德等多种因素在内的综合性价值观。森指出，"HDI 不仅是对 GDP 的改进，或至少是对 GDP 的有益补充，而且会提高公众对人类发展报告中其他变量的兴趣。"② 在森看来，人类发展指数这一分析视角能够使人们更清楚地理解人类生活何以变得更好，即"过得更好"，也能使人们充分理解人类如何通过主体能动性的发挥而实现这种生活，即"做得更多"。③ 人类发展指数的方法论最终关注的是人们有理由珍视的所有能力的集合。"人类发展指数（HDI）涵盖了最基本的几种能力如长寿健康、富有知识、享受体面的生活水平等。"④ 森批判指出，长期以来经济学沦为没有人性和道德意义的"工程学"方法，只关注最基本的逻辑思维问题，而不关心人类的发展的终极目的，以及促进"人的美德"形成或者"人应该怎样活着"等实质问题的解决。"在这里，人类的目标被直接假定，接下来的任务只是寻求实现这些假设目标的最适当手段。较为典型的假设是，人类的行为动机总是被看作是简单的和易于描述的。"⑤ 森的发展理论将发展的含义转向重视"生活质量"的、以人为目标的理论。森力求以"人类发展指数"来代替"经济增长指数"。彰显人的主体性地位，摆脱资本对人的控制，克服发展过程中对经济增长指数的过分迷恋。在森

---

① 森指出人类发展指数发展观实际体现了道德由恶到善的变化过程。旧的发展观"把发展看成是一个'严酷'的过程，其中充满了'血汗和眼泪'——在这样的世界里，明智的做法需要"严厉。而新的发展观"把发展看做基本是一个'友善'的过程"。参见[印度] 阿马蒂亚·森:《评价人类发展》，载《联合国开发计划署》:《1999 年人类发展报告》，中国财经经济出版社 2002 年版，第 23 页。——作者注

② 王艳萍:《克服经济学的贫困》，中国经济出版社 2006 年版，第 144 页。

③ [印度] 阿马蒂亚·森:《简论人类发展的分析途径》，《马克思主义与现实》2002 年第 6 期。

④ 联合国开发计划署:《2000 年人类发展报告》，中国财政经济出版社 2001 年版，第 18 页。

⑤ [印度] 阿马蒂亚·森:《伦理学与经济学》，王宇等译，商务印书馆 2000 年版，第 26 页。

看来，人类发展分析视角能够使人们更清楚地理解人类生活何以变得更好，即"过得更好"，也能使人们充分理解人类如何通过主体能动性的发挥而实现这种生活，即"做得更多"。

森的人类发展指数发展思想还对有关贫困问题的传统观念提出了挑战。既然贫困是指基本能力的缺乏，那么竞争性市场的"财富"所创造的效用，并不能够很好地解决贫困问题。饥荒的发生，往往是人们获取粮食的"生产权利"和"交易权利"即合法获取粮食的能力的丧失，而不完全是粮食产量的下降。正如森指出的，"饥荒可以在粮食供给没有出现普遍下降的情况下发生。即使在人均粮食供给下降的情况下，促成饥饿的因果机制（Causal Mechanism）中也必定包含着粮食供给之外的众多因素。"①而对于贫困也要进行质的甄别和建立共同的评判标准，"虽然贫困的'识别'可以建立在最低生活必需品标准的基础上，但贫困的'加总'却需要用某种方法把不同人的贫困综合成一个总指标。在'加总'中，某种相对贫困尺度是必要的。"②社会之间的贫困比较需要一个总的描述性陈述（Aggregative Descriptive Statements）作为比较的准则。森认为，权利方法（Entitlement Approach）重视每个人控制商品组合的权利，并把饥饿看作是未被赋予取得一个包含有足够食物消费组合权利的结果。而我们运用权利方法，就可以透过经济现象，看到来自政治、文化、社会的原因。消除贫困，不仅要对市场活动予以激励，而且更加需要公共部门的直接参与。森建议，发展的过程应更多地关注人类最基本的生存条件，如让更多的人拥有食品、住房，接受基础教育和医疗健康等。

---

① ［印度］阿马蒂亚·森：《伦理学与经济学》，王宇等译，商务印书馆2000年版，第188页。

② ［印度］阿马蒂亚·森：《伦理学与经济学》，王宇等译，商务印书馆2000年版，第19页。

第二节　德尼·古莱财富价值论

曾被国际发展伦理学会（IDEA）尊称为"发展伦理学之父"的美国圣母大学荣誉教授德尼·古莱（Denis Goulet，以下简称古莱）是一位杰出的从伦理视角思考发展问题的理论先驱。古莱从广义的价值维度来看待发展的核心问题，把发展视为界定美好生活、公正社会以及人类群体与大自然关系的问题，提出发展的目标应该是改善人类生活和社会安排，以便为人们提供日益广泛的选择来寻求共同的和个人的福祉，并为各国的发展实践提供了有益的伦理战略。

"伦理学把每个学科的发展概念置于广泛的评估框架内，使发展最终意味着生活质量以及走向各种文化所表述的价值准则的社会进步。如何追求发展与获得什么惠益同样重要。"①根据古莱的观点，虽然发展可以作为经济的、政治的、技术的或社会的现象来进行有效研究，但其最终目标则是存在本身：为全人类提供充实美好的人类生活的机会。因此，发展实质就是提升一切人和所有社会的全面人性。显然，古莱是从广义的价值维度来看待发展问题的，他认为，发展的视阈和意蕴绝不仅仅局限于增长，更不是直接等同于经济增长。发展追求提升人性，发展伦理追求"合理的发展"，关注发展的意义，即"为了什么发展"和"什么样的发展才是好的发展"这一价值论的问题。而这一问题正是传统的社会发展理论和"增长"发展模式所忽视的，但对人类的生存与和谐发展来说是至关重要的问题。

面对发展问题上的物质主义倾向，古莱的老师勒布雷特（Lebret）曾提出了"精神增益"的概念，认为社会物质福利是属于经济学的研究，和谐学是属于对社会精神福利的研究。而在经济学中，我们处理的是人与人

---

① ［美］德尼·古莱：《发展伦理学》，高铦等译，社会科学文献出版社2003年版，第8页。

及世代和世代之间的交换。在这种背景下，如果人们相应给予某些东西，自己就会相应少拥有某些东西，如果人们今天使用一种资源，明天就会减少一些资源。但是有些资源，例如知识、爱和美等等却恰好相反：给予越多，就拥有越多，使用越多，却会变得越多。在勒布雷特看来，永恒和无限的事物绝不是金钱财物。"一个以和谐为基础的社会将不仅仅是一个'可持续社会'。有过许多原始社会是可持续性的。可持续的社会具有精神增益的锐利能力，能够提供近年来十分缺乏的那种振奋。精神增益是现代世界许多疾患背后存在的空洞无聊的解毒剂。"①古莱继承和发展了勒布雷特的"精神增益"人道主义思想，并融合对"发展"范畴的规范性理解后提出，发展伦理有两个基本原则，而第一个原则"生活美好"与"货品富足"在意义上是有区别的，"发展伦理的两个战略原则：第一，虽然人类必须'拥有'足够的货品以便'生活得'美好，但是货品富足并不等于美好生活。第二，为了达到发展，必须具有全球团结。"②发展是所有人和所有社会的整体提升，是经济与社会的全面改善，也是精神文化、美学艺术等成熟的标志。古莱所理解的发展实质是追求"美好生活"，取得发展并不是一种自我生效的绝对目标，而只是一种相对较好的、只是在某种特定生活意义上较为可取的状况。如若看不到这种相对性，许多人就会把发展变化进程等同于它的目标，把工具性目的错认为是成就性目的。"虽然在某些方面，发展本身是追求目的，但在更深层方面，发展从属于美好生活。"③

古莱在其著作《发展伦理学》中明确强调，"生活美好与物品丰富之间是什么关系"是发展三大基本的道德问题的前沿问题。"人们应当如何幸福生活"的问题，或者说"生活美好与物品丰裕之间的关系"问题成为一个备受关注的道德问题，却也是一个"现代性事件"。把"发展"等同

① ［美］德尼·古莱:《发展伦理学》，高铦等译，社会科学文献出版社2003年版，第254—255页。
② ［美］德尼·古莱:《发展伦理学》，高铦等译，社会科学文献出版社2003年版，第63页。
③ ［美］德尼·古莱:《发展伦理学》，高铦等译，社会科学文献出版社2003年版，第43页。

于"经济增长"的"物本发展"模式最终偏离了人们的实际需求，加剧了社会不平等，并对自然资源和环境造成严重的破坏，出现了"只有增长没有发展"的"恶的增长"现象。物质世界丰裕的同时，意义世界却失落了，出现了异化和物化的现象。因此，在这种情形下，人们质疑的是：发展为了什么？经济增长等不等同于发展？物质充裕等不等同于发展？物品富裕等不等同于生活美好？这些问题涉及到人们应当如何幸福生活的问题，也就是发展中"生活美好"与"物品丰裕"的关系问题。

对这些问题，古莱的回答是，在发展伦理的视域中，经济增长不等于发展，物质充裕也不等于发展，物品富裕也并不等于生活美好。相反，经济增长、物质充裕可能导致"反发展"、"伪发展"。"发展的目标是改善人类生活和社会安排，以便为人们提供日益广泛的选择来寻求共同的和个人的福祉。"① 发展最终意味着生活质量以及走向各种文化所表述的价值准则的社会进步。真正的发展是以人为本的发展，是追求美好生活的发展。而美好生活的普遍因素有三：即最大限度的生存、尊重和自由。② 总之，古莱对发展伦理的研究是以"人"为中心，围绕着"人"的发展而展开的。发展终极目的是人。古莱率先在发展伦理研究领域中提出"人本"财富发展思想，为财富问题研究开辟了一条新思路。

一、"生活美好"的伦理价值观

古莱指出，人类必须"拥有"足够的物质财富以便"生活得"美好，但是货品富足与"生活美好"的内涵相距甚远，"货品富裕和幸福美满不是同义语，一个人可以拥有富裕但生活平庸，或者拥有很少而生活丰

---

① ［美］德尼·古莱：《发展伦理学》，高铦等译，社会科学文献出版社 2003 年版，"前言"第 1—2 页。

② ［美］德尼·古莱：《发展伦理学》，高铦等译，社会科学文献出版社 2003 年版，第 49—54 页。

富。"① 在古莱看来，货品富足是能满足人的生存需要的前提条件，而"生活美好"、"生活丰富"蕴含的伦理评判能量和道德推动力远远超越于"货品富足"。

　　这也就是发展最主要涉及的是有关"什么是美好生活"的内容，② 古莱认为，一个社会不论其发展程度如何，在探讨社会发展的目标是什么的问题上，虽然这里并不既定地声称存在普遍性目标，但值得回顾一下人类学家戴维·比德尼的话："所有的绝对观念并不一定是种族中心主义的，所有的文化意识形态并不是同等的价值观。随着时间的推移，人们对跨文化绝对观念和理性规范与理想的信仰会慢慢接近，虽不会完全认识到，但是相当符合于容忍文化差异的人道政策。"③ 古莱指出，比德尼区分了"文化普遍观念"与"文化绝对观念"，比德尼支持马利诺夫斯基认为由于有普遍的人类需要所以有文化普遍观念的看法。所以，古莱赞同比德尼的观点，认为所有鼓吹发展的人们，不论对"发展"如何定义，都是追求有关美好生活的某些共同目标。更加重要的是，甚至那些拒绝发展的社会，经过仔细分析和考察，也会发现她们在追求同样的目标，那就是——美好生活。

　　在剖析了美好生活的内涵后，古莱又从广义的价值维度审视发展，提出要把发展视为界定什么是美好生活、什么是公正社会以及人类群体与大自然是什么样关系的问题。只要把发展作为一种特定社会变革进程来加以研讨，就会强调数量指标。但是，当发展作为一项目标时，它就要显示在质量上优于其对立面"不发达"的纯粹单一经济目标的生活形象。因此，"我们应当质问：难道高级物质生活水准、自行持续的经济增长、技术效能以及专业化的现代体制（这些都被无批判地作为发展目标）本身都是美

① ［美］德尼·古莱:《发展伦理学》，高铦等译，社会科学文献出版社2003年版，第63页。
② ［美］德尼·古莱:《发展伦理学》，高铦等译，社会科学文献出版社2003年版，第46—47页。
③ ［美］德尼·古莱:《发展伦理学》，高铦等译，社会科学文献出版社2003年版，第48页。

好的？都必然成为社会的最大优点？"①古莱认为，真实发展的要义在于美好生活，而美好生活必定具有三个普遍因素或核心价值：维持生命或"生存"(Life-Sustenance)、尊重或"自尊"(Self-esteem) 和"自由"(Freedom)。就是说：发展首先要满足人维持生命的基本需要，发展其次也应该是人们获得"尊敬"这样的社会需要之重要或必由途径，从更高层次分析，发展要保证人们能够从奴役中解放出来而进行自由选择。②因此，发展对所有人群至少有以下目标：首先，是为各社会成员提供更多、更好的生存物品；其次，是以某种方式产生或改善物质生活条件以达到所希望的尊重需要；最后，使人们摆脱压制性奴役（大自然、愚昧无知、受制于他人、体制和信仰等等）而取得自由。从"生存"到"尊重"再到"自由"，就是发展的低层次目标向高层次目标推进的过程，其目的可以是使个人摆脱外在物质的奴役和束缚，提高人们所设想的自我实现的机会。而物质财富的拥有显然只是发展的基础层面，发展蕴含着达向自由的更高目的，这是实现"美好生活"的必由之路。

在古莱那里，发展的目标、发展伦理的根本价值立场具体展现为"生存、尊重和自由"的"人道""美好生活"。正是从这种永恒性的"人道"出发，古莱批判片面的经济增长式发展，主张全面的发展，批判少数人为核心的发展，主张全人类意义上的普遍平等发展。古莱在《发展伦理学》一书中还提到，"真正'发达的'国家是它的人民即使并未拥有财富但却活得丰富的国家。"③由此可见，什么是"活的丰富"？什么是"拥有富足"？从维持生命、尊重和自由的角度进行探讨，二者是有本质上的差异的。那么，如何从维持生命到尊重进而达到自由，实现"生活美好"？

---

① ［美］德尼·古莱：《发展伦理学》，高铦等译，社会科学文献出版社 2003 年版，第 56—57 页。

② Denis Goulet, *The Cruel Choice: A New Concept on the Theory of Development*, New York: Atheneum.

③ ［美］德尼·古莱：《发展伦理学》，高铦等译，社会科学文献出版社 2003 年版，第 49 页。

　　首先，物质财富是美好生活伦理价值观达到维持生命目的最基本途径。古莱赞同芒福德（Lewis Mumford）的评价："真正的价值并不来自稀缺性或艰苦的人力。空气维持生命的威力并非由于它的稀缺性，牛奶或香蕉的营养也不是来自所花的人力。"①依据古莱的理解，真正的价值应来自维持或丰富生命的力量，其价值直接在于生命本体的机能。因为，只要是正常人都毫无例外会珍惜生命、保护生命。而物质财富对维持生命具有不可或缺的作用，凡是能满足人们对食物、居所或生存基本要求的一切事物都是维持生命的"好事"，但是，物质财富作为外在因素并不是生命价值的决定性要素，而只能是必要性因素。

　　其次，物质财富是美好生活伦理价值观实现尊重的必要因素。古莱将尊重定义为，人们对于自身受到尊重、他人不能违背自身意愿而用以达到其目的的感受。古莱指出，每一个人、每一个社会都自觉寻求认同、承认、尊严、尊敬和荣誉。在大多数传统社会的主导世界观中，物质充裕是"尊重"的必要保证，但是美好社会的理想形象和美满幸福的人类生活虽不反对、却也远不是和不仅仅指物质的富足。只有当尊重丧失到难以忍受的程度时，一个社会就开始向往物质"发展"（这里所指的"发展"仅是与"增长"同义理解）。所以，在改善生活的压力下，在要获得尊重的刺激下，传统社会也开始寻求富裕。但是，在古莱看来，传统社会的主导价值观不赞同困苦生活的延续，但它却也反对贪婪，"虽然这种观念不一定把困苦生活加以浪漫化，它却深深地反对个人贪欲，并对全民追求财富的道德价值表示异议。"②可是，只要一个民族不把尊重同物质富裕相联系，它就会对"物质好处"淡然置之。显然除了尊重以外，追求财富还有其他动机。

　　再次，物质财富与美好生活价值观最高层次的自由不是平行同等关

① ［美］德尼·古莱：《发展伦理学》，高铦等译，社会科学文献出版社2003年版，第49页。
② Hannah Arendt, *On Revolution*, New York: Viking Press, 1963, p.218.

系。古莱认为，每个国家和社会都重视组成美好生活的自由因素。"把自由视为发达社会和不发达社会的普遍目标，并非认为所有的人群都寻求自治的政治自由，或者认为所有个人都希望决定其自身的命运……大多数人所希望的自由是指他们可以在自己熟谙的领域内施展才干和开展活动。"① 关于财富的增长与自由的逻辑联系，古莱的观点和汉纳·阿伦德特（Hannah Arendt）是一致的。汉纳·阿伦德特认为，如果要成功地推动发展，就必须提出新的制约，经济增长并非在任何情况下"都带来自由或证明自由的存在"。② 所以，古莱说，虽然在现代社会中有一种普适原则，认为人们财富越多就越拥有自由，然而，这种看法却违背了许多传统德目。古莱还举出一些例子：撒哈拉的贝多因人就看不起那些占有一大堆碍手碍脚东西的人；他们相信一个人的自由同他占有的东西数量成反比。西班牙南部的吉普赛人也有类似的判断，认为有些人不能"自由地"任意遨游，是因为他们受自己财物所困而最后被拴死。③

综上所述，古莱认为，"并无证据说明发达社会中的人们比不发达社会中的人们更加幸福或更富人性。只是由于发达社会具有影响事物的更大能力，它们就能把具有统治与结构弱点的破碎经济强加到不发达社会头上，然而不发达社会虽然贫穷和经济落后，它们过去却享有相当大的社会凝聚力以及与大自然的某种和谐。"④ 如果一个物质贫困的社会避开了美好生活的竞争形象，如果它的需求仍然少而简单，那么它仍能生存下来，具有高度的社会凝聚力和社会成员的满意。相反的，低下的真正需求满足度、自尊感和自由度在经济富足与高度威信的社会也可以同时存在。

---

① ［美］德尼·古莱：《发展伦理学》，高铦等译，社会科学文献出版社 2003 年版，第 53 页。
② ［美］德尼·古莱：《发展伦理学》，高铦等译，社会科学文献出版社 2003 年版，第 56 页。
③ ［美］德尼·古莱：《发展伦理学》，高铦等译，社会科学文献出版社 2003 年版，第 56 页。
④ ［美］德尼·古莱：《发展伦理学》，高铦等译，社会科学文献出版社 2003 年版，第 57 页。

二、"拥有足够"而不是"拥有更多"

那么，人为什么要拥有货品？古莱指出，那是因为人自身不完美所决定的，"需求的本体论意义在于：如果人是充分完美的，他们就不必需求。而如果他们是全然不完美的，他们就无法需求某些货品。"①古莱指出，一切生物都趋向自身完美。充分完美则无欲，而"人类之有需求是因为它们的存在足以寻求发展，但不足以一下子以自身资源实现所有的潜力。人类需要把其他物质吸收进自身的轨道以维持其不稳定的存在，他们的存在如不加培育就会一无所有。"②他举例加以说明：一只"枯萎的手"无法感受灼痛，因为"枯萎的手"已全然失去作为"手"的所有功能，也即完全丧失"完美"的感觉和向往；而一只"健康的手"感到火烧的灼痛时会设法保护，因为"健康的手"有健全功能因而有"完美"之"欲"。

古莱认为，人类具有"贪欲"的特性，对生存满足之外的非必要物品"需求"使他们不加以节制，"'拥有'帮助他们'存在'。这是千真万确的，如果他们不"拥有"最少限度的货品，他们就完全不能"存在"，可是，甚至，当他们已经拥有而足以生存时，他们却依然感到如果不拥有更多就阻碍了他们的生存。"③人类的贪欲使人类"拥有"量上永不言"足够"，这就是财富发展理论迫切需要探索和解决的问题。

古莱提出，在本体论意义上，"'拥有'并不是指在经济上或法律意义上的占有，而是指因重大的内在目的而吸收。法律和经济意义上的财产是衍生性的。在法律上，'占有'注入空气或食物这样的重要东西，如果不能加以使用和吸收，即对人没有好处。"④但是，如果有需要的人可以取得

---

① ［美］德尼·古莱:《发展伦理学》，高铦等译，社会科学文献出版社2003年版，第64页。
② ［美］德尼·古莱:《发展伦理学》，高铦等译，社会科学文献出版社2003年版，第64—65页。
③ ［美］德尼·古莱:《发展伦理学》，高铦等译，社会科学文献出版社2003年版，第64页。
④ ［美］德尼·古莱:《发展伦理学》，高铦等译，社会科学文献出版社2003年版，第65页。

并有效地使用它们（空气、食物等物质体），那么，是否是法律上"占有"这些东西的判定就显得无足轻重了，因为它们焕发出对人"有益"的内质。因此，由此我们可以推断出，"拥有"的意义不仅仅在于对物的占有或拥有，更深层次意义在于人自身的丰富和存在方式的优化。也就是说，对于物品的拥有只有有益于人的完美才有价值。古莱对"拥有"的阐释突破了"物"形态的局域，而延伸至人的内在本质存在意义的提升，对"拥有"的理解是其"人本化"财富价值论的重要来源。

特别要加以关注的是，过度贫困阻碍人的生存、损害人性。因此，"拥有"至少意味着"人们的基本生物需求能充分得到满足而使他们能以部分精力用于生存以外的事务。"① 而生存以外的事务（需要）就是基本需要满足后能获得的尊重和自由。"过度"贫困阻碍人类生活——悲惨是巨大苦难，疾病、冷漠和逃避现实损害了人性。所以，拥有"足够"至少意味着能充分满足人的基本生物需求以便他们能把部分精力用于生存以外的事务。"② 如果发展目标是维持生命、尊重和自由三个由低到高的层次的话，那么许多物品对"美好生活"来说仍然是必要的，比如报纸、书籍、收音机和自行车等等。

那么，什么才是"足够"？古莱认为，"当应用于满足人类需要的某些物品数量的时候，'足够'是一个相对性词语。"③ 当我们看到千百万人因没有足够的食品、药品、衣着和住处而不能过正常人的生活、对"美好生活"的向往遭遇挫败的事实时，再谈"什么是足够"的概念就是非道德的

---

① ［美］德尼·古莱：《残酷的选择：发展理念与伦理价值》，高铦等译，社会科学文献出版社 2008 年版，第 124 页。

② ［美］德尼·古莱：《发展伦理学》，高铦等译，社会科学文献出版社 2003 年版，第 65 页。阿马蒂亚·森对货品的拥有与人的存在的关系也作过精辟的论述，他认为，当应用于满足人类需要的某些物品数量的时候，"足够"是一个相对性词语。如不说明某人的能力如何以及他发展这些能力有多重要，谁也无说多少才是足够。参见 Amartya sen. *Eotnmodities and Eabilities.*Amsterdam: North Holland, 1985: 13.——作者注

③ ［美］德尼·古莱：《发展伦理学》，高铦等译，社会科学文献出版社 2003 年版，第 65 页。

了。而"'拥有足够'就是拥有那些人们非此不能'存在'或'良好存在'的物品。"①

至于"多少才足够"？古莱认为这个问题演变成另一个不同的问题：富人或富裕的社会在大众缺乏基本货品的世界里能否还拥有有价值的人的生活方式呢？这涉及"绝对匮乏"和"相对多余"的关系问题。古莱的回答是：富人应对消灭他人的绝对匮乏"负有责任"。剩余财产对社会具有破坏作用，一方面，富人应负责消除人类同胞的绝对贫困，他们如拒绝这样做，只会损伤其自身的人性。所以，在大众绝对匮乏的同时保持剩余对于富人和穷人都造成非人性化。另一方面，向占有更多货品的欲望全面膜拜会产生特殊的价值观问题。那是因为经济货财在性质上都是工具性货品，必须对物质富裕不同水平影响人们自由和增长的能力进行批判性的调研。所以，值得肯定的是，明智的、有选择性的节俭着眼于各国人民的真正意义上的发展，因而一定能对世界结构的转型作出贡献。

早期基督教曾谴责富人偷窃了超过他们自身需求所拥有的物品。几个世纪以后，甘地也宣称，富人给穷人施舍，只是偿还了本应属于穷人的财富，而不能说明他是一个道德高尚的人。受此观念影响，古莱转向探索世俗世界背景下财富"多余"的问题，即探讨富裕与大规模贫困之间的关系的道德普适基础问题。

古莱指出，本体论意义上，与多数人绝对不足并存的少数人相对过剩的持续存在，必然带来人性的降低，发展的目的不是物质的"拥有"和无限丰富，而是人的自身完美，提高人的物质和精神的双重存在。绝对匮乏和相对多余的状况共同持续会阻碍人类的发展。发展过程中穷人"过度"贫困——巨大苦难的悲惨，疾病、冷漠和逃避现实阻碍人类生活、损害人性，而富人如果要持续允许他们特权的形势，他们就会逐渐对他人的

---

① [美]德尼·古莱：《残酷的选择：发展理念与伦理价值》，高铦等译，社会科学文献出版社 2008 年版，第 125 页。

贫困视而不见和麻木不仁而使人性衰退。财富的两极分化必然会引起社会冲突，处于绝对贫困一端的人们就会产生经济补偿的强大要求，他们的不平衡心理和反叛精神就会增长，"绝望的人们就会撕毁旧秩序，即使他们没有建立新秩序的希望。"① 因此，"富人应负责消灭其同等人类的绝对贫困。"② 过度地追求财富是毁灭人类价值的极端行为。另外，发达国家挥霍消费的观念正在全世界蔓延，使"美好生活"的形象发生了彻底的改变，人们关于"美好生活"的概念愈来愈成为"拥有更多"。如果对"拥有更多"的发展思维不加以约束的话，就会出现扭曲的发展价值问题。

因此，古莱的结论是："拥有足够"而不是"拥有更多"才是发展的目的，我们一方面要谋取足够的物质生活资料；一方面又要在这一过程中不断获得更加完善的存在方式。古莱在《残酷的选择：发展理念与伦理价值》中论述了"拥有足够"和"拥有更多"的辩证关系，"我的结论可以总结如下：(1) 所有的人都需要一些物品以实现自己作为人的身份；(2) 确定什么是"足够"有着一个客观基础；(3) 物品的绝对不足和相对剩余都使生活质量失去人性；(4) 必须阐述一项明确的优先需求理论。"③

三、反发展的实质

古莱在《发展伦理学》一书中指出，为什么经济发展同健全的社会或文化丰富的社会相比是一件较小的好事，其原因在于工业经济往往失去它

---

① [美] 德尼·古莱：《残酷的选择：发展理念与伦理价值》，高铦等译，社会科学文献出版社 2008 年版，第 130 页。
② [美] 德尼·古莱：《残酷的选择：发展理念与伦理价值》，高铦等译，社会科学文献出版社 2008 年版，第 130 页。
③ [美] 德尼·古莱：《残酷的选择：发展理念与伦理价值》，高铦等译，社会科学文献出版社 2008 年版，第 132 页。

作为一种手段的正确地位而去扫荡生活中所有领域的非经济价值。反发展的产生，是"一个繁荣社会中社会成员都被一种非人格性体系所操纵"①，这样的社会本质上就不是发达的社会，而是扭曲、变异的社会。如果这样的社会的"发展"产生了新的压迫形式和结构性奴役，这个社会就是患上了"反发展"的病症。

古莱指出，反发展的破坏性有两个主要方面：一是"反发展"导致人类片面狂热追求物质财富的享受，为获得当下利益而不择手段，不惜侵犯自然界和人类后代的权利，颠覆和摧毁人类正确的价值观和精神家园，最终导致人类社会的全面异化；二是对人的发展压迫。"反发展"、"以物为中心"、"物奴役人"，使"发展"成为脱离人性和人道的"伪发展"。

反发展是如何产生的？古莱认为，世界上所进行的发展都可以导向经济增长，改善部分人的生活水准，但因为好处没有惠及世界上贫苦大众，所以并没有符合使整个人类得到总体提升所要求的某些价值观，这是"发展"可能成为"反发展"的缘由之一。另外，每当有关民众规范性地界定的美好生活的一些基本因素——维护生命、尊重、自由与美观（自我与集体）——减弱而不是加强的时候，反发展就出现了。②"经济发展是伴随着社会代价的，但是，如果这种代价是使'发达'成为吞食千万活人的当代莫洛哥神，那么，这种发展就是'反发展'、'伪发展'。"③古莱从"存在理性"与"脆弱性"两项发展伦理分析的要素解释"反发展"的产生。"存在理性"是一个民族要自立于世界民族之林，努力寻求发展，依此而有的理性，诸如"优先发展重工业"、"进口替代"、"出口导向"、"市场化"等政策，而当"存在理性"不能得以正常激发，社会核心价值观和文化认同

---

① ［美］德尼·古莱：《发展伦理学》，高铦等译，社会科学文献出版社 2003 年版，第240 页。

② 参见 ［美］德尼·古莱：《残酷的选择：发展理念与伦理价值》，高铦等译，社会科学文献出版社 2008 年版，第 209 页。

③ 林春逸：《发展伦理初探》，社会科学文献出版社 2007 年版，第 51 页。

感日趋湮灭，社会发展就具有"虚假性"。与"存在理性"相对或可被视为"发展之代价"的是"脆弱性"的"虚假发展"，"弱者的脆弱性"是当社会缺乏适当的防护措施，以应付将它推入变化过程的那些力量（例如社会势力）时它是脆弱的，穷人（即普通百姓）体会到不发达就是脆弱性的表现；强势文明及强势群体同样也有"强者的脆弱性"，因为他们"无力化解"发展带来的"冲突"。前者造成了生态失衡、人口暴涨、环境污染和自然家园的破坏；后者则让人之本真存在状态遭到破坏，世界充满了非道德、无理性现象，人们普遍产了"被疏远"、"被遗弃"、"无归宿"等感觉，"无家可归成了世界的命运"（海德格尔语）。在低收入国家，"弱者的脆弱性"体现为在发展目标无法实现；而在已经实现繁荣的社会，"强者的脆弱性"则体现在异化现象普遍存在上。

对于"有人可能反对说，一个'发达'社会的质量上的缺陷不足以把它的业绩称为'反发展'"①。对于有人理解"发展"是一个纯属描述性的名称，反映某些水平的经济业绩与社会效能的数量情况，或者对时间、工作、成就和安全的具体态度普遍程度。古莱反驳说："这种看法忽视了发展从含义上说，它引出了成熟、趋向完美、公正、更多觉悟甚至更大幸福等质量思想。正是那种对这个名称的无批判使用，使得许多人把手段误以为目的。"②古莱认为，发展状况不能纯粹以数量指标来加以判断，而是要根据与无形价值观有关的质量。"在追求发展时丧失宝贵的核心价值观的危险并非是想像。"③什么是真正的发展？古莱认为，发展是"符合于某些优先需求的发展，以总体节约和使用货品的智慧为标志的发展，以及在标

---

① ［美］德尼·古莱：《残酷的选择：发展理念与伦理价值》，高铦等译，社会科学文献出版社 2008 年版，第 241 页。

② ［美］德尼·古莱：《残酷的选择：发展理念与伦理价值》，高铦等译，社会科学文献出版社 2008 年版，第 241 页。

③ ［美］德尼·古莱：《残酷的选择：发展理念与伦理价值》，高铦等译，社会科学文献出版社 2008 年版，第 244 页。

准化力量面前培育文化多样性的发展"。① 发展意蕴三个方面内容：消灭贫困，而不是取得丰裕；发达国家应履行节俭；保卫文化的多样性。

当人们安然地享受发展带来的物质富裕时，古莱又提出：发展是不可逆转的，但又是残酷的，"发展进程是残酷而必要的。"② 各地发展者面临的主要任务是使人们把他们争取经济和社会发展的努力转化为一项解放性的事业。古莱通过鉴别物质主义的本性，提出丰裕导致非人性化，古莱说，健康的物质主义恰当地强调生命的物质条件，在伦理道德上认可合理的物欲，始终坦率承认人类价值观不能无视人类的苦难，而扭曲的物质主义，则把人变成操纵者或者操纵的对象，这类物质主义把人的存在降低为人的拥有。一切是否值得的"发展"都要以货币来衡量，并以此取代价值，"这类物质主义是幼稚的，同时是致命的，它靠一个没头脑的、不灵敏的体系来培育，使得追求丰裕导致生命的非人性化。它无批判地追求满足物质财富，使我们看不到贫穷和富裕的文化中都存在真正的人类价值。"③

古莱还指出，在仅足糊口的社会里，贫困现象比比皆是，而机会有限。所有这些状况显得比起那些物质生活水平更高的社会所具备的状况"较少人道"。然而矛盾的是，我们在仅足糊口的人群里看到的人际关系，却显得比那些物质丰裕的大城市中非人格化的、无人性的生活方式更能满足人道、更少非人格化、更好地满足人类需要。

对于"非人道性"的发展，古莱有自己独特的看法，我们生活的社会中，少数人享有的自由是以推迟总的经济发展为代价的，是以牺牲大多数人的福利为代价的，但是"我们中很少人会充分觉察不发达的这种深刻的

① [美] 德尼·古莱：《残酷的选择：发展理念与伦理价值》，高铦等译，社会科学文献出版社 2008 年版，第 260 页。

② [美] 德尼·古莱：《残酷的选择：发展理念与伦理价值》，高铦等译，社会科学文献出版社 2008 年版，第 313 页。

③ [美] 德尼·古莱：《发展伦理学》，高铦等译，社会科学文献出版社 2003 年版，第 242 页。

不人道性质。……当我们真的充分觉察以后，就了解群众为什么准备做出一切牺牲来克服它。"① 如果少数人的自由必须以多数人的贫困为代价，可以肯定地说维护自由的可能性近于零。如果外界破坏力不大，一个生存度低下或外部尊重率低下的社会与一个经济富足与高度发达的社会都可以具有程度不同的匮乏的自由和自尊。因此，只有联系人类幸福的内涵，才能做出生活质量高下的判断。

如何避免反发展？古莱提出，"发展工作者必须发明其他可选择的办法，取代无力满足许多需求的传统静态智慧，取代缺乏智慧来结合各项科学的现代'规范病'。"② 发展伦理不能仅仅靠对增长、现代化或社会变革等重大发展事务添加些人道的希望或价值观，就算尽了自己的职能。因此，古莱力图通过运用"发展伦理"的价值体系规范发展的目标、性质以及实施战略等多层面的问题，以消解传统增长发展模式给人们带来的伦理困境，将发展导向最具有人性的方向，促进人与人以及人与自然的和谐发展，提出从广义的价值维度来看待发展，并从"人性"的高度阐述了发展的视域和意蕴绝不仅局限于增长，更不是直接等同于经济增长。古莱关于发展是为了人与社会人性的全面提升的思考，为财富发展研究提出了革命性的创新突变。

第三节　马克思的人本财富思想

马克思的财富思想在《1844 年经济学哲学手稿》、《1857—1858 年经

---

① ［美］德尼·古莱：《发展伦理学》，高铦等译，社会科学文献出版社 2003 年版，第 54 页。
② ［美］德尼·古莱：《残酷的选择：发展理念与伦理价值》，高铦等译，社会科学文献出版社 2008 年版，第 244 页。

济学手稿》、《资本论》等论著中都有阐述，马克思通过揭示财富的本质，提出财富是实现人的全面发展的手段之一的伦理理论，马克思的财富观是揭示人的发展及以其为目的的社会发展的一个基本维度。马克思的财富理论有一个不断完善、层层递进的过程。在《1844年经济学哲学手稿》中，马克思只是初步论述了财富的本质与人的主体性存在的关系，而后在《政治经济学批判〈1857—1858年草稿〉》中，马克思详细论述了财富对于人的发展的积极作用。在《1857—1858年经济学手稿》中，马克思就财富创造与人的活动的关系作出了精辟的论述。

马克思从主体性角度界定了财富的内在本质，"财富的本质就在于财富的主体存在"①，"真正的财富就是所有个人的发达的生产力"②。并从人是目的、财富是工具、财富为了人三方面来理解财富。第一，人是目的，人的存在表现为"整体存在"（自然性、社会性和精神性的统一），需要是人的存在的体现，财富是能满足人们需要的"对象物"。第二，财富是工具，人类必须借助"对象物"的财富为"工具"，财富是人对自然富源进行加工的手段。第三，财富为了人，财富是外在的"必然王国"，物质力量的能量促成人自身的发展。财富的根本目的是人的自由全面发展，人必须经由这个"彼岸"的必然王国才能进入自由王国。因此，财富是人借助物的发展而获得主体能力发挥和自身发展的外在。财富不应仅是单纯的"物的角度"而应从"人的角度"来界定，即发展财富就是为了发展人本身。

一、财富的属人性

马克思关于财富的范畴阐释体现了财富与人的不可分割性。马克思从三个不同的层面对财富进行界定：首先，在外在的客观实在的物的层面，

---

① 《马克思恩格斯全集》第3卷，人民出版社2002年版，第292页。
② 《马克思恩格斯全集》第31卷，人民出版社1998年版，第104页。

"财富从物质上来看只是需要的多样性"①，"使用价值总是构成财富的内容"②；其次，在社会化大生产和普遍的交换中所产生的关系层面，"财富的尸体不是财富，正像'死狗已经不是狗'一样。银行家的财富只有在现存的生产关系和交往关系的范围内才是财富，这种财富只有在这些关系的条件下并适用于这些条件的手段才可能被'占有'"③；最后，在人的需要的满足以及禀赋、才能的发挥等主体层面，"真正的财富就是所有个人的发达的生产力"④，马克思还以三个问句来强调财富之主体性的肯定："如果抛弃掉狭隘的资产阶级形式，那么，财富不就是在普遍交换中产生的个人的需要、才能、享用、生产力等等的普遍性吗？财富不就是人对自然力——既是通常所谓的'自然'力，又是人本身的自然力——的统治的充分发挥吗？财富不就是人的创造天赋的绝对发挥吗？"⑤ 这些论述表明：马克思理论视域中的财富内涵应基于"物"、"社会性""主体性"这三者的相互结合。一方面，财富作为单纯的物的存在必须为满足人的需求而具有使用价值，但这仅是财富的必要条件，而非充分条件。物只有既有使用价值，又有剩余价值才是财富。财富单靠自然供应或隔离式的个人生产在现实社会中是不可能的，它必定是在社会关系下有组织地进行。否则财富就会处于僵化状态，因而也不可称之为"财富"了。而财富的生产和交换方式需要对自然规律和人类社会规律的进行探索与应用，离不开人的主体性的发挥和本质力量的展现。所以，财富内涵的这三方面是有机联系、相互统一的。

因此，在马克思那里，对财富的追求与财富本身的生产是否正当，必须以人的发展为尺度。马克思财富观价值基础是人的自由和全面发展。就

① 《马克思恩格斯全集》第 30 卷，人民出版社 1995 年版，第 524 页。
② 马克思：《资本论》第 1 卷，人民出版社 1975 年版，第 49 页。
③ 《马克思恩格斯全集》第 3 卷，人民出版社 1960 年版，第 446 页。
④ 《马克思恩格斯全集》第 31 卷，人民出版社 1998 年版，第 104 页。
⑤ 《马克思恩格斯全集》第 30 卷，人民出版社 1995 年版，第 479—480 页。

财富的本性而言，财富的发展同时也是人的发展，是人的本质力量的体现，财富实践与人的发展相依共存。马克思关于三大社会形态的理论，实际上是以社会财富为基础阐述人的全面发展的理论。其中的第三个历史阶段，其典型特征是"建立在个人全面发展和他们共同的、社会的生产能力成为从属于他们的社会财富这一基础上的自由个性"。① 马克思认为，如果说未来共产主义社会的基本特征是自由个性、自由劳动与自由时间的统一，那么其统一的基础就在于社会财富的人性回归。简言之，是人的劳动不仅创造了财富，并通过财富的创造实现自身的发展；财富作为人的劳动产物，不仅印证了人的实践本质，而且推动了人的发展的全面性。而人的发展目的，就实现于发展财富的实践活动之中。

评价社会经济发展有两种尺度，即历史尺度与价值尺度。就历史尺度而言，马克思把任何一种能够促进生产力和经济发展的社会形态都看成是进步的。因为生产力是推动人类社会历史前进的根本动力，促进生产力的发展，客观上就是促进人类历史的进步和发展。就价值尺度和价值评判而言，马克思把经济发展的目的亦即生产是为了人本身的发展还是为了单纯外在财富的增加，作为评价一定历史时期经济发展的价值尺度。在这样一种价值尺度上，马克思认为，"人的类特性恰恰就是自由的自觉的活动。"② 物质生产虽然提供了人类生存和发展所需的资料，但这种需要仅是一种功利性目的即中介性的目的，而人在物质生产中不断发展着的本质力量和不断释放出的内在潜能，根本上是人的自我创造和全面彻底的解放，亦即人的自由而全面发展是超越中介性目的的终极目的。因此，财富只能表现为生产的目的，而人的自由全面发展才是经济发展的根本，发展生产力就是发展"人类的天性的这种财富目的本身"。为了物质财富增长这种纯粹外在的目的既而牺牲（人）自己的目的，使人成为物的奴隶，造成人

---

① 《马克思恩格斯全集》第 30 卷，人民出版社 1995 年版，第 107—108 页。
② 《马克思恩格斯全集》第 42 卷，人民出版社 1979 年版，第 96 页。

的异化和片面畸形发展，将会消解人的主体意义。这种违背人性和人类道德的物化倾向在未来的共产主义社会能够获得消除。

二、财富的人之主体性本质

马克思承认财富本质是好的。财富是"一个靠自己的属性来满足人的某种需要的物。"①使用价值构成财富的外在物质内容。人是作为有生命的自然存在物存在的，因此，在"肉体"上必须依靠一定的"自然产品"或"劳动产品"才能生存。"思想一旦离开利益，就一定会使自己出丑。"②"发展人类的生产力，也就是发展人类天性的财富这种目的本身。"③马克思既肯定追求财富的正当性及其意义，"人们为之奋斗的一切，都同他们的利益有关。"④但马克思同时又反对将财富本身视为目的，指出人们不能在追求财富中丧失自我，不能为了财富而追求财富，否则会造成人自身的迷芒与失落。

马克思财富理论的真正贡献在于从财富的主体向度看待财富的本质内涵，这也是马克思的财富观念同以往的国民经济学财富观念的分水岭。在马克思看来，货币主义和重商主义只是确立了财富的"对象性形态"，而古典经济学虽然也承认财富的"主体本质"，但是由于他们是用物的逻辑规定劳动，所以他们的财富观是"忽略人"。近代古典哲学集大成者黑格尔那里就有这样的论述："财富虽然是被动的或虚无的东西，但它也同样是普遍的精神的本质，它既因一切人的行动和劳动而不断地形成，又因一切人的享受或消费而重新失去。在财富的享受中，个体性固然成了自为的或者说个别的，但这个享受本身却是普遍的行动的一个结果，而且反过

---

① 《马克思恩格斯全集》第 23 卷，人民出版社 1972 年版，第 47 页。
② 《马克思恩格斯文集》第 1 卷，人民出版社 2009 年版，第 286 页。
③ 《马克思恩格斯全集》第 26 卷，人民出版社 1973 年版，第 124 页。
④ 《马克思恩格斯全集》第 1 卷，人民出版社 1995 年版，第 82 页。

来，又是促成普遍行动和大家享受的原因。"① 不难看出，本质上说，财富仍然被当做外在于人的"精神"本质的、外在于主体的"物"的东西来理解。在这一意义上，生产方式决定下的既有制度及随之产生的社会分化便合理合法了，只要客体世界得以发展，主体世界就依附顺从了。对此，马克思通过对生产力、价值、劳动、资本、商品等概念进行系统的批判，并反映出了其特有的财富观念，实现了对古典经济学的颠覆。马克思说："感性意识不是抽象的感性意识，而是人的感性意识；宗教、财富等等不过是人的对象化的异化了的现实，是客体化了的人的本质力量的异化了的现实；因此，宗教、财富等等不过是通向真正人的现实的道路。"② 贯穿马克思财富观概念始终的是作为主体的人的劳动，"在资产阶级社会里，活的劳动只是增殖已经积累起来的劳动的一种手段。"而只有"在共产主义社会里，已经积累起来的劳动只是扩大、丰富和提高工人的生活的一种手段。因此，在资产阶级社会里是过去支配现在，在共产主义社会里是现在支配过"。③"财物世界……不过表现为不断消失又不断重新产生的人类劳动的客体化。"④ 从马克思的论述中，我们可以看出，物质财富客观世界，不过是作为从事社会生产的人的因素，并仅仅是作为从事社会生产的人的不断循环往复的实践活动而已，从主体向度评价财富作用，由此马克思得出了财富之手段与目的的关系：财富作为与"人"相对的"物"，它是目的，最直接地表现为物的使用价值，在现代社会则表现为交换价值；财富作为由"物"向"人"转变的"中介"，它是手段，最直接地表现为财富作为生产力与生产关系的社会意义；财富作为人本身的主体能力的发挥，它是目的与手段的统一，因而最直接地表现为社会个人的全面而自由的发展。

---

① ［德］黑格尔：《精神现象学》下卷，商务印书馆1979年版，第40—46页。
② 《马克思恩格斯全集》第3卷，人民出版社2002年版，第319—320页。
③ 《马克思恩格斯选集》第1卷，人民出版社1995年版，第266页。
④ 《马克思恩格斯全集》第26卷第3册，人民出版社1956年版，第294、473页。

马克思从财富的物质内容和社会形式的二重性出发来把握财富，并把财富的本质定位在"人的创造天赋的绝对发挥"，即真正的财富就是人的创造天赋的绝对发挥，是人的自由而全面的发展，是一种绝对的变易的运动，这不仅在经济学发展史上实现了财富观的革命性变革，而且对于正确认识当代社会财富现象更具有理论及方法论上的指导意义。

发展伦理视野中，财富的工具价值是阶段性发展手段，而不是发展目的。很显然，马克思的论述已经非常明确地揭示出了财富的属人的、社会的本质特征——在最具有实践的意义上，马克思指出了财富概念背后所体现的人的对象性本质与主体性本质的内在统一。马克思指出，财富只是个体生命价值和意义的自证物。一方面，财富作为人的劳动的"物化对象"本身就是人的劳动本质的体现。"一切历史的第一个前提"，即"人们为了能够'创造历史'，必须能够生活。但是为了生活，首先就需要吃喝住穿以及其他一些东西。因此第一个历史活动就是生产满足这些需要的资料，即生产物质生活本身"①。人们生产物质生活本身，事实上也就是生产财富的活动，这是人区别于动物的"社会特质"。另一方面，财富作为人的劳动所创造的另一个"物的世界"，本身就反映着人的自我发展、自我更新的程度，因而是人的发展的积极表现。而现代社会以财富外在使用价值的获得为发展目的，在本质上是一种物化的社会发展论。

西方马克思主义者弗洛姆对马克思的这一观点有过解读："马克思的学说并不认为人的主要动机就是获得物质财富；不仅如此，马克思的目标恰恰是使人从经济需要的压迫下解脱出来，以便他能够作为具有充分人性的人；马克思主要关心的事情是使人作为个人得到解放，克服异化，恢复人使他自己与别人以及自然界密切联系的能力。"②从人的主体性维度揭示

---

① 《马克思恩格斯全集》第 1 卷，人民出版社 1995 年版，第 78—79 页。

② 转引自陈学明主编：《二十世纪哲学经典文本：西方马克思主义卷》，复旦大学出版社 1999 年版，第 321 页。

人的能力发展的财富意蕴，才能揭示出财富的存在论意蕴和历史性本原，财富是人自身能力的延伸与发挥，从而肯定了财富是人借之用以实现全面发展的重要工具。

三、财富的手段性

在马克思哲学视域中，物质生活必须依赖于一定的财富（"自然富源"、"社会财富"），对财富的追求也就构成了人类社会存在和发展的基础动力，人类的历史实际上就是一部不断生产、占有和使用财富的历史。只有从揭示人的能力维度揭示发展的财富意蕴，才能认识财富的存在论意蕴和历史性本原。把财富看作是人自身能力的延伸与发挥，从而揭示了到人是借助于物的发展而获得其自身的全面发展的真谛。

马克思指出，"财富不就是在普遍交换中产生的个人的需要、才能、享用、生产力等等的普遍性吗?"[1] 马克思认为，虽然从外观在形态上看，"财富生产"体现的是"物"的结果，而"人的发展"体现的是"人"的结果，但从本质上看，二者其实是人们在财富创造中拓展并实现着他们"全面发展"的目的同一过程的两个不同侧面而已。马克思关于"真正的财富就是所有个人的发达的生产力"[2]。和"发展人类的生产力，也就是发展人类天性的财富这种目的本身"[3] 这两个观点，就是他从财富促进人的自身生产力充分发展角度提出的历史诉求。

财富的本质在于自由，财富的创造与人的发展是一个统一的过程。马克思指出，假若说人的劳动或实践是一种目的和手段相统一的活动，那么财富创造就是一种手段，而人的全面发展则是目的。也就是说，人

---

[1] 《马克思恩格斯全集》第 30 卷，人民出版社 1995 年版，第 479—480 页。

[2] 《马克思恩格斯全集》第 31 卷，人民出版社 1998 年版，第 104 页。

[3] 《马克思恩格斯全集》第 26 卷第 2 册，人民出版社 1993 年版，第 124 页。

们创造财富为的是人的自身的全面发展，财富是人们实现自身的全面发展不可或缺的载体。正因为如此，马克思说，人们创造财富不是在某种规定性上再生产自己，而是生产出自己的全面性，人们创造财富不是力求停留在某种业已生成的事物上，而是处在变易的绝对运动之中，即不停地追求着自身的自由而全面的发展。总之，就财富与人的实践活动或人的全面发展的密切关系而言，人的劳动创造财富但并不仅仅是为了创造财富，而是经此实现自身的发展，财富对人的能力发展具有推动作用；财富表现为人的劳动产物不仅确证了人的实践性本质，更重要的是财富确证了人的主体性本质的真正实现。

在马克思看来，财富体现着人们自由地创造和对待自己的劳动产品的内在本性，因而必然对人的发展产生积极的影响。人的劳动创造财富，但并不仅仅为了创造财富，而是为了由此满足自身的需要和实现自身的发展，更重要的是财富作为载体促进了人的全面而自由的发展。因此，财富是理解人的发展问题的一个基本维度。

物质享受一旦成为目的本身，便会失去了真正意义上的人的价值本原。幸福不只是物质需要的满足，在实践活动中，每个人的才智得到充分的发展和被社会所利用，才是真正的幸福。马克思从来不认为物质生活的富裕自然能带来精神生活的丰富和幸福。在他看来，人的真正本性在于他"是什么"，而不在于他"有什么"。他指出："我们现在假定人就是人，而人同世界的关系是一种人的关系，那么你就只能用爱来交换爱，只能用信任来交换信任，等等。如果你想得到艺术的享受，那你就必须是一个有艺术修养的人。如果你想感化别人，那你就必须是一个能实际上鼓舞和推动别人前进的人。你同人和自然界的一切关系，都必须是你的现实的个人生活的、与你的意志的对象相符合的特定表现。"①社会的每一个成员都能完全自由地发展和发挥他的全部才能和力量，即"作为目的本身的人类能力

① 《马克思恩格斯全集》第42卷，人民出版社1979年版，第155页。

的发展"①。这才是发展的意义所在，因此，在财富与人的真正本性关系认识上，"有什么"并不能代替"是什么"，而人的"全面而自由的发展"，就是要在极大满足人的自然需求的同时，使每个人都能够全面展示才能。正如马克思所指的自由王国就存在于真正物质生产领域（必然王国）的彼岸，而必然王国彼岸的自由王国，"作为目的本身的人类能力的发展，真正的自由王国，就开始了。"②

马克思的经济发展理论认为，经济发展的实质是人的全面发展。一个社会经济运行和发展的基本方向，简言之，应是随着人的创新劳动的持续积累和社会生产力的不断提高，从满足人的有限的物质自然性需求到满足人的全面发展的精神社会性需要的发展。经济发展是人发挥主体作用改造自然的结果，经济发展虽然不能自动解放人，但却能为人类解放提供必要的条件，经济发展最终要为实现社会和个人的整体发展提供必要的物质基础。重塑财富观，必须回归马克思的本义，要把人力也看作财富，而且是更重要的财富；用"人力财富"的概念取代"人力资本"概念，不能像传统的财富观那样，只把物质收入看作财富，把人力只看成增加物质收入的手段，而要把人力也看作财富，而且是更重要的财富，用"人力财富"的概念取代西方经济学的"人力资本"概念，以表示人力不仅是经济发展的手段，同时也是经济发展要达到的最终目的的特性。

社会发展的最终目的就是恢复人的主体地位，而恢复主体地位的重要前提是使人摆脱"铁的牢笼"，使人从物的世界中超越出来，从对经济发展过程中物质财富的关注转变为对人本身的关注（即经济发展是否改善的人的生存状态和提高了人的幸福感），实现人的全面发展。马克思主义发展理论体现了对"现实的个人"的人文关怀，马克思站在社会的多数人尤

---

① 《马克思恩格斯全集》第 25 卷，人民出版社 1974 年版，第 927 页。
② 《马克思恩格斯全集》第 25 卷，人民出版社 1974 年版，第 927 页。

其是无产者的立场上，对资本主义条件下人的生存状态和境遇进行了深入的研究和分析，看到了对象化的劳动过程中出现的异化和外化的历史图景：工人创造的财富与他们的贫穷程度竟然成正比例关系，"在资产阶级社会制度下，劳动的实现表现为愈加失去现实的主体性，对象化表现为对象的丧失和被对象奴役。"① 为了寻求解决和摆脱人的自我异化的方法，马克思通过对现实的资本主义社会和物的基础上人的独立性的分析，深入透视了资本主义条件下人们的生活方式，揭示了利润至上是构成现代社会所有矛盾的总根源，并揭露了资本主义社会物与物关系背后的人与人的关系，向人们昭示了资本主义社会物的世界背后人的价值的贬值。

正因为马克思正确分析研究了个人与社会的关系，并且始终把财富生产与人的发展和社会进步联系起来进行考查，因而也就为我们确立正确的财富观奠定了坚实的理论基础。将这看似关系不大的二者联系起来的，这是由马克思关于实践的对象性活动所引发的人们改造世界与发展自身的双重意义和关于财富生产中"每个人是手段同时又是目的"② 的双重角色共同决定了的。在马克思看来，由于人的实践的对象性活动，人们满足自身的生存和发展的需要必然转化为改造世界和发展自身的双重需要。这种需要对于人来说，呈现为一种通过改造世界而发展自身或为了发展自身而改造世界的关系。这种关系，也就是目的和手段的关系。

总之，阿马蒂亚·森"实质自由"、德尼·古莱的"价值规范"、马克思的财富属于手段性工具思想都从各自视角论述了财富的发展思想。面对当代财富发展困境，分别提出了不同的救赎方式，确实给出了思考财富观的塑造和发展的新方向，提供了摆脱财富发展困境的可能思路，提供了财富观重建的可能性的真实基础和人本财富观的理论逻辑和哲学依据，阿

---

① 《马克思恩格斯全集》第 42 卷，人民出版社 1995 年版，第 23 页。
② 《马克思恩格斯全集》第 30 卷，人民出版社 1995 年版，第 198 页。

马蒂亚·森"实质自由"以自由视角评判发展；德尼·古莱从生存论视角探讨财富的人道性；马克思"财富为人"具有历史规律性的研究底蕴。他们的共通性在于提出无论如何发展，无论怎么发展，其永恒的主题是：以"人"为目的的发展，才是真正的发展；以"人"为核心的发展才是科学的发展。这为我们建立人本财富观提供了丰富的理论来源。

第五章　真实发展：人本财富观的逻辑建构

20 世纪以来，经济发展与社会和谐发展已然成为财富观的主题。国际社会围绕经济发展内涵和重点，先后形成了围绕以人为核心，探讨人的发展、人的幸福等价值核心问题的不同于物本财富观的发展理论和战略，发展理论和战略的演变更迭，从"基本需求战略"、"生活质量战略"和"内源发展战略"到"可持续发展"等等，反映了当代人财富观上的重大变化，它意味着经济发展要形成"以人为中心"、"可持续发展"为"目的"的财富观，人们冲破西方经济学传统财富观的束缚，在世界各国形成了一股经久不衰的发展理论思潮。

"真实发展"凸显发展的实质和目标，追求真实发展或实质发展是人本财富观建构的发展目标。本文在以阿马蒂亚·森、德尼·古莱和马克思等三位学者的发展伦理财富理论为基本原理和哲学思路基础之上，主要从三个部分探讨建构人本财富观思想体系：首先，确定人本财富观的建构的发展伦理哲理基点；其次，从"如何看待财富"、"如何创造财富"、"如何分配财富"、"如何使用财富"四个方面，建构财富认知、财富生产、财富分配和财富消费的现代财富完整思想系统；最后，以发展伦理理论为视角，提出人本财富观的核心价值和终极目标。

第一节　逻辑建构的发展伦理基点

一、发展的"实然"与"应然"

在现实中，可为人类带来经济利益就可以去做的物本财富观缺乏伦理道德的规范和价值标准，它只是与"如何发展得更快"相关，而同发展的人本性及全面性、协调性、可持续性等毫无联系。发展中物的尺度代替了人的发展，经济增长本身变成了发展的终极目的而导致财富增长忽视甚至背离了人的本质。发生在 20 世纪末关于发展问题的诸多争鸣，使得"发展就是进步的，发展就是伦理的"等传统发展理念受到了发展伦理源自价值层面的质疑。物本财富观倡导的过分财富扩张行为会危及人类自身的生存，混淆"应然"和"实然"的价值差异。由此，发展伦理立足于从人类的可持续生存和发展，对人类社会的财富行为进行自觉约束和规范，追求"合理的发展"，关注财富的价值意义和发展伦理向度。

发展伦理在反对"发展天然合理论"的时候并不否定人类改造自然的实践行为的必要性与合理性，它只是要通过对人的发展实践的评价、约束和规范走向一种"有规范的合理性"。这种合理性并不是无限度、无约束的绝对的合理性，而是在一定限度内的合理性。发展内含着"实然"和"应然"、"能是"和"应是"的对立统一问题。"能是"问题或者说"实然"问题是指"人类有能力做的"，属工具意义和科技范畴；"应是"问题或者说"应然"问题是指"人类应该做的"，属价值层面和伦理范畴。休谟在《人性论》中指出，人们无法从"是"（is）的命题推断出"应该"（should）的命题，事实性的、陈述性的说明不能产生规范性、伦理性的判断。在发展伦理看来，我们无法从"能是"和"实然"逻辑地推导出"应是"和"应然"。而合理的财富发展应是"能是"与"应是"的内在统一，才可能既是一种合理存在又具有道德价值的增长。

发展伦理在考察财富问题后得出结论："能是"不等于"应是"；工具意义不等于价值内在。财富增长不等于发展。发展涵盖了价值论和目的论问题，而财富只是促进人的发展的手段、工具，为人类行为提供了一个实践界限，但却不能解决"为谁做"和"应当做"等价值范畴的问题；人本财富观基于社会现实并以人自身为尺度做出的价值判断和伦理评价。因此，发展的应然性成为了财富的价值之维。发展的"应然"旨在规定发展应该如何，是从理论上对发展的定性规定，是对发展模式的理想化思考，更是对发展终极目标的确立。它涉及到应该如何设定和规范发展目的、发展过程以及发展手段；涉及到应该如何发挥发展目标的预示和导引作用；涉及到发展的伦理性问题。

辩证看待"发展是天然合理"的问题是发展"实然"不等于发展"应然"的内涵之一。发展是天然合理的吗？亚当·斯密的"经济人"假设为这种论调提供了理论依据。如前所述，以斯密为代表的西方经济学认为，人是经济动物，人追求物质财富和经济利益是天经地义（或者说是人的本性之一）。按照斯密等人的观点，对发展本身，没有必要进行评价和规范，发展就是"天然的"和"好的"。在这一发展理念的支配下，人们只是关心和追求发展的"更快"、"更多"、"更强"，而不去思考"为了什么而发展"、"什么样的发展才是好的发展"等问题。受这种发展理念的影响，人们不择手段地从事财富利益活动，发展主体（人）可以任意张扬与释放自身的力量、意志和贪欲。

当面对日益严重的生存和发展危机，人们在对发展本身进行深刻地探究和理性的反思后，得出了一个重要的结论："发展，并非是天然合理的！""发展并非是天然合理的"决定了"能做"的，并非一定是"应当做"的。"能做"的，并非一定是"应当做"的是发展的首要的道德规则以及伦理尺度，这一规则与尺度要求我们在"发展问题"上确立"限度意识"，只能进行那些"应当"的发展，而不能进行那些"不应当"的发展。"应当"

是人所特有的价值选择性。于是便有了"人应该做什么"的发展伦理问题。发展绝不是一个"要不要发展"的问题，而是"为了什么而发展"、"什么的发展才是好的发展"的问题。秉持"发展是天然合理的"理念，就势必会模糊"能是"和"应是"的界限。在厘清二者之冲突的过程中，发展伦理提出了"实然"未必就是"应然"；"存在的未必一定合理"的独特命题。

发展"实然"不等于发展"应然"内蕴着"能够做"和"有能力做"的问题。"能够做"与"应当做"的问题是发展伦理的基本问题。[①] 在财富发展领域中深藏着不可缺少的伦理原则——人类能够做的并非是应当做的。从人类"能够做""有能力做"，不能必然推导出就是人类"应当做"的，"应当做"是由人类的生存需要决定的有价值的、"善"的伦理的选择。因为人是"事实本质"和"价值本质"的统一体，在现实中要想把"能够做"转化为"应当做"，就要确立一种"发展良心"、可持续发展理念、人本发展思想等。

发展的"应然"性体现了全面、协调、幸福和可持续的合理财富观。是发展领域中不可缺少的伦理道德的规范，我们从中可以得出一个人本财富观的伦理起点和基本意识：人类能够做"能是"并不一定是应当做"应是"，发展的"实然"不等于发展的"应然"。

二、发展的"善"意识

发展伦理就是回答在具体的、历史的社会发展领域什么是"善"以及如何实现完善的或美好的社会发展问题的一门学问。是关于如何发展伦理研究领域的道德标准"善"的问题。

发展实际体现了道德由"恶"到"善"的变化过程。旧的发展理念"把发展看成是一个'严酷'的过程，其中充满了'血汗和眼泪'——在

---

① 参见刘福森：《西方文明危机与发展伦理学——发展的合理性研究》，江西教育出版社2005 年版，第 327 页。

这样的世界里，明智的做法需要严厉"。而人本的发展理念"把发展看做基本是一个'友善'的过程。根据持这种态度的学派的不同，发展过程的友善可以表现为发展互利交换、建立社会安全网、给予政治自由权、推广社会发展———或者是这些扶助活动的某种组合"①。发展伦理学家阿马蒂亚·森呼吁人们对发展的理解急需转向拒绝一种充溢"血汗和眼泪"（Blood，Sweat and Tears）的"残酷"（Hard）发展过程，将发展理解为多元价值、合作精神和人们自主力量不断扩展的"友善"（Friendly）过程。"善"已然成为发展中的核心范畴和伦理基点。在反思财富问题时，发展伦理看到了物本财富观缺少价值关照的弊病，并力图解决这个弊病。而这一问题正是传统的发展理论和社会发展理论所忽视的，但对于人类的生存和可持续发展来说是至关重要的问题。

那么，"善"如何理解？从词源上看，"善"与"义"、"美"同义，都是"好"的意思。《牛津英语辞典》明确指出：善就是好："善"（good）是表示赞扬的最一般的形容词，它意指在很大或至少令人满意的程度上存在这样一些特性，这些特性或者本身值得赞美，或者对于某种目的来说有益。

从古希腊开始，人类就有了"善"的道德意识和思想体系。柏拉图把世界二重化为现实世界和理念世界，认为现实事物都趋向于理念，而所有的理念都趋向于最高的理念———"善"（The Good）（即神）。这种理想主义的目的论为以后的各种发展思想建构了一个基本框架。亚里士多德认为构成世界的质料和形式层层递进，趋向于最高的纯形式即"善"。"善"既是万物的动因，又是万物的最终目的。近代的唯心主义哲学家莱布尼茨把"单子"从知觉程度较低的无机物到全智、全能、全善的上帝，排列成一个由低级向高级的发展过程；黑格尔的"绝对精神"，也有一个由片面到全面、由抽象到具体、最后达到内容完全展现成为实现了的善的发展过

---

① ［印度］阿马蒂亚·森：《以自由看待发展》，任赜等译，中国人民大学出版社2002年版，第30页。

程。英国理性主义伦理学传统的创始人之一、基督教新教神学家亨利·莫尔（Henry More）对善恶的本质作了规定。认为"善对于任何知觉的生命或任何等级的这类生命，都是愉快的、适意的和相称的东西。"[①]甚至现代实用主义者皮尔士也强调发展的最终目的是要把世界变成一个绝对完善、合理和匀称的体系。"善"（The Good）作为一个伦理学和价值学范畴，在发展的哲学特别是在唯心主义发展论中，却具有了本体论的意义，成为客观世界趋向的终极目的。这实际上乃是以抽象的形式表达了客观世界对人的愿望的合目的性运动的理想。这种关于发展的目的论的深层意义是人本的，就此而言，它是一种人学目的论。

在发展伦理领域中，"善"也成为核心概念之一。在道德领域，"善"是最基本的概念之一，"善"也构成了发展伦理的价值取向，发展的"善"不仅具有人学的意蕴，发展在根本意义上就是追寻人类美好生活的过程，其价值目标和伦理关怀始终是围绕"人"为了"人"而展开的，此外，发展的"善"还具有对万物的关怀的内在伦理。所以，人类财富行为和财富发展不仅要关心"该如何做"以及"如何做得更快"，而且更应该关心"是否值得"、"是否应该做"这一"善"的内在价值问题。

传统伦理的"善"观念，仅指对人的有用性，而发展伦理所理解的"善"，除了功利意义的善之外，还包括对人们实现善的实践行为的伦理制约性，即还包括道德意义上的"善"。将财富观置于发展的"善"的伦理维度审视，至少包括：第一，对人的"善"。不断提升和完善人性，使人获得全面发展，这是人类谋求财富发展的终极目的；要求消除"发展的人学悖论"，财富发展的实践不能离开甚至消解这一终极目的，把人本身作为手段淹没于财富的其他目标之中，使人不成其为人；要求人类既要以一种自觉的主体态度承认和实现经济增长所具有的具体直接目的性意义，更重要的还在于其作为人及社会发展的中介性意义，使财富不断复归作为

---

① 周辅成：《西方伦理学名著选辑》（上卷），商务印书馆 1964 年版，第 687 页。

人及社会发展的手段性意义的本性。第二，人类对自然界和其他物种的"善"。人类财富从自然界中获取，因而必须要赋予自然界一切生物以同等权利。生态伦理学家阿尔伯特·施韦兹（Albert Schweitzer）的敬畏生命的情感主义伦理学、彼得·辛格（Peter Singer）的动物权利论和汤姆·雷根（Tom Regan）的动物解放论、莱奥波尔德（Aldo Leopold）的大地伦理学、霍尔姆斯·罗尔斯顿（Holmes Rolston）的生态伦理学建立的伦理依据是自然界具有"内在价值"和生态学自然权利论。① 他们认为自然界具有"内在价值"，而其"内在价值"是不依赖人的评价而改变的，是内在地存在于事物本质之中。自然界中的自然物一旦存在，便有按照生态学规律继续存在下去的权利，是任何人都无权干预的。比如，施韦兹在《文明的哲学：文明与伦理》中，第一次明确提出了把价值领域扩大到所有生命的理念，自然界每一个有生命的或者具有潜在生命的物体具有某种神圣的或内在的价值，使人类关于自然价值的认识第一次摆脱了人类中心主义的立场，而从生命的固有本性上来体认生物存在着自然的不可否定的内在价值。而罗尔斯顿也提出，"生态系统是一个网状组织，在其中，内在价值之结与工具价值之网是相互交织在一起的。"② 雷根则在1983年出版的《为动物权利辩》（The Case for Animal Rights）一书中，首次用哲学思维辨证指出，根据一贯性的原则，某些非人类的动物也拥有一些基本的权利，以牺牲资源和环境为代价而进行的、以满足人们的挥霍性消费为目

① 生态学（ecology）研究有机体彼此之间以及整体与其环境之间的交互关系。从一开始，生态学关注的就是"共同体"（Community）、"生态系统"（Ecosystem）和"整体"（Holism）。由于这种整体主义特点，生态学成为对环境科学认识的基础，也是发展伦理"可持续"理论的重要来源。生态学的基本观点在于，大自然整体是一个互相影响、依赖的共同体。每一个有生命的"螺丝和齿轮"对大地的健康运作都是重要的。由生命系统和环境系统构成的生态系统是有机的自然整体。生物圈是地球最大的生态系统，人类的生命维持与发展，依赖于整个生态系统的动态平衡。——作者注

② ［美］霍尔姆斯·罗尔斯顿：《环境伦理学》，杨通进译，中国社会科学出版社2000年版，第254页。

的的财富生产是不合理的。这些理论在一定程度上为我们提供了哲学理论借鉴，是发展伦理在解决人类财富生产与生态系统平衡的重要资源。第三，对社会的"善"。发展伦理提出，财富生产发展的对象是整个社会体系的发展，因此，财富生产还必须以公共善和公共福利为目标，发展成果要惠及全体人民。历史上，经济学家们也不能回避个人财富与公共财富的关系问题，亚当·斯密提出"自动公益说"、约翰·穆勒论述"利益合成说"以及马歇尔阐释的"利益均衡论"，都是对财富利己与利他矛盾协调、平衡发展的理论代表，核心在于促进社会财富是个人财富获得的前提。而以近代情感主义学为主体的伦理学家认为，正是人类具有天然仁慈心的无私性，因而具有自觉促进公共福利和社会利益的本能，对以公共财富为目的的财富行为给予认肯。马克思也赞同"一般财富"是财富的真正动力源泉，能促使财富从自私化向社会化过渡。总结财富的公共福利共识的伦理向度表明，财富的公共"善"是财富的本质要求，而要实现公共"善"，财富的发展必须遵循公平正义、以人为本的道德准则，在财富获得、使用、分配过程中实现合理、客观和公正。

第二节　逻辑建构的发展伦理原则

现代社会所遭遇的财富危机困境现状和根源追溯表明，现代人的财富观存在伦理缺失问题，必须寻求一条科学的理论路径为现代财富理论提供道德支撑，为规范人们的物质财富行为提供价值判断依据和伦理评价标准。面对发展这把"双刃剑"，以发展伦理原则对财富困境进行反思，是解决问题的关键。所有的发展活动背后都有判断价值冲突、评估（实际的和可能的）的特定规范原则，目的在于对发展进行确认、反思及评价，这不仅是发展伦理的学科任务，也是解决财富问题的有效路径。发展伦理的人道原则、责任原则及和谐原则是在人本财富观的价值审视中寻求摆脱现代财富发展危机与困境的道德规范。

一、人道原则

发展是由处于主体地位的人来引领和参加的实践活动，任何发展实践都必须有利于优化人的存在方式。发展伦理的人道原则在于财富为人，它将财富的最终目的指向人的自由和幸福，从而彰显"善"的道德价值。

财富本身具有属人性、为人性，实质上，财富作为人通过劳动满足其需要而得到的"劳动生产物"，具有"物"的特性（"财富的独立的物质形式"），又是人通过劳动自证其是"为我之物"、"自在之物"，具有为"人"的特性，是"物性"与"人性"相统一的二重性物，这是我们是规范、克服、超越财富工具性的重要价值论前提。① 阿玛蒂亚·森认为，"财富的有用性在于它允许我们做不少事情——它帮助我们实现不少实质自由。但是这种关系既不是排他的，也不是单一的。"② 财富只是决定我们生活美好的必要因素而不是决定因素，财富仅是作为人类实现实质自由的可行能力提高的手段，人们偶然占有的财富只具有工具重要性。这本身内涵着一种重要的共同价值诉求，就是我们需要对财富的发展手段、发展行为进行目的、意义等伦理反思，以防止财富发展本身的异化与物化。

财富的特有的内在本质，引申出以发展伦理的人道原则为人本财富观

---

① 德尼·古莱（Denis Goulet）在《发展伦理学》一书中将财富的人道化和手段性作了总结，提出：（1）我们关于财富的伦理判断以及判断机构都都必须根植于有关人类生存的广大目的。（2）发展行动要保持人道，整个发展事业本身需要批判地接受公正、精神解放等价值观检验。（3）发展是围绕人而不是反其道而行之，发展最终目的是人的全面发展。参见［美］德尼·古莱：《发展伦理学》，高铦等译，社会科学文献出版社 2003 年版，第 146—159 页。——作者注

② ［印度］阿马蒂亚·森：《以自由看待发展》，任赜等译，中国人民大学出版社 2002 年版，第 36 页。

的道德立论的可行性。因而，我们需要有一种对人性研究的思想方法，树立人本的财富价值体系来代替物本财富理论，而"这种思想方法是杰出的人性研究。只有新的人道主义能实现这个接近奇迹的事，以及完成人类精神的复兴。"①新人道主义是新的财富价值体系的兴起的理论前提和必要基础，一方面，新人道主义具有创造新哲学的、伦理的、政治的、社会的、美学的内在推动力，来全方位衡量以及填补人类单一财富生活的单调和匮乏，从人的实际需要出发，实现人固有的多方面需求。另一方面，新人道主义确立自由的人性观，把人作为主体去处理存在论、认识论、价值论等根本哲学问题，为伦理学确立了以人为本位的道德理想和行为准则以及以人为本位的人性观、主体观和对世界的解释原则。新人道主义以"能是"为基础，但又对人的自由活动进行了约束和实践规范，把人的发展活动限制在理性合理的伦理限度内。

因此，发展伦理的人道主义在于明确财富发展的实质在于其人道性。根据发展伦理人道原则：财富并非独立自生、自在绝对之物，而是人类彰显其生命存在和意义、与人的本质密不可分的对象性存在物，是凝结人类社会劳动、具有公共性的社会存在体。获得、生产财富仅仅是人类生存的手段而不是目标，只有把财富生产、消费赋予伦理的品质，财富才有益于人的生存和发展，财富的本性是人的本质力量的体现。人是经济（财富）发展的目标而不是经济（财富）发展的工具，财富追求和增长的目的应契合人的全面发展的目的，并以是否促进人的全面发展目标来衡量。从价值维度看，发展的终极目的蕴涵着通过社会善和社会公正最终实现全体人民的共同富裕和幸福生活。由此可见，人的发展是财富发展的伦理内涵。

20世纪70年代以来，研究者开始关注"发展"的人文性。1979年，联合国教科文组织在"综合发展观"的专家会议上对此作出了系统的说明：

---

① ［美］戴维·埃伦费尔德：《人道主义的僭妄》，李云龙译，国际文化出版公司1988年版，第45页。

"发展"是以社会——人的发展为中心的,"发展"不仅应促进人的物质需求,而且应满足人的社会文化、精神需求。联合国发展计划署于 1990 年率先提出"人类发展"(Human Development) 的概念,并在每年发表的《人类发展报告》对"人类发展"概念重新做出补充和规范,认为"人类发展"所包含的要素可概括为:生产率、公正、持续性、权能授予(发展必须"由人民"而进行、而不是"为他们"而进行,人民必须充分参与形成他们生活的决策过程)。"人类发展"的宗旨是,"发展"是社会福利的改进,不仅仅是反映在可见的产品或劳务方面,也反映在精神享受方面,还包括获得福利,甚至还包括"获得自由"。美国学者托达罗 (M.P.Todaro) 认为,"发展"包含着三种核心价值——生存、自尊和自由,"发展"的过程也就是三种核心价值不断实现和逐步提高的过程。法国学者佩鲁 (Francois Perroux) 强调,要从"人的活动及其能力"(行为者的态度、志向、对待特定情境作出反应的能力等) 来研究发展问题,发展的目的是促进共同体每个个别成员的个性全面发展。人类的价值追求由最初的物质需求转换为精神文化需求,转换为人的能力、要素、个性的自由发展。

综合伦理学家的各种论述,尽管观点有所差异,然而,其共同点在于:保持发展的人道性是财富增长中必然的而且是必要的价值规范和伦理尺度。

二、责任原则

哈耶克 (Hayek) 认为,市场经济最重要的道德基础就是"责任感",这种责任感源于每个人对自己行为的一切后果负有责任。发展伦理强调人们在财富行为中的道德责任感,可以归结为"是"与"应当"、"能够做"和"应该做"的问题。如果从物本财富理念出发,把无限赚取财富的"是"看作"应当"的话,就会使单一的经济(财富)发展失去了应有的伦理价值指向和道德规约,并使财富增长呈现出虚假性。作为一种可能性的"能是"和作为一种现实性的"实然"，必然受到生态自然等客观规律的制约，而客观规律决定的"能是"和"实然"并不等于人类作为主体追求的"应然"和"应是"。所以，以发展伦理的责任原则为道德规约，是财富发展的必然要求。

首先，遵循发展的"应然"性追求。从发展伦理角度看，财富获得正当性无法从"能是"和"实然"逻辑地推导出"应是"和"应然"。人类获取财富的行为"存在的未必一定合理"。以此为标准，财富行为应是"能是"与"应是"、"实然"和"应然"的内在统一，唯有如此，财富增长才能获得合理存在道德依据并具有自身伦理价值。

其次，"责任感"必须建立在"尊重"的基础之上。"尊重"(respect)蕴含着重视、给予对象以考量或关切(show consideration for)，尊重表征着人的道德行为能力，指向和实现人的道德目的。发展伦理认为，"好"的发展的一个基本标准就是以尊重的原则看待发展，以发展伦理的尊重、规范和约束财富行为，即尊重与人类共存一个地球的其他物种，包括一切存在的生物。

再有，发展伦理责任原则对财富行为规约体现在财富追求的"平等"模式中，即我们必须承担起后代人不劣于我们所享有的生存与发展环境的道德义务。主要是在人类发展财富的同时承担起保护大自然的责任，财富获得同时要区分哪些"应当做"，哪些"不应当做"。尊重大自然，在追逐、创造财富过程中避免对大自然的恣意破坏和摧毁，使人类与自然之间保持可持续性发展的良好态势。发展应当是"可持续的"、"可规约的"体现在：财富增长应与自然资源及环境的永续性利用、地球生态系统的承载能力相适应；财富增长要顾及自然资源及环境的"代内公平"；财富增长要顾及自然资源及环境的"代际公平"(Intergenerational Equity)。如若不然，人类的发展就失去存在的依据和前提，自然界将成为人类利用各种技术手段任意强取豪夺的天然物质仓库，财富增长就不可能是"应然"的。

"发展的终极价值不是经济的单方面增长（经济增长只是手段），而是实现人的全面发展，是使大多数人获得幸福。"① 发展伦理对当代社会出现的人类生存危机进行伦理反思，建立在传统人道主义基础上的经济至上的发展理论（即工业文明的发展理论）以及"个人本位"的伦理观是不合理的。财富发展合理与否在于其是否体现了全面、协调、幸福和可持续的价值观，以发展伦理责任原则作为财富的价值维度，是人类对财富发展给予道德规范和伦理约束的价值肯定与自觉。

三、和谐原则

现代财富发展制造了大量贫困问题，财富获得的不均衡发展使得财富成为少数人的特权，贫困成为多数人的命运。正如政治学家道格拉斯·拉米斯所说：不平等的问题所在不是贫穷问题，而是过度，"世界的贫穷问题"更准确的定义是"世界的财富问题"，是世界上的富人"可耻"和"庸俗"过度消费习惯的恶果。以发展伦理的和谐原则为伦理指向，是财富合理发展的精神源泉，能避免人的物化，使财富追求正当性实现超越主体自我、超越物质的终极目的，实现符合社会生活及经济生活的自主自觉调控，真正走向社会和谐与人类幸福。

发展伦理的和谐原则能为财富提供价值目的和伦理向度。因为，发展的和谐原则最终目的就是达到财富在人与人、人与社会、人与自然三方面的统一共存。和谐原则强调全面协调，统筹兼顾，把自然和谐美好与人的幸福生活视为发展的目的。

发展伦理和谐原则强调全面协调，统筹兼顾，在发展经济的同时充分考虑不同人群、资源、环境和生态的承受能力，从而统筹社会、人、自然和谐发展，实现经济社会的持续发展，把自然美好与人的幸福生活的和谐视为发展的目的。

---

① 刘福森：《"发展伦理学"：当代社会发展的迫切需要》，《哲学动态》1995 年第 11 期。

发展伦理的和谐原则强调在财富获得——创造——使用中形成链接式的和谐统一。在财富追求关系协调上，遵循发展伦理的"整体性"。实现发展的四个原则：帕累托改进原则，即在财富发展过程中实现某一方利益以不损害其他方利益为前提；卡尔多改进原则，实现某一方利益如损害另一方利益时应给予受损方足够的补偿；罗尔斯公正原则，实现发展中出现不均衡时应着重关注处于最不利地位者的利益；可持续发展原则，实现发展不超过自然承载力、不损害地球生态和后代人利益。

发展伦理的和谐原则要求财富行为以实现公共社会善为价值准绳。提出公共福利和社会利益是人类追求财富的目的之一。罗斯福（Theodore Roosevelt）在发表"新国家主义"对财富与公共利益之间的关系精辟论述道："财富必须来得正当，并且很好地加以运用。即令财富的取得没有损害社会，那也是不够的。只有当财富的取得对社会有利，我们才能准许取得。"[①] 财富来源的合法正当性，财富生产的合理性和科学性，财富分配的公平正义性，财富应用于公共福利和公共事业，保证社会成员的普遍利益和权利实现，是发展伦理和谐原则的伦理诉求。

第三节　人本财富观伦理理论体系

发展伦理视角中的人本财富观，以发展伦理的人道原则、责任原则、

---

① ［美］D.L. 杜蒙德：《现代美国》，宋岳亭译，商务印书馆 1984 年版，第 166—167 页。此外，关于财富以实现公共善和公共利益为目的的说法，继老罗斯福之后，T. 罗斯福更强调称，我们主张财产权，但我们更主张人权。我们保护富人的权利，但我们更强调在遵从社会普遍权利的条件下，富人要按照公共福利要求，运用其财产于生意经营。参见 H.S.Commager, ed.Documents of American History, Vol.2, New York: F. S. Croft& Co. 1943: 246—247。——作者注

和谐原则为道德规则，以人本、幸福为核心价值，以可持续、公平正义、适度节制为伦理规约。事实上，所谓"发展危机"、"现代化困境"，究其根底，是人们自身伦理失范造成的，是人们在对待财富创造、财富分配、财富使用与消费等问题上的道德冷漠和伦理迷失所导致的，面对着危机和困境，人们必须有新的道德自觉和伦理提升。单纯地发展生产、创造财富的行为并不等于对人和人类命运的终极关怀，也并不总是与人类进步的方向一致。一个社会要生存，在创造财富、使用和管理财富方面必须要有一定的社会行为准则，亦即财富伦理规范。只有寻求伦理支撑，找到推动财富不断涌流的精神源泉，才能消除或控制人的物化，才能使财富创造的主体超越物质、超越自我，才能对经济生活和社会发展作出自主自觉的调控，真正实现社会发展与人类进步的同步。

发展伦理作为反思现代性发展问题的产物，力图以伦理道德对经济活动的介入和干预使经济回到它的本真价值上，力图为人类的发展实践确立起伦理价值规范和基本原则，在发展的经济价值和发展的伦理价值之间寻求一种平衡和统一。19 世纪初，法国经济学家萨伊（Jean Baptiste Say）建立了政治经济学的三分法，萨伊把政治经济学划分为财富的生产、财富的分配和财富的消费三部分。而后三分法就成为了研究财富观的主要三层次。本节基于对财富发展全过程的剖析和厘清，将人本财富观构建的理论逻辑划分为财富认知、财富生产、财富分配和财富使用四个部分进行逐一论述。

一、财富认知：正当性追求

人本财富观理论体系的基础层面是，人类对财富追求是否正当，如何才是正当的？即，财富是否应该追逐？人们追求财富的伦理依据是什么？对这些问题，发展伦理明确指出，财富的追求是正常和正当的，对于人类来说，财富不仅是"可欲"的而且也是"可求"的，但是人类在追求财富时，要有一个"度"的约束和控制。

（一）财富追求正当性（validity）的伦理理论追溯

正当性，在《现代汉语词典》的解释是合理性、合法性或应该性。根据哈贝马斯（Juergen Habermas）的理解，正当性（Validity）意味着政治秩序被承认的值得性（Worthiness to Be Recognized）。[①] 而马克斯·韦伯（Max Weber）则认为，只要是有权力的场合，就有正当性的问题。[②] 按照韦伯的解释，经济领域的财富问题也存在正当性的说法，韦伯之说法是被学界所承认和推广的观点。结合韦伯的理解，从伦理角度解析，财富正当性的涵义应理解为：财富的正当追求是值得肯定和承认（Recognition）的行为。

在马克思主义哲学中，也一直存在着财富追求和获得具有正当性的论述。马克思承认财富本质是好的，"人"的"肉体"必须依靠一定的"自然产品"或"劳动产品"才能生存，但是，"'思想'一旦离开'利益'，就一定会使自己出丑。"[③] 人们不能在追求财富中迷失，不能为了财富而追求财富，否则会造成人自身、社会和自然的撕裂，财富只是达到终极目的手段而已。毛泽东也认为，尽管富裕不一定是社会主义，但社会主义一定要以人民和谐富裕为目标，"我们这个队伍完全是为了解放人民的，是彻底地为人民的利益工作的。"[④] 肯定财富、鼓励致富、赞赏富裕，也是邓小平对财富最鲜明、最根本的态度，"社会主义要消灭贫穷。贫穷不是社会主义，更不是共产主义。"[⑤]"不重视物质利益，对少数先进分子可以，对

---

① Jurgen Habermas ,"Legitimation Rroblems in the Modern State." 本文收在他的 *Communication and the Evolution of Society* 一书中，Tr.Thomas McCarthy (Boston: Beacon press, 1979) p.178.

② 参见韦伯 *Economy and Society*, ed.Guenther Roth and Claus Wittich, 2 Vols （Berkeley: University of California Press, 1978）1.p.213.

③ 《马克思恩格斯文集》第 1 卷，人民出版社 2009 年版，第 286 页。

④ 《毛泽东著作选读》（下册），人民出版社 1986 年版，第 587 页。

⑤ 《邓小平文选》第三卷，人民出版社 1993 年版，第 63—64 页。

广大群众不行，一段时间可以，长期不行。"①邓小平明确肯定了人们对物质利益追求的合理性，指出了在社会主义社会，人民群众需要追求富裕生活，国家也需要要讲发展、求富强。江泽民把"家庭财产普遍增加，人民过上更加富足的生活"②列入全面建设小康社会的宏伟目标，郑重写入党的十六大报告，这在我们党的历史上尚属首次，肯定了财富追求的必然性。

在中国传统伦理史上，对财富获得正当性的认知也论述颇丰。先哲孔子虽然"罕言利"，但并不一概否定利，相反他肯定了财富的客观存在和现实作用，孔子在肯定人性"欲富恶贫"的心理前提下，承认满足欲望的合理性、正当性，"富而可求，虽执鞭之士，吾亦为之。"③认为若能发财致富，哪怕拿鞭子赶马车，他也愿意干，并指出，人人皆有"恶贫贱之心"、"欲富贵之心"，这是人的本性。但是，孔子的"义利之辨"并不是抽象的道义论断，他提倡在"有道"的时代，"君子"应该努力实现"富且贵"，这不仅是正当的，而且是必要的。儒家管仲进一步指出："仓廪实而知礼节，衣食足而知荣辱。"④富足能使人们更知荣辱有道德人格，富足能使人的本性得以提升。汉代司马迁则公开肯定人们逐"利"行为的客观性："天下熙熙，皆为利来；天下攘攘，皆为利往"，⑤天下之人，皆是为利而来、为利而往。他认为个人财富和个人道德品质形成具有必然联系，把富人说成是有德的，人越富就越有行善的条件。贫穷则是无德无能，是要自知"惭耻"的。可见，中国古代圣贤对待财富的获得和追求基本上都是秉持肯定观点，只是先哲们强调财富的获得要以"道义"为限度，必须要有伦理上的认可，不赞成走歪门邪道去发财，"如不可求，从吾所好"、"义

---

① 《邓小平文选》第二卷，人民出版社1994年版，第146页。
② 《江泽民文选》第三卷，人民出版社2006年版，第543页。
③ 《论语·述而》。
④ 《管子·牧民》。
⑤ 《史记·货殖列传》。

以为上"、"君子爱财取之有道"、"符合自然、符合德性"、"不以其道得，不处也"、"不以义而富且贵，于我如浮云"。① 等等，其主题均在于肯定财富追求的积极意义。

在西方，早在古希腊时期，亚里士多德（Aristotle）就明确人对"利"的追求的正当性，拥有巨大的财富和荣耀（名位）是一切人之所欲，人人都喜欢利，"所有人，或者说，几乎所有人，都喜爱金钱以及其他这一类东西"，② 并且"所有的人，都要以某种方式享受佳肴、美酒和性爱"。③ 柏拉图（Plato）也承认"人人皆知财富是个巨大安慰，而且人人爱钱是因它所具有的有用性"。④ 只是柏拉图还认为，一个有理智的人在追求财富上应当"注意和谐和秩序的原则"。⑤ 英国重商主义代表托马斯·孟（Thomas Mun）热情赞扬积累财富对于个人和国家的价值，"努力积累财富和勤俭持家是一个王国金库的真正守卫者的品质，而王子禁令的威力和效力却不能起到同样的作用。"⑥ 将财富的增加提高到德性的高度来认识。

甚至在禁欲主义的中世纪中期，一些经院作家还认为必须对世俗财富予以正确的评价，指出轻视财富的社会价值本身就是一种罪过，财富可以是罪恶的诱因，但贫穷也是，中世纪神学家阿奎那承认"贫困是一种邪恶的诱因，因为偷窃、发伪誓、谄媚往往因贫困而生。因此更应避免贫困，所以穷人不应自甘澹泊"。文艺复兴时期部分学者论述，财富不仅有社会价值，还意味着个人美德，认为财富与基督教提倡的美德，如禁欲、节俭、诚实、勤劳相关联，由此，私有财产的正当性得到确认——财产是个

---

① 程德：《论语集释》，中华书局 1990 年版，第 51 页。

② 苗力田主编：《亚里士多德选集》第 9 卷，中国人民大学出版社 1994 年版，第 39 页。

③ 苗力田主编：《亚里士多德全集》第 8 卷，中国人民大学出版社 1994 年版，第 163 页。

④ ［美］亨利·威廉·斯皮格尔：《经济思想的成长》，晏智杰等译，中国社会科学出版社 1999 年版，第 12 页。

⑤ ［古希腊］柏拉图：《理想国》，吉林大学出版社 2004 年版，第 358 页。

⑥ ［英］托马斯·孟等：《贸易论》，顾为群等译，商务印书馆 1982 年版，第 5 页。

人勤俭、勤劳致富的结果。①

　　西方近代社会，财富追求的正当性更加得以提倡。洛克承认个人财产和他人需求之间的联系，只是他的财产限度以占有物的腐烂浪费为限，洛克认为如果人们占有的是金银、土地等不易腐坏之物，那么，这种占有也是合理的。16 世纪欧洲路德和加尔文新教运动更将创造财富视作人类获得救赎的最好手段，新教冲破将财富视为万恶之源的樊篱，把财产获得越多越感到有责任的思想视为是上帝的荣耀，从此开创了西方勇敢公开追求财富的先河。而加尔文教获得广泛传播和接受以后，人们通过工商业活动赚钱盈利成为天经地义的事情，成为在道德上值得赞赏的事情，成为在社会上公开的、得到公认的、合法合理的事情。马克斯·韦伯在《新教伦理与资本主义精神》一书中肯定新教的作用，"不仅使获利冲动合法化，而且把它看作上帝的直接意愿。"②"人们有责任赚钱，因为这是在为上帝增加荣耀，……他占有财富越多，他对上帝负有的责任就越大。"③ 赞美新教将世俗财富与上帝联系起来，鼓励人们逐利的行为。新教伦理财富追求正当性思想产生后，迅速在西方社会传播，人们积极投入财富生产，促进了西方社会经济快速发展。

　　在汲取传统财富追求正当性思想基础之上，发展伦理不仅承认财富追求具有正当性，而且还将财富获得视为生命的基本权利来理解。发展伦理学家阿玛蒂亚·森用"Entitlement"（应得的权利）来表明，无论人的贫富、贵贱，都有天赋的资格获得经济上满足的权利，这是人作为人类的基本的、无条件的、通行的人权。德尼·古莱则将维持生命（Life-sustenance）

---

① 参见巫宝三主编：《欧洲中世纪经济思想资料选辑》，商务印书馆 1998 年版，第 344—345 页。

② ［德］马克斯·韦伯：《新教伦理与资本主义精神》，康乐等译，广西师范大学出版社 2007 年版，第 98 页。

③ Dylan Evans, *An Introduction Dictionary of Lacanian Psychoanalysis,* London;New York: Routledge, 1996, p.36.

作为发展的一个普遍价值要求，"发展的最重要目标之一就是延长人的生命，使人们少受疾病、自然因素的极端伤害以及面对敌人而无力防御的打击。"①所以，古莱认为，不管是发达社会还是不发达社会都承认维持生命的重要性。维持生命——使更多的生命存在和延长是美好生活的首要价值标准，也是所有社会发展的伦理指向。而缺乏食物、医药、居所和保护等维持生命的物质因素的社会，显然是"不发达"的。不难看出，虽然表述方式不同，但森和古莱都承认追求财富、财富获得对于满足人类最基本的人权和生命具有无可替代的重要性和必然性。

（二）财富认知的现实伦理诉求

财富追求正当性的伦理学原理，为我们对现代财富的认识提供了正确的价值论基础和道德取向。在塑造财富认知观时，以获得财富是有益于人类的行为为基础观点，以"道义"为伦理道德尺度，实现对财富的理性看待和认识，是人本财富认知的当代伦理向度。

财富的理性认识——"慎欲"。欲望是人的一种生理现象、一种本能，具有普遍性和存在的必然性。不管是道家、儒家还是法家，都认为"人欲"是一切人类活动的起始，把握这个主宰一切的本源，将会获得无穷无尽的能量。人被欲望控制着，人是欲望的奴隶。道家思想创始人老子在《道德经》中，把这种欲望叫作"道"，称它是"天地之始，万物之母"。古希腊苏格拉底认为欲望来自贫乏，正是由于匮乏才产生追求的欲望，回避或否定欲望违背客观规律。在法国精神分析学家雅克·拉康看来，欲望是主体形成的内在动力，迪兰·伊文思评价拉康思想时曾经说过："拉康遵循斯宾诺沙的观点，认为'欲望是人的本质'"。

欲望是激发人们不懈追求财富的原动力，财富欲望是社会良性进步发

---

① ［美］德尼·古莱：《残酷的选择：发展理念与伦理价值》，高铦等译，社会科学文献出版社 2008 年版，第 83 页。

展的诱因。米塞斯曾经说过："不知足的欲望，正是经济改善的动力。"①
发展伦理指出，人类追求财富的行为是以"欲望——欲望的满足——新的
欲望"不断循环往复的形式表现出来的，人类追求财富是由低到高、有浅
至深、由非理性到理性的进程。只要加以适当的伦理道德的控制和约束，
欲望就会产生对财富生产、创造的重要推动作用。马克斯·韦伯在论述西
欧资本主义产生时说，获利的欲望、对营利与金钱（并且是最大的额度）
的追求。这种欲望存在于并且一直存在于所有的人身上，"对财富的贪欲，
根本就不等同于资本主义，更不是资本主义的精神。倒不如说，资本主义
更多地是对这种非理性欲望的一种抑制或至少是一种理性的缓解。"②这些
论述表明，追求金钱、崇尚金钱，显然是人们心中最狂热的欲望，追崇财
富也是一种高尚的信念和优良的品质。满足于既得或易得的事物，对于进
一步改善物质环境毫不动心，这并不绝对是美德。

发展伦理认为，我们在肯定人类财富欲望的同时，要强调财富欲望的
"度"，即要求"慎欲"。"慎欲"就是运用理性抑制贪欲。欲望具有理性和
非理性二重性，理性欲望是其积极的一面，非理性欲望则是消极方面。而
"贪欲"则产生于人类无限度的欲望和非理性欲望需求。根据发展伦理的
原理，过度推崇与放纵欲望是不科学的，欲望太过、不切实际，就变成了
奢望、贪婪和野心，如果人们过分沉溺于非理性欲望而被其所左右，贪欲
就会使人的正常欲望扭曲。"祸莫大于不知足，咎莫大于欲得。故知足之
足，常足矣。"道家的老子就指出人的欲海难填，总是无止境地追逐名利
财货。儒家荀子提出，"虽贵为天子，欲不可尽"，即使贵为天子，富甲天
下，其欲望也是不完全满足的。说明了人的欲望具有无限性，如果不"慎
欲"则易于转化为"贪欲"。德国哲学家叔本华（Arthur Schopenhauer）

---

① Ludwig Miser：《反资本主义的心境》，（台湾）远流出版事业股份有限公司1991年版，
第23页。

② ［德］马克斯·韦伯：《新教伦理与资本主义精神》，康乐等译，广西师范大学出版社
2007年版，第7—15页。

说过，欲望过于剧烈和强烈，就不再仅仅是对自己存在的肯定，相反会进而否定或取消别人的生存。发挥财富欲望理性积极作用的方面，而要抑制财富欲望非理性消极作用的方面，也是发展伦理的道德准则之一。

财富认知的道德准绳——"君子爱财，取之有道"。"君子爱财，取之有道"出自于高阳《胡雪岩全传·平步青云》，译意是：有才德的人（君子）喜欢正道得到的财物，不要不义之财。这里的"道"为合法之道。即仁义之道——仁道。仁道是安身立命的基础，理性生活的原则。因此，无论是富贵还是贫贱，无论是仓促之间或是颠沛流离之时，都不能违背这个基础和原则。新财富认知观提倡"君子爱财，取之有道"，主张通过诚实劳动、合法经营获取财富，"天生人，幸使其人人自有筋力，可以自衣食者。而不肯力为之，反致饥寒，罪不除也。"① 新型财富观主张增加社会和个人财富，但对个人来说，不应当仅以追求财富为人生目标。"一切向钱看"、"只有向钱看，才能向前看"是新型财富观所摒弃的观点。人本财富观所倡扬的是，在对待财富问题上，应将个人利益与集体利益相结合，个人财富的获得不能损害国家和集体利益。从这方面看，中国儒家以义取利、反对见利忘义思想，与社会主义核心价值观具在内在的一致性。

在中国传统伦理思想中，"君子爱财，取之有道"体现在对待"义"与"利"的关系上，在"义"、"利"问题上，传统伦理思想大都秉持"义重于利"的看法。儒家认为"义"作为道德准则，是谋"利"的立足点和根本点。"义"即为道义，重在给予；"利"即为利益、功效，重在获取。"君子以义为上，君子有勇而无义则乱"。尚义轻利是《论语》处理义利关系的基本思路。孔子强调义具有至上的性质，并把义当作评判行为的主要准则，"君子喻于义，小人喻于利"，② 面对物质利益，必须严守"见利思义"、"见得思义"原则。孔子贵公利、贱私利而又不否定正当的私利，但强调

---

① 《太平经·六罪十治诀》。

② 朱熹：《四书章句集注》，中华书局 1986 年版，第 73 页。

"利"始终仅能处于从属的地位，认为对富贵的渴望要通过"义"之手段来获得，"以义取利"、"以义为重"，在"生"与"欲"、"利"与"欲"发生冲突时，应毫不犹豫的选择"义"。董仲舒进一步推出了"正其谊（义）而不谋其利，明其遭不计其功"①。的反功利主义结论。在"公利"和"私利"上的儒家推崇的价值准则是"先公后私"、"舍生取义"。同时，孔子又十分重视"公利"，要求执政者能"因民之利而利之"。孟子则强化了孔子"何必言利"的倾向并推向极端，认为志士仁人在关键时刻应当"舍生取义"，这种观点强调了道义的崇高性，"志士仁人，无求生以害仁，有杀身以成仁。"（孔子语）"君子之能，以公义胜私欲也"，"小人以身殉利……圣人以身殉天下"。（荀子语）孟子则认为"义"是比"言而守信"、"行而重果"更为根本的标准，"鱼我所欲也，熊掌亦我所欲也，二者不可得兼，舍鱼而取熊掌者也；生亦我所欲，义亦也我所欲也；二者不可得兼，舍生而取义也。"②董仲舒进一步发扬儒家思想，提出人的肉体生命的生存与存续要以功利、物质（即"利"）为前提，而人的精神生命的辉煌要以公正心（即"义"）为前提，强调人之精神比人之身体更为重要，即是说，道义比功利更为重要。

这些思想均体现了传统文化伦理义利观"以义取利"的最高精神境界。"义"与"利"这一对既对立又同一的矛盾范畴作用于人的主体，构成了人们不同的思维方式和人生观、价值观。人本财富观在看待"义"和"利"问题上主要观点如下：

提倡"以义统利"。"利"服从于"义"，"以义导利"、"以义制利"、"义利双行"、"见利思义"，是现代人的财富认识和追求的首要伦理道德原则。"先义后利者荣，先利后义者辱"，在义利选择中，把义放在第一位，坚守义的立场和原则，面对利己之物，应先自问是否合义，以义定取舍，必要

① 方克立：《中国哲学与辩证唯物主义》，高等教育出版社1998年版，第196页。
② 《孟子·告子上》。

时要怀义去利；关键时刻生死关头宁愿以生命为代价来捍卫义。"利"服从"义"，强调个人的物质利益要"宜"、"适"、"得当"。① 个人应当得之正当利益尽可能给予满足；不应得之"利"则不可强求。借鉴和发扬"取利于义"、"以义为本"的传统道德规范，在财富追求思想认识方面，形成"取利有道"、"先公后私"、"舍生取义"的思想，反对见利忘义、损人利己、损公肥私的没落、腐朽的价值观，坚持廉洁奉公的为政之道，抵制和消除贪污腐败，以权谋私的不正之风，积极探索和建设适应社会主义市场经济发展要求的新型的道德规范，树立适合社会发展的财富价值观。实施"君子爱财，取之有道"的经济伦理模式，力求实现"富而有仁"的道德境界。

反对"见利忘义"。儒家思想强调义具有至上的性质，义是评判行为的主要伦理准则，反对唯利是图、见利忘义、损人利己，这也是传统伦理文化最基本的价值法则。孔子主张谋"利"的方式是"取利于义"、"见利忍义"，面对物质利益，严守"见利思义"、"见得思义"原则。"德者本也，财者末也"。② 以发展伦理视角来审视，道德价值高于物质利益。《左传》、《礼记》等经史中阐述："德、义，利之本也"、"仁者以财发身，不仁者以身发财，……国不以利为利，以义为利也"。"义"具有比"利"更高的地位和价值。孟子更是反复强调："非其义也，非其道也，之于天下费顾也，系马千驷，弗视也，非其义也，非其道也，一介不以与人，一介不以取诸人"，"如其道，则舜受尧之天下，不以为秦。"而荀子的"先义后利者荣，先利后义者辱"、"保利弃义者谓之至贼"的义利荣辱观已为大多数人所推崇。宋理学宗师"二程"则指出"利者，众人所同欲也。专欲益己，其害大炙。欲之甚，则昏蔽而忘义理；求之极，则侵夺而致仇怨。"③"利"的

---

① 方克立：《中国哲学与辩证唯物主义》，高等教育出版社1998年版，第197页。

② 蔡尚思：《孔子思想体系》，上海人民出版社1982年版，第78页。

③ 《二程集·周易程氏传》卷三。

无度索取最后只会导致仇厌、争夺等"恶"之扩张，因此，必须正确处理好求利和取义的关系。儒家义利之辨不仅为中国古代民众的行为规范作出了规定，更为中国古代社会经济政策乃至政治统治确立了价值观念与指导思想。

发扬"以义统利"反对"见利忘义"的思想，强调了"道义"的崇高性，是财富认知思想体系的要求和目标。近些年来，社会上一些人利欲熏心，唯利是图，大发不义之财，违背了"以义取利"反对"见利忘义"的原则，这是社会主义道德绝不允许的。如果说"以义取利"是主动式，那么，"见利思义"则是被动式。当面对唾手可得之"利"时，是"见利忘义"、"先利后义"、"保利弃义"，还是"见利思义"、"先义后利"？社会主义道德体系所肯定的是后者。在财富认知上，先人后己、公而忘私、助人为乐的集体功利主义，是值得称道和值得提倡的；而先己后人、自私自利甚至损人利己的个人功利主义则不足为取——这是传统"义利"思想精华绵延传承带给现代人们对财富的认知重要启示和有益借鉴。

（三）财富认知的现实观照

正确的财富认知运用与人们对待财富、发展财富的过程中，具有重要的伦理价值规范和道德约束作用。在我国，要建设全面小康社会，必须立足现实国情，符合时代要求，切合社会主义初级阶段的实际，用正确的财富认知思想来塑造人们理性追求财富的思想。

不鄙视财富。个人合法拥有财富的多寡是个人财富能力大小的体现，财富是人格尊严的基本保证。蔡元培先生曾指出："小之一身独立之幸福，大之国家富强之基础，无不有借于财。"[1]财产虽身外之物，然人之欲立功名享福利者，恒不能徒手而得，必有借于财产。[2] 蔡先生对财富作用及其

---

[1]　宏皓：《第一财富大道》，当代中国出版社 2003 年版，第 93 页。

[2]　参见宏皓：《第一财富大道》，当代中国出版社 2003 年版，第 94 页。

在人生中地位的深刻揭示，在今天仍不失警世意义。傅雷先生在家书中曾反复谆谆告诫傅聪："唯有经济有切实的保障才能维持人格的独立，""生活中物质的一面不见得比精神的一面次要及乏味，对一个艺术家而言，尤其如此"。①重视财富是人之常情，"君子不言利"实际上是否认了生活中物质与精神的结合，过分轻视财富，并不能印证生命的尊严。为此，通过财富教育强调这样的观点是意义深远的。我们对作为财富主要标志的金钱的追求，应和人格尊严、手段合法性等联系起来辩证看待。

不贪恋财富。喜爱财富本身并没有问题，但并非是金钱拜物教，以金钱为人生第一要义的人生绝对不是有价值的人生。正如叔本华早已指出的，如果一个人一味追求财富，心灵上会是一片空白。"结果是对任何其他事物的影响便麻木不仁。他们对理智的高度幸福既无能为力，就只有沉迷在声色犬马之中，任意挥霍，求得片刻的感官享受。"②享乐主义对人类的根本危害就在于对人的无形摧残和伤害，使人成为异化物化的人，被自然情欲所操纵的人，为工具理性所支配的人，丧失了生命的激情和价值，而且还会败坏人的幸福感受能力，造成危及人类生存本身的世界性危机。合理健康的幸福财富认知观提倡，人生价值在于在创造中获得财富，在获取财富中奉献，而不为金钱所奴役。

尊重财富。包括尊重他人财富和保护自身财富不受侵犯，尊重他人的财产权与尊重他人的生命、名誉同等重要。一方面要克服嫉富心理；另一方面要克服鄙视财富心理。保护自身财富要求在合理合法获得财富的同时，将私人财产作为人权重要的组成部分，不容许他人任意挥霍和侵占。在尊重财富方面还有重要一点，就是爱护社会公共财富的意识，要有捍卫公共财富的勇气和正义感。公共财富是国家财富、集体财富，是全体社会成员共有的财富，它是我们每一个人，通过一定的社会调控手段而聚结的

---

① 宏皓：《第一财富大道》，当代中国出版社 2003 年版，第 97 页。

② ［德］叔本华：《作为意志和表象的世界》，石冲白译，商务印书馆 2004 年版，第 78 页。

劳动成果，不珍视公共财富，就是不珍视自己的劳动和他人的劳动，就是对我们每一个社会成员劳动成果的践踏。

二、财富生产：可持续性发展

（一）发展的"可持续性"原理

"可持续发展"（Sustainable Development）是 20 世纪 80 年代提出的崭新概念，世界环境与发展委员会在《我们共同的未来》（1987）报告中，首次阐述了"可持续发展"的概念。报告指出，"可持续发展"就是要在"不损害未来一代需求的前提下，满足当前一代人的需求"，是人类对发展认识深化的重要标志。"可持续发展"的核心是发展，其要求是在保持资源和环境永续利用的前提下实现经济和社会的发展。"可持续发展"涵盖人、社会、自然三者的共同和协调发展。法国经济学家佩鲁在 1983 年出版的《新发展观》一书中提出的综合发展观，其本质就是可持续发展理论。"这种发展观是整体的、综合的和内生的。"①"综合的"发展在于应该使各个部门、地区与社会阶级之间增强内聚力。"内生的"发展则在于发展不仅是社会经济的发展，也是人的发展和健康人格的形成过程，而"整体性"则强调人类与各种外界事物的和谐共同发展。

发展伦理的可持续性原则是在"可持续发展"理论基础上建立起来的，其基本观点是，明确当今时代的社会发展是"发展"与"可持续"的有机结合，发展主体应以持续的、长远的获利作为社会发展的一个重要衡量标准，在发展进程中要有一种"前瞻性意识"，要将今天的和明天的发展在实践进程中有机统一起来。"可持续性"要求发展（特别是经济发展）建立在既满足当代人的需求，又不对后代人满足其自身需求的能力构成危害的基础之上，其伦理诉求在于"发展"的时间维度和人类整体维度。发

---

① ［法］弗朗索姆·佩鲁：《新发展观》，张宁、丰子义译，华夏出版社 1987 年版，第 11 页。

展伦理学把人类的可持续发展作为最终目标，突出了整个人类可持续发展的重要性。克服了以个体人的发展和现世生活的满足为目标的传统伦理学的缺陷，正确解释了人类与自然界之间应为相互协调发展的"伙伴关系"，人类应当保护生态环境，与自然及其存在物和谐相处。可持续发展规则把环境与发展的关系问题前所未有的高度，目的在于协调当代人和后代人的永续发展。

1. 对自然的伦理定位

1962 年，美国女生物学家蕾切尔·卡逊发表了轰动全世界的环境科普著作《寂静的春天》，首次引起了人类对轰轰烈烈的经济发展与保护生态环境关系的高度反思。而后在 1972 年，美国著名学者 Barbara Mard 和 Rene Dubos 的著作《只有一个地球》问世。这两本极具代表性的著作把人类对生存与环境的认识推向可持续发展的新境界，成为发展伦理研究生态问题的发轫之所，随着研究的深入，发展伦理根植于对人类可持续发展的视角提出需要人类迫切反思的问题：发展天然合理吗？能够做的就应当做吗？经济增长是无限制的吗？而发展伦理将这些问题归结为一个问题：人对自然的索取与改造是无限制的吗？

发展伦理以上的反思追问是在批判传统伦理学的缺陷后提出的，传统伦理学的谬误观点主要在于，认为伦理主体与伦理客体或伦理对象都是人，人与人的关系问题构成伦理学的全部内容，而人与自然的关系却完全被排除在伦理之外。因而传统伦理学认为人类对待自然的实践行为是天然合理的，是无须进行评价的。传统伦理学的思想运用，引发人类对自然的无限扩张和野蛮征服，表现为一种极端的人类中心主义的人道主义。发展伦理批判指出，建立在这种人道主义基础上的传统伦理学是蔑视自然、消解自然的。这种人道主义和以此为根基的传统伦理学的实践后果就是"自然之死"。

人类生存的悖论是：人类生存具有两难境地，人不改造自然就不能生存，但人类过度地、无约束地改造自然，最终人也不能（持续）生存。发展伦理对于解决当代人类面对的生存悖论和困境具有重要的理论和实践意义。发展伦理认为，自然物不仅具有"消费性价值"，而且还具有"环境价值"。"环境价值"是一种"存在性价值"和"非消费性价值"。因为"环境价值"是不可以和物质资料一样被消费掉的。自然界的这两种价值都是人类生存所必需的。但在人类的实践中这两种价值常常相互冲突，我们的实践行为之所以造成对环境的破坏，就是因为我们在无限制地消费自然界的"消费性价值"的同时，把自然界的"非消费性价值"也毁灭掉了。因此，发展伦理提出的解决途径是：承认和确定自然界具有"自在的存在"而不是"属人的存在"、"为我的存在"，要变无限制、无约束、无规范的人类消费行为为有限制、有约束、有规范的消费。发展伦理立足于人类的生存利益确立了评价自然界的价值尺度，避免了生态价值观不能从"是"中推导"应当"的理论困境，又消除了传统价值观否定自然物具有环境价值的错误，为保护自然环境提供了价值论的根据。发展伦理将人与自然的关系纳入到人类生存发展的人际关系中，从而获得伦理的真实意义。

2. 对技术的伦理定位

发展价值反思和批判的焦点之一还在于技术发展是否符合人类的生存问题。技术的发展无疑带来了人类财富的剧增，而同时也带来了"机械的人"、"麻木的人"，发展的可持续性理论认为，技术是财富创造的手段，其终极目的在于人的发展和幸福。按照赫伯特·马尔库塞（Herbert Marcuse）的说法，人应该生活在自身本质的生存状态，但是，发达的工业社会本末倒置，把人当作可以支配的工具，凭借运用技术不断满足人的新需要来消解人对意义的追求，所以技术社会对人是一种工具主义化的摧残。在技术高度发达并以此为标志的当代，技术似乎赋予人财富生产以"无所不能"的实践能力，致使人类赖以生存的整个生态系统失衡、资源匮乏，从而危及了人类的生存。在实践中人"能够做"与"应当做"的对立和冲突就日益突显出来。

　　发展伦理在马克思主义人类生存和发展的社会历史观的基础上来理解财富生产的本质，它将人类社会历史定位在人类为了生存和可持续发展的历史选择上。这样的原则是人的尺度和历史的尺度相统一的选择。"动物只是按照它所属的那个种的尺度和需要来建造，而人懂得按照任何一个种的尺度来进行生产，并且懂得处处都把内在的尺度运用于对象。"①马克思所说的"生产"和"构造"实质上阐释了技术是人类社会历史的、是与自然和人的本质有机统一的观点。海德格尔（Martin Heidegger）也从词源学、人类学和历史生存论等方面对作为财富生产重要手段之一的技术的本质进行了深刻的阐述，"现代技术的本质把人发动起来，领他踏上揭示之路；通过这种揭示，实在的东西多少有别地变成'定位—储备'。我们称最先领人踏上揭示之路的此一遭送着'聚集'（aversammel deschicken）为'天命'（geschick）。历史的本质即取决于此一天命的展开。"②海德格尔定位于在人类生存的历史观基础之上的技术本质观，与马克思主义的唯物史观的技术观相符。海德格尔所谓的"技术之危险"，是指人在通过技术来处理人与自然状态和关系时，遗忘了人的此在的"无蔽状态"，丧失了本原的生活世界。他提出要以一种哲学特有的方式——追问（此方式乃思之路）来重新寻找生活世界，在现代技术中起支配作用的解蔽乃是种促逼（Heraus fordern），而"此种促逼向自然提出蛮横要求，要求自然提供本身能够被开采和贮藏的能量。"③促逼的方式中，人摆置（stellen）着自然，并订造（bestellen）着自然，而摆置聚集起来，就是"座架"（Ge-stell）。海德格尔所阐释的正是人在被技术所奴役时，要求重新"回到生活世界"的现代性境遇，这与发展伦理的初衷是一致的。发展伦理是回到发展的伦理学前提，并从现代性境遇出发来提出发展问题，而不仅仅是对既定的发

---

① 《马克思恩格斯选集》第1卷，人民出版社1995年版，第47页。
② ［德］海德格尔：《人，诗意地安居》，广西师范大学出版社2002年版，第108页。
③ 孙周兴：《海德格尔选集》，三联书店1996年版，第933页。

展手段的修补。

发展伦理认为，技术的实质在于要体现对人类生存和可持续发展的价值关怀，正是因为这样的选择才使得人类所采取的是与动物有别的、通过生产劳动和实践得来的实现生存、进化和可持续的生存方式。在这样的意义上，技术最根本的本质就体现在，它是一种为了满足人作为种类的生存和可持续的、价值观的、伦理观的目的性活动，是人的生存方式的本质特征，也是人类主体创造自身的生存环境能力的延伸和外化，是实现人类自身价值的展现过程，是人类自身创造性的体现。

3. 对"人"的生存关怀

对人的生存关怀是财富生产的最本质的伦理思考，关注人之生存和发展是发展伦理的"可持续性"的现实主题。

发展是为了人——这一论断本身就包含了价值追求与伦理关怀。发展最终是为了人——这一目的本身就决定了财富生产的"为人"属性。"历史不过是追求着自己目的的人的活动而已。"[①]财富的发展目的是改善人的生存处境，提升人的生命质量，促进人的自身发展。马克思在《德意志意识形态》中从"物质生活资料的生产"角度进行了财富生产对人的重要意义："只有在现实的世界中并使用现实的手段才能实现真正的解放。……当人们还不能使自己的吃喝住穿在质和量方面得到充分保证的时候，人们就根本不能获得解放。"[②]只有人类的财富达到了非常丰富和充裕的情况下，他才能获得丰富的物质财富和充足的自由时间去从事自己的自由活动，不再受到外在必然性的制约。自由和发展的历史活动正是以财富生产和人的发展而表现出来的人的自由的历史性生成。正如当代德国著名哲学人类学家米切尔·兰德曼所指出的："首先，人能够决定自己的行为方式，即他是创造性的；其次，他之所以是这样，就是因为他是自由的。他在双重意义

---

① 《马克思恩格斯全集》第 2 卷，人民出版社 1995 年版，第 118 页。

② 马克思、恩格斯：《德意志意识形态》（节选本），人民出版社 2003 年版，第 18—19 页。

上是自由的，即一方面从本能的统治下获得自由；另一方面，又在趋向创造性的自我中'走向自由'。"① 发展伦理致力于为人的生存和发展提供现实的价值引导和精神支持。现代工业社会财富发展的现实已经表明：这是一个价值理性被严重扭曲的社会，社会生活的崇高生存意蕴已经丧失。在工具理性支配下，人们的经济行为和社会发展的要求愈来愈悖离。发展伦理"可持续发展"理念基于对科技进步与工业文明给人带来的本质异化的理性反思所做的对人格价值的关怀，这种关怀是一种基于无价值中心的、无规范标准的、全球性的、平等的人格关怀，发展伦理致力于实现至真、至善的价值体现，这种对"人性"的关怀与对"物"的保护是协调一致的，"可持续性"财富生产理论是对发展的过度悲观论与发展的过度乐观论的修正和超越。

发展伦理关注、研究人生的根本性和总体性问题，包括人的本性和人性、人的价值和尊严、目的和追求，其轴心问题即是人如何生活得更好的问题。发展伦理视域中的"可持续"财富生产观对人的生存关怀要求：其一，对人的财富现实生活的优化。财富生产首先要满足人的生存需求，与此同时，发展伦理关注的是"人应当是什么"或"人应当怎么做"而不是关注"人是什么"或"人能是什么"。其二，对人的财富生产环境（自然生存环境与社会生存环境）的优化。发展伦理重新评价、规范和约束人的财富主体性活动，它为主体和主体活动划定一个合理的界限，把人的财富生产发展和人的主体性活动限制在一定的限度之内，即限制在自然生态系统和社会系统的自我修复之内，以保持自然生态系统的稳定和平衡。同时要求财富生产还要保持个人与他人、个人与社会、人类与自然宇宙的协调和平衡发展。

---

① ［德］米切尔·兰德曼：《哲学人类学》，阎嘉译，贵州人民出版社1988年版，第227—228页。

（二）"可持续"财富生产的现实观照

财富生产的"可持续发展"理念要求我们在财富生产中关注财富与人、财富与环境的可持续发展，和谐共生是可持续财富生产观的现代伦理诉求。

树立"财富生产的为人性"理性财富生产观。发展伦理学的财富生产以人为价值标向的思想，要求无论是财富生产过程必须首先必须保证人的身心健康。不能保证生产者的安全和身心健康的生产经营活动，以及损害人的身心健康的产品都是非正义的。诚信、人本等等是人们在创造财富的过程中所应具有的德性。

财富主体对财富创造的理性认识，也是财富为人性的体现。美国清教徒约翰·卫斯理（John Wesley）所说的创造财富的人"Gain all you can, save all you can, and give all you can"（尽你所能去赚钱，尽你所能去省钱，尽你所能去奉献）可以成为当代财富创造的动力。以约翰·卫斯理所言的资本精神去创造财富、追求财富、爱护财富与使用财富，领悟财富创造背后的神圣动机和崇高使命。在财富的"来路"—"去路"、"从何处来"—"到何处去"、"取之道"—"用之途"的循环中形成理性合法创富的观念，促进社会财富生产的良性发展。

树立财富生产的环境保护意识。如前所述，发展伦理一再强调，对于自然，人类不可为追求经济的片面发展而肆意妄为，相反要把"天道"、"物道"与"人道"原则有机结合起来，自觉规范自己的财富生产，把节约资源和保护环境看成是最高的"善"，把挥霍性消费自然资源的行为看成是最大的"恶"。现代人类在"知识—机器—市场"的经济体制下，以"征服自然，改造自然"的意识在工业文明所及的范围内进军大自然，"解决"人类生存问题。短期内虽然获得了财富增长，但是所付出成本的巨大已是有目共睹。恩格斯早在19世纪就非常有远见地指出："但是我们不要过分沉醉于我们对自然的胜利。对于每一次这样的胜利，自然界都报复了我们。每一次胜利，在第一次确实取得了我们预期的结果，但在第二步和第三步都有了完全不同的出乎意料的影响，常常把第一个结果又取消了。"①
这种报复，从早期人类生存环境的局部恶化，发展到今天温室效应、臭氧
层破坏、水土流失、草原森林退化、自然灾害频繁发生等为标志的人类赖
以生存的整个生态系统的危机。

　　人类理性具有有限性的本质特征，因此，我们要以"敬畏"的态度
对待大自然，防止人类在大自然面前陷入"自负"甚至"狂妄"。人类发
展不能理解"与天斗、与地斗"，以达到"战胜控制自然"、"获得最大财
富"的目标。这样造成的恶果日益凸显，人类必须以"理性"态度和行动
去避免之。财富生产"可持续发展"是人类"理性"反思的成果，可持续
发展的包容能力在于两个方面：第一，"可持续"的界定是在"生态可持
续能力"（Ecological Sustainability）意义上。能被主张"生物具有内在价
值"的生态中心主义者和主张"生态系统健康"（Ecosystem Health）的人
类中心主义者同时接受。第二，可持续发展的"发展"是建立在"生活质
量"（Life Quality）基础之上的。"生活质量"既有经济、社会，又有物质、
精神、文化、生态环境等等多元指标。一定意义上，生活质量意义上的发
展和环境保护的双赢，正是发展伦理所追寻的财富生产方式。因此，财富
生产过程中要明确两种关系：一是个体与类之间的关系是整体和个体的轻
重关系。个体的利益应当被置于人类整体利益统摄之下，人类整体的可持
续生存才是评价和规范个人行为的最高尺度；二是当代人和后代人的关系
是代际和谐关系。在当代人与后代人之间，当代人应当只使用属于自己的
那部分资源，保护子孙后代赖以生存的自然环境，从而保证子孙后代的生
存权利。三是发展是追求人与自然和谐的发展，这才是"整体真正发展"。
在发展中，既要关心保护大自然又要关心促进经济公平，既要追求人类自
由又不能以牺牲环境为代价。

---

① 　恩格斯：《自然辩证法》，人民出版社 1971 年版，第 158 页。

三、财富分配：公平正义

发展的"公平"、"正义"是财富分配的哲学理论基础，达到"效率"与"公平"的辩证统一、实施适当补偿原则是财富分配的现代伦理诉求和现实路径。

（一）公平与正义是发展伦理财富分配的哲学基础

财富分配的正义性，即财富是如何进行合理配置的，"公平、正义"是发展伦理的核心价值观范畴。

"公正或正义"是人类最古老最基本的伦理学基础范畴，2002 年增补本的汉英双语《现代汉语词典》中把"公正"解释为"公平正直，没有偏私"，其对应的英文单词为"Just"、"Fair"、"Impartial"；"正义"解释为"公正的、有利于人民的"、"正当的或正确的"，其对应的英文单词为"Just"、"Righteous"、"Correct"。从词源上说，正义一词来自古希腊语的 Dike，它的词根 Deiknumic，意指"我表明"、"我指出"，指划分、划定出来的东西。尽管英语中"公平、正义"有 Justice、Impartiality、Rightness、Fairness、Correctness 等多种表述，但其意思相近，均表示公正、正确、公平之义。通常我们用正直、正当、公正来表示个人的德性，用公平正义来表示社会的制度、体制、政策的德性。而公平正义连结起来理解，就是指在解决社会个体之间、群体之间以及个体与群体、个体与社会之间的利益关系上，体现公正、正义的原则和精神，使权利和义务相统一，每个人都能各尽其分、各得其所、各得其值。

在伦理思想史上，一直贯穿着对"公平、正义"范畴的研究，其中也涉及到很多财富正义问题的研究。古希腊思想家柏拉图对正义的理解建立在社会公益的立场上，他认为，一个能够促进全体公民的最大幸福的城邦就是正义的城邦，而这个城邦据以建立的原则一定就是正义的原则。"我们建立这个国家的目标并不是为了某一个阶级的单独突出的幸福，而是为了全体公民的最大幸福；因为，我们认为在一个这样的城邦里最有可能找到正义，而在一个建立得最糟的城邦里最有可能找到不正义。"①柏拉图认为，在城邦或国家社会中，平等实际上具有两个方面的内容，即对于不同的人给予不同对待的平等和对所有人一视同仁的平等。因此，他主张一个城邦或国家政体应该同时体现平等的这两个方面。亚里士多德在《尼可马克伦理学》（*The Nicomachean Ethics*）中的公平范畴包含了全部最基本的美德，"所谓公正，它的真实意义，主要在于平等。"②"公正是一切德性的总汇。"③"不公正分为两类，一是违法，一是不均，而公正则是守法和均等。"④ 亚里士多德把平等意义上的公正称为"部分的公正"，即在具体行为与活动中的公正。分配上的正义是其平等意义上的正义的主要方面，即根据一定标准或比例在政治共同体成员间分配财物、名位等。在亚里士多德看来，社会财富的分配遵循着正义原则。在具体执行时"一类为其数量相等，另一类为比值相等。'数量相等'的意义是你所得的相同事物在数目和容量上与他人所得者相等；'比值相等'的意义是根据各人的真价值，按比例分配与之相衡称的事物。"⑤ 因此，分配正义的实质就是各得其所应得。对分配中正义的破坏或违背，要通过矫正来实现其平等，"正如对一条分割不均的线段，他从较长的线段取出超过一半的那一部分，增加到较短的线段上去，于是整条线就分割均匀了。"⑥

约翰·穆勒（John Stuart Mill）将正义与功利结合起来进行理解，他

① ［古希腊］柏拉图：《理想国》，郭斌和等译，商务印书馆 1986 年版，第 133 页。
② ［古希腊］亚里士多德：《政治学》，吴寿彭译，商务印书馆 1997 年版，第 153 页。
③ Aristotle, *The Nicomachean Ethics.Translated with an Introduction by DAVID ROSS*, Revised by J.L.ACKRILL and J.O.URMSON: 108.
④ Aristotle, *The Nicomachean Ethics.Translated with an Introduction by DAVID ROSS*, Revised by J.L.ACKRILL and J.O.URMSON: 110.
⑤ ［古希腊］亚里士多德：《政治学》，吴寿彭译，商务印书馆 1997 年版，第 234 页。
⑥ ［古希腊］亚里士多德：《亚里士多德选集·伦理学卷》，中国人民大学出版社 1999 年版，第 109—110 页。

在《功利主义》一书中写道："基于功利之上的正义标准乃是一切道德的主要部分，而且绝对是最神圣最具约束力的部分。正义实是一类道德规则的名称，这类道德规则就人类福利基本要素而言要比其他任何生活指导规则具有更加密切的关系，因此具有更加绝对的义务。"① 穆勒的正义概念中包含平等的主张。他指出假如没有更高的义务禁止我们的话，我们必须将同等的好待遇给予一切应受我们同等的好待遇的人，社会必须对于一切应受社会同等好待遇的人（就是绝对地应受同等好待遇的人）给予同等的好待遇。即是说，应给每人以他应得的，以善报善，以恶止恶，那么，努力都应该尽量归向于这个标准。为了更详细地论述对于正义的认识，穆勒还提出什么是"应得的正义"和"无偏私的正义"。"应得的正义"在于每个人得到他应得的东西（利或害）为公道，反之，则为不公道。而"无偏私的正义"是在不应有私恩偏爱的事情上抹杀别人，专给某个人好处，这也与公道不相容，而与无私相联系的是"平等"，即对于一切人的权利要给予平等的保护。② 美国学者华尔泽（Michael Walzer）提出"多元正义论"，他依据现代社会领域的区分原则，认为现代社会非正义的发生，不仅来自政治权力的"宰制"，也来自于私人财富、金钱对社会各个领域的渗透与威胁，维护正义就必须保护各个领域独立的"分配正义"，从而实现整个社会的"复合正义"。此外，乌尔庇安（Domitus Ulpianus）、托马斯·阿奎纳（Thomas Aquinas）、麦金太尔（Alasdair MacIntyre）等人都将"公正、正义、公平"作为社会治理的最重要道德原则。当代正义问题研究

---

① ［英］约翰·穆勒：《功利主义》，徐大建译，上海人民出版社 2008 年版，第 60 页。
② 尽管穆勒将功利原则视为道德的第一原则，公平原则是由此演化和引申出来的最重要的次级原则。但他仍然肯定正义的重要性，基于正义并不是一个人可以用内省来确认的独立于功利的道德标准而是对于安全的需要而产生的与分配（利益、好处以及惩罚）密切相关的一个概念，正义标准必然具有多义性，只有最终诉诸社会利益才能确定其具体意义，正义最简单的标准是平等。参见约翰·穆勒：《功利主义》，徐大建译，上海人民出版社 2008 年版。——作者注

最重要的伦理学家代表之一，美国哲学家罗尔斯（John Rawls）在其著作《正义论》中开篇即指出："正义是社会制度的第一美德，正如真理是思想体系的第一美德一样。"[①]把正义看成是社会制度的首要德性，认为一种社会制度不论如何有效率和有条理，只要它是不正义的，就应当加以改造或废除。亚当·斯密（Adam Smith）在体现其伦理道德思想的《道德情操论》一书里提出，如果一个社会的经济发展成果不能真正分流到大众手中，那么它在道义上将是不得人心的，是有风险的，因为它注定要威胁社会稳定。

发展伦理以实现人的发展、幸福为目标的"公正""正义"财富分配，与和谐社会的发展目标实现"公平正义"具有共同之处，古今中外"正义"经典理论，对于财富分配公正意识的形成，对于改革创新和既定目标的实现，无疑具有深刻的启发意义。在发展伦理视野中，发展的好处应当惠及所有的社会，惠及社会上的每一个人，这就包括了社会财富的公正分配。发展伦理学家德尼·古莱还明确提出如何分配财富，古莱认为为所有人提供基本需要应优先于满足少数特权阶层的任意需求，因为经济发展是伴随着社会代价的，但是，如果这种代价是使"发达"成为了少数人的特权，贫困成为了多数人的命运，"发展"就会成为吞食千百万活人的当代莫洛克神（古希腊传说中的毁灭之神）。在发展伦理视域中，没有公平正义的社会，是不道德的社会，公平正义是财富分配的核心价值和道德要求。

（二）财富分配正义的现实观照

财富分配主要有三种形式：市场是分配的第一个层次，按贡献来分配社会财富，目标是经济效率，是程序正义；国家分配是第二次分配，根据差别的分配原则来对社会不利者进行补偿，通过各种财政制度和社会保障制度来缩小贫富差距，是制度正义，追求社会公平；社会分配是最后一个

[①] ［美］约翰·罗尔斯：《正义论》，何怀宏等译，中国社会科学出版社1988年版，第1页。

层次的分配，是对前面两个层次的补充，实行利他原则，是道德正义。因此，根据当代市场需求，发展伦理倡导的财富分配公正观讲求公平又兼顾效率的辩证统一，并且适当补偿弱势群体的应得利益。

1. 效率与公平的辩证统一

效率与公平是财富分配中的核心范畴。一直以来，效率与公平问题都是发展的内在悖论。经济发展中无法回避的首要问题之一就是效率与公平之间的矛盾，当我们从经济伦理视角倡导效率价值观的同时，不可否认地出现了公平的缺失问题，经济伦理无法单独面对这种悖论。然而，从发展伦理的视角对其进行新的诠释，则有助于经济伦理难题的解答。效率与公平不是必然分离的，追求效率与公平的和谐兼容是发展伦理学的使命。

效率是如何界定的？意大利经济学家维弗雷多·帕累托（Vilfredo Pareto）在 1906 年出版的《政治经济学教程》中首次明确提出效率概念并加以界定。帕累托力图证明：完全竞争的均衡能够导致资源的有效配置。因此，经济学一般把效率称为帕累托效率或帕累托最优状态。帕累托效率实际指的是资源配置的最优状态，其实现需要一系列严格的前提条件，核心则是完全竞争的市场体系。但至今为止，市场经济还未出现过理想的完全竞争状态。萨缪尔森指出："实实在在地说，毫无疑问，绝对的有效率的竞争机制从未出过，将来也不会出现。"① 因此，帕累托效率采用的是一种抽象的静态分析方法，它不是在经济过程中形成而是在过程之外预设的一种状态。在现实中，这种状态不可能真正实现。此外，20 世纪 60 年代美国经济学家阿瑟·奥肯（Arthur M.Okun）有关效率的论述也颇具代表性。他指出，"效率意味着从一个给定的投入量中获得最大的产出。所谓效率，即多多益善。但这个'多'，须在人们愿意购买的范围内。"② 这表明，在

---

① ［美］萨缪尔森、诺德豪斯：《经济学》，胡代光译，北京经济学院出版社 1996 年版，第 547 页。

② ［美］阿瑟·奥肯：《平等与效率——重大的抉择》，王奔洲译，华夏出版社 1987 年版，第 2 页。

人类的社会生活中，效率还内在地包含着价值标准和道德规范的含义，并不是任何投入与产出都有"效率"，都能满足人们正当的物质和文化生活需要。

效率与公平都是人类经济活动追求的目标，西方一些经济学家们将二者的关系诠释为"鱼与熊掌"的关系或"斯芬克司之谜"，甚至视协调二者关系的解决方式为经济伦理的"哥德巴赫猜想"。结合经济学家观点，发展伦理认为，发展中的公平是社会每个成员"得其应得"，公平是发展的一个价值杠杆。要求社会以公正的态度来对待每一个社会成员，它包括起点公平、过程公平和结果公平。效率是人类生活的一个前提性概念，是人类物质生产的主要目的，追求效率最大化是人类发展内在的经济规律。效率是发展的内在要求，发展是效率的应有之义。效率与公平是矛盾的统一体，二者相互联系、相互制约，在不同的历史条件下，矛盾的内涵也不同。总体说来，效率与公平成正比例关系。一般情况下，一个有效率的社会，其资源配置、管理运作机制应该是公平的；而一个公平的社会，其资源一定能得到充分调动，人的创造性也能够得到最大限度地发挥。在此，效率的提高有助于公平的实现，社会的公平也有助于效率的提高。

公平作为价值理性目标，效率作为工具理性目标统一于社会的发展目标之中，二者具有内在统一性。经济增长、效率提高等工具理性目标终究只是为社会公平与人的全面发展等价值理性目标服务的手段。公平是效率要取得的结果和目的，效率是达到公平的路径和方法；公平是促使效率不断提高的前提和保证，效率是实现公平的物质条件和基础；公平有利于效率的提高，效率也可进一步促进公平的实现；公平是社会发展的总的价值取向，二者辩证统一于社会发展过程之中，是经济社会发展相统一的两个方面，缺一不可。作为人类文明和社会发展所追求的双重价值目标，公平与效率是目的和手段的有效结合，呈现出变动方向一致的、相谐相长的正相关关系。它们在人类社会发展的过程中都是紧密结合，一起发挥作用的，处理得当，二者可以相得益彰，共同推动人类社会的发展。因此，应在公平中注入效率，在效率中注入公平，以达到公平与效率的内在统一。物本财富观观以效率遮蔽公平，以牺牲公平换来生产力的高效率。社会上的贫富悬殊越来越明显，收入的分配越来越不公等等，滋生出"为富不仁"、"均贫富"的心态，导致"仇富"心理的爆发。

看待效率与公平二者在财富分配上的关系，效率与公平是财富分配平衡杠杆的两端。在社会生产力落后、人们的整体生活水平相对低下时，"公平"可能会更倾向于效率一些，但它势必不能偏离平等太远，否则就会大大影响生产力中人的劳动积极性，从而使得效率也随之降低；当社会生产力进步、人们的总体生活水平较高时，人们会更多地要求平等，但这时也不能一味地追求公平以至于偏离"效率"太远，否则，没有效率的所谓人类平等关系会直接导致人类赖以维持生存的物质基础丧失。因此，社会主义市场经济在运行中要最大程度地把握好"度"，实现效率与公平的和谐统一。

"社会主义要实现的效率是'兼顾公平'并以实现公平为目的的效率，社会主义所要实现的效率是'兼顾公平'并以实现公平为目的的效率，社会主义所要实现的公平是以效率为基础的公平和有效率的公平。"[①] 因此，社会主义市场经济既要公平也要效率。无论是机会公平，还是结果公平，与效率的提高都具有一种内在相关性。在这里，"效率"已被赋予了伦理道德的意义，我们要提倡和发扬的，必须是那些有利于人及人类社会生存和发展的效率行为。"注重经济效率与维护社会公平相协调"的原则，以牺牲效率来换取公平或者以牺牲公平来换取效率的做法都是不符合经济伦理原则的。此外，我们在强调起点公平和机会均等的同时，要避免个人之间、地区之间、部门之间因收入分配差距过大造成贫富悬殊的两极分化。"正义是社会制度的首要价值，正像真理是思想体系的首要价值一样。"[②]

---

① 厉以宁：《经济学的伦理问题》，三联书店 1995 年版，第 120 页。

② [美]约翰·罗尔斯：《正义论》，何怀宏等译，中国社会科学出版社 2001 年版，第 3 页。

社会财富朝着以效率为前提的相对公正的方向发展，按照人的贡献和能力获得相对合理的分配，使社会成员之间融洽、和睦相处，社会矛盾降低到最小程度，增加人们的幸福感受。

2. 适当补偿原则

发展伦理认为，要达到"公平""正义"的财富分配还必须通过制度安排和创新，关注和救助社会弱势群体，并使满足最贫困人民的基本需求成为优先安排，来实现社会的公平和正义。巴西经济学家塞尔索·富尔塔多说，"如果少数人的自由必须以多数人的贫困为代价，我们可以相当肯定地说维护自由的可能性几等于零。"① 当"发达"成为了少数人的特权，而"不发达"成为了多数人的命运时，当少数人的自由是以多数人的贫困为代价时，我们就失去了共同生活的可能性。

财富分配对弱势群体适当倾斜，是人性关怀的体现。罗尔斯的正义理论中财富的分配正义思想对我们弱势群体的合理补偿具有重要启迪，"所有的社会基本益品——自由与机会、收入与财富、自尊的基础——都必须平等的分配，除非对某一种或所有的社会基本益品的不平等分配将最有利于最小受惠者"。"社会和经济的不平等应当这样安排，以使它们：（a）在与正义的储存原则一致的情况下，适合于最少受惠者的最大利益"，"所有社会的基本善——自由和机会，收入和财富及自尊的基础——都应被平等的分配，除非对一些或所有社会基本善的一种不平等分配有利于最不利者。"② 实际上，这个正义的一般的观念是罗尔斯正义理论最基本的部分。因此，罗尔斯的正义观念的核心是平等，或者说是"公平的正义"。罗尔斯认为只有一种不平等是合乎正义的或者说是公平的，那就是他的差别原则（补偿原则）所表述的"要使最少受惠者获得最大的利益"的思想。罗

---

① Elso Furtado,"Brazil: What Kind of Revolution ?" in *Economic Development: Evolution or Revolution*, Laura Randall, ed.,Lexingtongton, MA: D.C.Heath &Co.,1964, pp.36-37.

② ［美］约翰·罗尔斯：《正义论》，中国社会科学出版社 1988 年版，第 303 页。

尔斯试图通过差别原则达到补偿的目的，即给那些社会中由于种种原因较少受惠的人们以一定的补偿，以使所有社会成员尽量保持在出发点方面的平等从而缩小贫富差距，这种分配正义思想是新型财富分配进行适当补偿的重要思想来源。因此，何怀宏先生评价罗尔斯的理论"反映的是一种对最少受惠者的偏爱，一种尽力想通过某种补偿或再分配使一个社会的所有成员都处于平等地位的愿望。"①

在我国，社会财富从根本上说是产生于社会合作，作为社会的组成部分的每个人无论受惠多少都参与了合作，只有通过差别原则补偿较少受惠者的利益，才能确保长期的公平合作。发展伦理借鉴罗尔斯理论精髓，形成财富分配关注最少受惠者利益的公平观念。在强调正义社会制度是平等的制度的前提下，罗尔斯还提出出于以下理由而要特别关注"最少受惠者"：这些人之所以受惠最少，往往是由于一些个人无法选择和应对偶然性因素影响的结果。影响公民生活前景有三种偶然性：他们所出身的社会阶级——社会偶然性，他们的自然天赋——自然偶然性，他们在人生过程中的幸与不幸、好运与坏运——幸运偶然性。罗尔斯认为，这些偶然性的因素正是一个正义的社会制度必须消除的"交易优势"。

政府再分配的方式有利于差别补偿。政府再分配的立足点是弱势群体，补偿目的在于平等地对待所有人，提供真正的平等机会。"如果没有政府的调控，无管制竞争所带来的收入的随意性分布，就像在丛林中动物依靠暴力来捕获食物的后果一样。"② 为此，政府必须更多地注意那些天赋较低者和出身于较不利社会地位的人们。给那些出身和天赋较低者以某种补偿，以缩小他们与出身和天赋较高者的人们在起点上的差距。政府再分配根据差别的分配原则来对社会不利者进行补偿，是一种制度正义，体现

① 转引自罗肖泉：《践行社会正义》，社会科学文献出版社2005年版，第60页。
② [美]保罗·萨缪尔森、威廉·诺德豪斯：《经济学》，人民邮电出版社2004年版，第263页。

的是实质正义，主要通过税收和财政制度以及社会保障制度对分配差距进行调节缩小贫富差距，目的在于追求社会公平。

按劳分配是补偿原则的前提。要求承认富裕程度的差别，奉行等量劳动取得等量消费品原则，因劳动者之间的个人天赋、文化程度、技术程度、技术水平、工作能力的不同必然造成收入水平和生活水平的差别，造成富裕程度和富裕迟早上的差别是不可避免的，也是正常的。另外，只有采取经济的、法律的、道德的手段和实际政策措施限制两极分化，才能在社会财富和个人财富分配之间求得某种合理的、适度的均衡。正如功利主义代表穆勒从伦理道德角度上解释经济发展与人类幸福之间的关系时所说的，繁荣不仅是财富的大量生产，而且是财富的良好分配。人类进步的尺度和标准不是经济的进步和经济总量的增长，而是应该达到一个良好的状态即：没有一个人贫穷、没有一个人想比别人更富有，谁也不会担心别人抢在自己前面。[1] 而这样良好状态的社会必须而且只能运用财富分配合理补偿以实现公平正义来达到。

四、财富消费：适度中道

（一）发展的"适度"和"中道"是财富消费的哲学基础

合理的财富消费是人本财富观的重要组成部分，财富消费是以"适度"、"中道"、"中庸"、"节俭"等为理论核心而建构的。"适度"和"中道"、"中庸"和"节俭"都强调"中"和"度"，即适度、无过和无不及。

《论语》中说："中庸之谓德也，其至矣乎"。孔子以中庸为最高美德和道德实践的最高境界，孔子所阐释的中庸思想也是一种适度思想。"喜怒哀乐之未发，谓之中；发而皆中节，谓之和；中也者，天下之大本也；和也者，天下之达道也。致中和，天地位焉，万物育焉"。人们的各种情

---

[1]　刘敬鲁：《经济哲学导论》，中国人民大学出版社 2003 年版，第 37 页。

感欲望、行为活动要做到恰到好处，这样就可以达到"中"与"和"的境界，同时"中"与"和"乃是宇宙中最根本的原则，遵循这一原则，让事物平衡、和谐的发展，就可以使万物各得其位，繁荣兴旺。中庸思想还表现在适度、不走极端等方面，即"过犹不及"。孔子认为，君子之所以能达到中庸的标准，是因为他们能够在不同的场合里用"中"，使自己的行为不论何时何地都符合中庸之道，并且能够与时俱变，审时度势。"中庸之为德也，其至矣乎！民鲜久矣！""君子之中庸也，君子而时中，小人反中庸也，小人而忌惮也。"①孔子认为中庸是一种行为，是行为既不超过也无不及的合理性限度。

"节用"的财富消费思想，也是"适度"的一种体现。先秦诸子适度思想体现在关于"节用"的论述上。"节用崇俭"——孔子从个人道德伦理层面认同生活资料消费的节俭作风"君子食无求饱，居无求安"。认为俭朴的生活自有乐趣，更能保持德性，"饭疏食，饮水，曲肱而枕之，乐在其中矣。"在俭和奢之间求俭戒奢，"奢则不孙，俭则固。与其不孙也，宁固。"荀子在财富问题上主张开源节流论和节用裕民论，荀子举禹和汤为例，说他们都懂得"本末源流"的道理，所以"禹十年水，汤七年旱，而天下无菜色者，十年之后，年谷复熟而陈积有余"。"愚主"则相反，他们"伐其本，竭其源"，以致"田野荒而仓廪实，百姓虚而府库满"，"则其倾覆灭亡可立而待也。"②秦汉时期都普遍强调节奢用俭在财富积累发挥的重要性。李觏主张强本节用才能富国，他要求上层统治者首先"崇俭"、"节用"。认为"节用"的标准是"礼"，即封建等级制的标准。他说天子的生活当然不能下同匹夫，但要视具体情况而定："当其有余时，用之可以盈礼；遇于不足之际，则宜深自菲薄。"③黄宗羲则极力批判当时贵族、

① 《论语·雍也》。
② 王先谦：《荀子集解》，中华书局1988年版，第68页。
③ 李觏：《李觏集·富国策第一》，中华书局1981年版，第134页。

富人的惊人奢侈靡费，"倡优之费，一夕而中人之产；酒肆之费，一顿而终年之食；机坊之费，一衣而十夫之暖。"① 黄宗羲认为，由于这些陋俗、迷信和奢侈，最大浪费了社会财富，不"一概痛绝之"，就无法使人民富足起来。

西方的"适度"思想以亚里士多德为代表，亚里士多德所说的"中道"就是"适度、适中、执中"，是"无过无不及"的中间状态，"德性是一种适度，因为它以选择中间为目的。"②"有三种品质：两种恶——其中一种是过度，一种是不及——和一种作为它们的中间的适度的德性。"③ 亚里士多德认为，那种实在中道的生活，而且一般说来又是人人所能达到的生活，必定是最好的生活。这就是说，只有以中道充实的生活才是最高尚而又最美好的生活。亚里士多德认为在人类的情感和行为中，存在着不及、过度、中间三种状态，而唯有中间状态才值得人们称赞和追求，德性从本质上讲就是中道，寻求不及和过度两者之间的中间性，是通达幸福的正确途径。依据亚里士多德的观点，道德上的中道，是灵魂的和谐运用，过与不及只是灵魂不和谐的运用，是理性对非理性失去控制的两种极端的表现，中道是灵魂的和谐内在的根据的外在显现。在财富问题上，亚里士多德与柏拉图有相似之处，反对极度贫困或极度富裕，提倡拥有适量财富以获得优良生活的观点。认为财富是生活所必需的，是优良生活的一种善因。"优良生活有三种善因：外物诸善、躯体诸善和灵魂诸善"。"外物诸善"即"财富、资产、权利、名誉以及类此的种种事物"，"有如一切使用工具，（其为量）一定有所限制……任何这类事物过了量都对物主有害，至少也一定无益。"④"中道"则是人的情感与行为遵循理性的准则，无过无不及，应保持一种适度与和谐。亚里

---

① 黄宗羲：《明夷待访录》，古籍出版社 1955 年版，第 83 页。

② ［古希腊］亚里士多德：《尼各马可伦理学》，廖申白译，商务印书馆 2003 年版，第 78 页。

③ ［古希腊］亚里士多德：《尼各马可伦理学》，廖申白译，商务印书馆 2003 年版，第 78 页。

④ ［古希腊］亚里士多德：《政治学》，吴寿彭译，商务印书馆 1981 年版，第 41 页。

士多德把中道看作是最高的善或美德，而美德就是使人能达到至善的品性。亚里士多德反对"货殖"生财之道，认为"货殖"的目的是增加货币，因而这种财富是无限度的和违反自然的。在不反对追求正当的物质利益时，亚里士多德特别指出，财富消费一定要适度和有限度，要把握"中道"财富消费的度——这个度即为灵魂之善，并且要使灵魂善高于财富善。

其他伦理学家也有关于"适度"、"节制"的论述，比如，古希腊哲学家德谟克利特崇尚自然主义感性幸福观，重视人的物质享受和感官满足，但他同时又强调节制快乐、理性适度地追求幸福。认为过一种有节制的生活才会愉悦，满足于自己已经拥有的幸福，和不如自己的人去比较，内心会更容易满足，生活才会更幸福。姑且不论其理论在幸福界定上的局限性，但在节制的生活论述方面德谟克利特的适度思想确实具有一定的现实合理性。

"中庸"与"中道"倡导对人类欲望的节制和调节，抑制人们的欲望的无度泛滥，对于人的道德自觉起着根本的指导作用，"中庸"与"中道"的伦理展现就是"适度"。既不"过度"也无"不及"。对于财富消费思想观念形成具有重要的理论借鉴意义。

（二）适度财富消费的现实伦理向度

发展伦理的"适度"对财富消费的哲学意义是保持合理限度的消费，强调发展主体要采取一种"自律性"的行为，正确对待财富。引导人们有效节制对金钱、物质的过度追求。物质财富的消费能够引出很多问题，但归根到底在于对"度"的把握的问题，如前所述，与任何事物一样，人们对物质财富的消费应该被控制在一个合理的限度之内；也就是说，人们对物质财富的消费应该"适度"。"适度"是既反对物质财富消费的"不足"，也反对物质财富消费的"过度"。"适度"的物质财富消费建立在人们对物质财富的本质和价值进行正确认识的基础之上。每个人都有支配自己财富的自由，但这并不等于说个人消费可以没有任何限制，因为个人消费行为具有社会性。在以平等交换为核心的市场经济条件下，消费是主体以手中的货币或物质财富为媒介，与他人、社会和自然之间进行的物质交换的过程。这种交换会形成人与人、人与自然之间的利益关系，使消费从纯粹私人领域中走出，进入社会道德与法律调节的视阈。在这种情况下，消费行为不仅是个人行为，更是社会行为；不仅是经济行为，更是伦理行为。这就使得"消费在物理意义上消解客体的同时，也在社会和文化的意义上塑造着主体"①。

　　适度消费是对消费主义的解蔽。人类进入 20 世纪尤其是新技术革命出现以后，拜金主义和享乐主义大行其道。"当新教伦理被资产阶级社会抛弃之后，剩下的便只是享乐主义了。资本主义制度也因此失去了它的超验道德观。……一旦社会失去了超验纽带的维系，或者说当它不能继续为它的品格构造、工作和文化提供某种'终极意义'时，这个制度就会发生动荡。"②"一言以蔽之，现代人满足的源泉和社会理想行为的标准不再是工作劳动本身，而是他们的生活方式"③。享乐主义盛行、奢靡贪婪的社会必使人发生异化。自 20 世纪 60 年代以来，全世界许多地区特别是西方世界都走上了消费主义的道路。消费主义把物质消费作为生活的宗旨，在消费主义支配下，人所满足的需求实际上不是人的真实的需求，而是虚假的需求，是那些为了某些特殊的社会利益而从外部强加于人的需求。把对物质生活资料的需求作为人的主要的甚至是全部的需求。"适度消费"基于人类对自身生存与发展的自觉意识，赋予了不损害自然资源可持续发展的内涵，在消费上对财富行为给以合理限制。"'适度消费'强调适度节制消费需求的理性生活态度，总是值得人类尊重和坚持：它所蕴涵的节俭精

---

① 王宁：《消费社会学——一个分析的视角》，社会科学文献出版社 2001 年版，第 1 页。
② [美] 贝尔：《资本主义文化矛盾》，赵一凡等译，三联书店 1989 年版，第 34 页。
③ [美] 艾伦·杜宁：《多少算够——消费社会与地球的未来》，毕聿译，吉林人民出版社 1997 年版，第 21 页。

神，具有永恒的道德意义。"①以适度消费审视、批判和解构消费主义，能促进人们理性消费、合理消费。另外，适度消费理念能防止消费主义对人的异化。"消费"是对于"需要"而言的，因此，判断消费是否"适度"，就要从人的需要出发，要看消费者的"需要"是否"适度"，如果需要是适度的，那满足这种需要的消费自然也是适度的，否则就是不适度的。

"适度"消费有利于消除消费符号化。消费符号化一味追求炫耀性消费、奢侈消费。这种消费主要不是生理需要，不在乎消费品的实际功能，而把高档、时髦的商品当作身份、地位的标志、符号。正如斯坦福大学经济学家蒂博尔·斯克托夫斯基曾指出的，消费是上瘾的，每一件奢侈品很快就变成必需品，并且又要发现一个新的奢侈品。而适度消费能约束主体消费自觉，提高主体消费自我克制力；另外，适度消费还有利于形成合理消费心理，消除消费符号放大背离商品的实际功能，使人们对消费对象形成理性认识和理性行为。

适度消费有利于提高人们的幸福感。艾伦·杜宁在《多少算够》一书中指出，西方发达国家的高消费不仅造成了环境的巨大破坏，而且消费与幸福之间的正比例关系也变得微乎其微。②消费物欲对人的心理控制所丧失主体性快乐感问题，需要找一个合适的办法加以解决，适度消费恰恰是介乎于过度消费和拒绝消费之间的适中状态，既延长了当下生命的快乐感，又延长了代际消费的可持续时间，是人类持久消费的正确途径。

适度消费有利于形成消费"自律"（Self-discipline）意识。"适度"的伦理理性在于"自律"，消费"自律"是道德主体对自身消费约束自觉的表现，"人的消费由于放大了人的肉体的存在，放纵了精神、灵魂对人的

① ［美］贝尔：《资本主义文化矛盾》，赵一凡等译，三联书店1989年版，第67页。
② ［美］艾伦·杜宁：《多少算够：消费社会与地球未来》，毕聿译，吉林人民出版社1997年版，第122页。

生命意义的引导，人的尊严并没有得到维护，而是面临着被颠覆的危险性。"① 消费者在满足原有欲望的同时，又不断扩大自己的欲望。我们似乎看到了近代哲学所强调的"主体"，在现代消费社会中才得到了"全面体现"（这种展现本身具有变异的特质）。"自律"适度消费恰当地调解人的心底欲望，"经验已经十分充足地昭示我们，人类最无力控制的莫过于他们的舌头，而最不能够做到的，莫过于节制他们的欲望。"② 适度"不是阻塞人的基本需要与欲望，而是经过精审权度，在满足人的需求（"养"的过程）基础上，节制无度、贪婪的私欲。"③ 康德将"自律"分为两类：一是有自觉的道德意识和道德追求。这时一个人能自觉接受社会道德规范的约束，康德称之为"弱意义的自律"；二是接受了道德规范的制约并使自己的心灵与之相融相洽，道德规范的外在性转变为自我的生命形式，形成德性，康德称之为"强意义的自律"。④"弱意义的自律"或"强意义的自律"都是发展伦理倡导的适度消费要达到的道德规范。适度消费从表象上看是割舍了消费品给人们带来的短暂生理快感，但其带来的却是人类的持久消费、长期满足和持久健康。生活无度和攫取贪婪是个体和社会健康的最大威胁，为了减少和降低这种威胁，最好的办法就是利用"自律"来驾驭和调控好欲望。"自律"有助于人们明确"消费的目的是为了生存；一旦这种目的被实现，换言之，一旦'需要'被'满足'，更多的消费就失去了意义。"⑤ 反过来说，生存并不仅仅为了消费，应当还有更有意义的追寻和建设精神家园的使命。适度消费观是对刺激消费所带来的一切不良社会后

---

① 赵玲：《消费合宜性的伦理意蕴》，社会科学文献出版社 2007 年版，第 93 页。

② ［荷］斯宾诺莎：《伦理学》，贺麟译，商务印书馆 1983 年版，第 86 页。

③ 孙荫众：《摇摆于需求与欲求之间的医德立场——兼谈新节制论》，《中国医学伦理学》2006 年第 1 期。

④ 詹世友：《"自律"与"他律"的哲理辨析》，《道德与文明》1998 年第 6 期。

⑤ ［英］齐格蒙特·鲍曼：《被围困的社会》，郇建立译，江苏人民出版社 2005 年版，第 235 页。

果的矫正和纠偏。"自律"消费促进消费者本身生存和发展的同时还促进自然发展，要求把"资源和生态的边界"作为适度消费的上限，个人的消费水平应该限制在这个边界之内并要有利于促进整个人类的生存和发展。

第四节　人本财富观的价值诉求

发展内在地蕴含价值的规定性，财富发展价值诉求是内生性的伦理需求。物本的发展财富模式的价值追求是对效率的追求，对"物"的追逐。效率的提高和物质财富的增长，不仅成为物本财富模式追求的唯一价值目标，而且成为它评价一切的终极价值尺度。然而，对价值关注的匮乏，正是其缺陷性之所在。美国学者哈曼批判道："我们在解决'如何'一类问题方面相当成功，但对'为什么'这种具有意义的问题，越来越变得糊涂起来。我们的发展越来越快，但我们却迷失了价值方向。"

德尼·古莱指出，伦理学家必须对发展决策者选择的手段中隐藏的价值观中积极的和消极的内容进行现象学的"剥离"。① 从来无法从发展过程中排除价值内容，价值不是边缘性的、外在的，处于技术、经济分析之后的；相反，它们处于发展研究的核心。② 价值问题和发展问题是相伴相生的。美国发展伦理学者克拉克（David Crocker）也认为，价值问题是发展的核心问题，"在现代发展社会，需要对人的需要进行全面的价值、伦理追问，没有对'拥有什么才算够'、'对谁而言是个够'、'为了什么目

---

① ［美］霍尔姆斯·罗尔斯顿：《环境伦理学》，杨通进译，中国社会科学出版社 2000 年版，第 253 页。

② Denis Goule.t *Development Ethics at Work*［M］.Abingdon: Routledge, 2006: xxxxii.

的是个够'等价值问题的不断追求，也就没有对发展的全面把握。"① 美国发展伦理学可思波（Des Gasper）认为，价值观、伦理观是发展模式的深层依据，"发展伦理学在很大程度上是关于选择的：关于价值与策略的选择。"②

发展伦理关注的焦点是：发展的目的何在？财富的终极目标是什么？在回答这些问题的过程中，人本财富观的价值论实现了"物"转向"人"的关注，形成了以人的发展为价值目的，以幸福为终极追求的伦理价值取向。从而确立了现代财富思想自身的价值目标和伦理准则。

一、以人的发展为价值目的

现代发展价值论的主旨是，通过对现实世界的反思、批判、解构和修复，创造性地建设一个"为人的"新的价值世界；崇尚以人为本，关心人类社会的生存状况和命运，追求个人的幸福和社会的正义。一切以人的发展为根本是"为人的"新价值世界的基点，康德"人是目的"是人本主义近代发展的思想高潮，在哲学上确立了理解人与自然、人与社会、人与自身关系的基本出发点和原则。这在工具理性大行其道、人的价值和尊严遭到漠视的时代是有进步意义的。自康德提出"人是目的"以来，"为人的"价值理论不断延伸发展，而后，"人为目的"的"人道主义"、"人本主义"、"人文主义"种种以人为核心和主体的研究得到哲学和伦理学的认同并迅速成为研究的中心主题之一。

发展伦理的理性自觉是对发展自身的追问：究竟什么是发展？生产力究竟是不是发展终极的尺度？经济利益是否是发展的唯一目标？"发展"

---

① David A. Crocker and Yoby Linden. *Ethics of Consumption*[M] .Lanham: Rowman& Littlefield Publishers.:5.

② DesGasper. *The Ethics of Development*[M] . Edinburgh: Edinburgh University Press, 2004: 14-15.

必然要求一种价值理想，因而不能仅仅用复杂程度、高集成度来衡量发展程度。而发展过程所具有的价值取向，意味着这种发展必然是以人为中心的，或者说是以人为根本的。在古莱（Denis Goulet）、可思波（Des Gasper）、克拉克（David Crocker）等学者看来，人们对发展的现有态度存在深层问题，往往以追求更快更多的经济发展、物质财富为目标，具有深刻的效率中心主义、经济中心主义色彩，这种不考虑人的价值中心地位，没有伦理精神支撑的发展其本质是一种"虚假发展"，因而，他们主张一种"以人为中心的发展"，提出充分考虑并减少发展的可能代价，消除发展对人的可能伤害，充分尊重并实现人的需要、尊严、能力以及平等、自由、参与等权利。

发展伦理提出在人性层面的目标是克服异化、实现人道，重建"发展理想"。发展在于"最大限度的生存、尊重与自由"，发展的真正任务是取消经济、社会、政治和技术中的异化，实现技术理性、政治理性、伦理理性的有机统一。发展伦理学对现代西方经济本位主义的社会发展模式进行了深刻形象、淋漓尽致的分析和批判。人本财富观是对现代发展模式追求经济"无限增长"，进行"过剩性生产"和"挥霍性消费"的修正，是对依据古典经济学的"劳动价值论"理解"财富"，认定"资源无价"以经济利益的实现和增长为本位性追求，力图通过劳动的高效使用，无限地开发自然资源，无限地增加社会财富的现代西方的发展论的修正，将发展的视角转入对人的关注。关于这一点，亚里士多德在《尼可马可伦理学》中早就提过："财富不是我们所追求的善，它只是有用的东西，以他物为目的。"① 克拉克也认为的，发展伦理不仅应该关注"为什么行动"（know-why）、"如何行动"（know-how），更应该关心"能否实现"（know-whether），发展伦理研究的核心是如何实现人的自由。

---

① ［古希腊］亚里士多德：《尼可马可伦理学》，苗力田译，中国社会科学出版社 1999 年版，第 8 页。

"发展并非是天然合理的"论断，使我们对"发展"与"人自身"的关系有了更加清醒的认识。"发展"只是手段，而不是目的，只有人自身才是发展的目的，只有有利于人类的生存发展，特别是人类的可持续生存发展的发展模式才是合理的，那种把经济本位化，把生产力标准绝对化的发展模式，是把人降低为手段的发展模式，是不合理的、不可持续的发展模式。正如闵斯特伯格所言"在我们的实际生活中，处处充斥着一种可怕的强烈感受——我们的仓促、忙碌的生活已使我们失去了目标，尽管我们的效率获得了成倍的增长，但我们生活的意义却濒临危险的境地。一切事情都是溃散。"① 发展的终极目的在于不断提升和完善人性，使人获得全面发展。"必须牢牢记住，个人的发展、个人的自由，是所有发展形式的主要动力之一。"② 因此，"为了一切人和完整人的发展就理应是政治家、经济学家和研究人员一致接受的目标。"③ 人们明确意识到，经济活动的逻辑起点是人的欲望及需求，人是经济活动的主体、目的和归宿，所有财富追求行为都是为了人本身；经济是"人"的经济，经济脱离了"人"即无任何独立价值。

人本财富观的发展伦理视角中对人的发展是终极目的理解，其前提是人的发展是发展的"阿基米德点"。④ 这个说法包含有两层意义：人是可持续发展的题中应有之义；发展是人的个体发展与人的"类"的整体发展。从人学的视野审视发展伦理，发展伦理是属人的，是以人为本的。发展伦

---

① Hugo Muensterberg. *The Eternal Values* [M]，Boston and New York: Houghton Mifflin Company，1909: 4.

② ［法］弗朗索瓦·佩鲁：《新发展观》，张宁、丰子义译，华夏出版社 1987 年版，第175 页。

③ ［法］弗朗索瓦·佩鲁：《新发展观》，张宁、丰子义译，华夏出版社 1987 年版，第 4 页。

④ 古希腊科学家阿基米德发现力学的"杠杆原理"，提出"给我一个支点，我就能撬动地球。"这就是力学中的"阿基米德支点"（Archimedean point）。后来逐渐演化成为了把事实与理论统筹起来的关键点，哲学意义上是指事物的最根本出发点、中心点和最佳切入点。——作者注

理的财富观内蕴着对人的深切眷注和人文关怀。人是可持续发展的题中应有之义。可持续发展的主体是人,当然,这里的人是"完整"意义上的人、"全面"意义上的人。既不是生态中心主义对人的拒斥和消解,也不是人类中心主义对人的夸大和崇拜。发展不仅是人的个体发展,还是人的"类"的整体发展。马克思主义认为,人不仅是一种"自然存在物",还是一种"自为地存在着的存在物",即"社会存在物","人的本质并不是单个人所固有的抽象物,在其现实性上,它是一切社会关系的总和。"① 人是有思辨理性的存在者,社会性构成了人的群体本质。人本价值体现在:1.尊重人。首先要尊重人的生命,批判以人的生命为代价换取经济效益利润,换取 GDP 的高速增长的发展是一种卑劣的、无道德性的伪发展。其次,要尊重人的劳动与创造。财富不是天然的自然物,而是人们实践活动的结果,它凝聚着并物化了人们的过去活动,并指向未来的活动。再次,要尊重人的权利,切实维护和保障公民的经济、政治、文化以及其他一切正当的和合理的权利。2.为了人。要在人与物、经济社会发展与人的发展问题上,从发展的根本目的和价值取向的意义上,始终把人当作发展的目的,而不是把人仅仅当成经济增长的纯粹的手段。3.依靠人。人是社会发展的实践主体,人的发展和现代人格的塑造,是社会发展的核心动力和必要条件。完善人们的心理、态度和行为方式,与各种现代形式的经济发展同步前进,相互配合。4.提高人。把提高人的素质作为发展的根本途径。

二、以人的幸福为终极目标

依据亚里士多德、伊壁鸠鲁、斯多噶派等大师所言,终极目的是这样一种目的:人的一切行为都是为了它,而它本身却不是为了任何东西。这样,一种目的之为终极目的,正如 J.安娜丝(Julia Annas)在总结终极

---

① 《马克思恩格斯选集》第 1 卷,人民出版社 1995 年版,第 60 页。

目的概念时所指出的，终极目的必须具备绝对性（Complete）与自足性（Self-sufficient）两个条件，绝对性在这里的意思是目的之至高点或目的之中止点。"如果我欲求 A 是为了 B，而欲求 B 则只是为了 B 自身，那么，B 就是绝对的，而 A 则不是。"①终极目的的自足性是综合（Comprehensiveness）的存在，终极目的是自足的，它又必然包纳行为者的所有目的。而"幸福"本身具有这种特质：它一方面是绝对的，幸福就是其本身绝对是目的而不可能再是任何目的的手段；另一方面幸福是普遍的，是一切行为都追求的目的。

发展是为了人，但是经济发展与人自身的发展未必就服从因果律。从价值层面上看，人类最高层次的发展本质，就在于追求和实现人类的普遍幸福，因为在普遍幸福之中，不仅包含了发展的最高目标，更包含了对所有生命价值的最高肯定。因此，幸福成为了人类发展的终极目的，是人人殚精竭虑所追求的。学者赵汀阳"未经反思的伦理信念"就是幸福目的论的代表，赵先生指出，个人幸福是一种终极价值，一种"目的善"，一种不能继续分解和还原的"善本身"。对于个人，这一信念不言而喻；对于一个契约性法治社会，也应是清晰明了的价值预设。人们创造、使用财富的最终目的就是为了获得"幸福"。或者说，"幸福"是财富的为人状态达到的最高伦理高度。发展伦理从幸福的自在性和价值预测前提出发，提出幸福是财富发展的终极目标。

幸福的特性及其与生活目标的相互契合与印证决定着只有幸福才是人生的目标。恩格斯在 1874 年为共产主义者同盟写的信条草案中一语道破这个真理："每一个人的意识或感觉中都存在着这样的原理，它们是颠扑不破的原则，是整个历史发展的结果，是无须加以论证的……例如，每个人都追求幸福。"②从中西方的历史来看，除了发生异化和统治者利用政治谋取私利的时期之外，人类文明社会及其思想家和大众一般都把幸福作

① Julia Annas，*The Morality of Happiness*，New York Oxford University Press, 1993, pp.40-41.
② 《马克思恩格斯全集》第 42 卷，人民出版社 1979 年版，第 373—374 页。

为自己的终极目标，而且随着人类社会的进步，这种意识越来越明确和自觉。人类是自己幸福的主人，人类一切活动的终极目的只是为了自身的幸福。亚里士多德认为幸福不是一般的善，而是集众善之大成，是最高的善，是终极的善，即"至善"。只有幸福，"我们永远只是为了它本身而选取它，而绝不是因为其他别的什么"。① 费尔巴哈也认为生活和幸福本身是一体，一切追求都是对于幸福的追求和向往。幸福是人类所有活动的终极目的，作为财富发展的价值指向，它的终极价值的特性包含两方面：其一，它为社会财富发展确立一种理想性、有发展引导力的价值理想，是人类存在和财富发展的理想状态的价值呈现。幸福具有最高价值，它决定财富各个方面、各种活动是否具有价值及其价值的大小。其二，幸福是评价财富价值的最终评判和尺度，是财富价值的汇集点和最高理想及终极标准。幸福作为人生的终极价值、终极意义是财富发展是否能够持续的终极原因。于是，财富发展就有了自己价值和意义的寻找和追求。幸福是一种抽象的价值，是价值的总体，是一种变动的价值；它并不为任何人完全拥有，但几乎所有人都承认它的存在并努力追求它，"按意义治疗法的基础而言，这种追寻生命意义的企图是一个人最基本的动机。"② 将幸福作为主体追求财富的终极目标，是人类精神的价值依归，具有伦理必然性和必要性。

亚里士多德在《政治学》中，进一步说明和发展了经济活动最终必须与人类生活结合起来的观点，"城邦的作用及其终极目的却是'优良生活'、'自足而至善的生活'，'这些就是我们所谓人类真正的美满幸福'，而社会生活中的种种活动，包括经济往来，只是达到这种目的的一些手段而已。"③ 在亚里士多德之后，经济学的这一传统先后为配第·金（Gregory

---

① 〔古希腊〕亚里士多德：《尼各马科伦理学》，苗少田译，中国社会科学出版社1990年版，第11页。

② 〔奥地利〕曼·弗兰克：《活出意义来》，赵可成等译，三联书店1991年版，第102页。

③ 〔古希腊〕亚里士多德：《政治学》，吴寿彭译，商务印书馆1981年版，第137—140页。

King）、魁奈（Francois Quesnay）、拉瓦锡（Antoine-Laurent Lavoisier）和拉格朗日（Joseph-Louis Lagrange）等人继承。因而，幸福是人类最高的目的，财富仅是实现人类幸福的手段。

财富是形成幸福的外在物质条件，对幸福有着不可或缺的影响——谁都不能否认物质条件是人类获得物质性外在幸福和精神性内在幸福的必要条件；外在条件（包括外在的物质条件与精神条件）虽然不是人的幸福的充分必要条件，但至少是一个必要条件。"财产虽身外之物，然人之欲立功名享福利者，恒不能徒手而得，必有借于财产。"①重视财富是人之常情，"君子不言利"实际上是否认了生活中物质与精神的结合，过分轻视财富，并不能印证生命的尊严。并且，正因为财富是外在于幸福的，因此，这种影响显然只能是工具意义上的和前提层次上的，它是有限的和阶段性的。并且，具有优越外在条件，不一定获得幸福；但缺少一定的外在条件，肯定不能获得幸福。财富不是幸福的唯一条件，但历史事实说明，富裕的人群相对贫穷的人群来获得幸福几率要多要大，因为物质条件是人类获得物质性的外在幸福与精神性的内在幸福不可缺少的必要条件。

然而，财富既非自成目的，亦非自足无待。因为，聚集财富给敛财狂的欢乐，但绝非一种直接给人提供一种美好的生活的有意义的生活。财富绝不可当作具有总体性特征的、能够贯穿生活始终的目的，它不具有引领生活向前向上的持续力量。另外，财富也是可以超越的，因为它总是可以衡量的。总之，就生活目的所有特征而言，财富都是不具备成为生活目的的。其他类似的东西还有名誉、地位、权势等等，它们与财富的性质一样，不可能成为生活的目的，所有这些东西都只有在与人的幸福这一目的的联系中才具有意义和魅力。

在现实生活中，幸福虽然离不开财富，但更多的财富却没有带来更大的幸福。人们追求的最终目标不是最大化财富，而是最大化幸福。心

---

① 宏皓：《第一财富大道》，当代中国出版社 2003 年版，第 94 页。

理学家大卫·迈尔斯（David Myers）调查发现，幸福与财富之间的关联性非常低，唯一的例外是在一些极穷困的地区，但在这些地区基本的生活条件都得不到满足。诺贝尔经济学奖得主丹尼尔·卡尼曼（Daniel Kahneman）曾专注于有关幸福的研究。但无论是统计数据还是现实论证，在他的研究中，卡尼曼和他的同事们几乎没有找到幸福和财富的必然联系。美国南加州大学经济学教授理查德·伊斯特林在 1974 年出版的著作《经济增长可以在多大程度上提高人们的快乐》中提出了伊斯特林悖论（Easterlin Paradox）来证明：收入增加并不一定导致快乐增长。因为：（1）国家之间的比较研究以及长期的动态研究表明，人均收入的高低同向平均快乐水平之间没有明显的关系；（2）在收入达到某一点以前，快乐和幸福随收入增长而增长，但超过那一点后，这种关系却并不明显；（3）在任何一个国家内部，人们的平均收入和平均幸福美好之间并没有明显的关系，包括文化特征在内的许多其他因素会影响幸福的感受和幸福的程度；（4）GDP 指标无法将一些看不见的，但又非常重要的东西纳入衡量之列。如：宁静、无困扰、无压力、无焦虑的生活和内心的平静及幸福感受等等，而这些恰恰被许多人视为美好生活的最终目标和最高境界。同样，在心理学中有一个著名的"幸福边际递减定律"，说明人们在物质享受的过程中，幸福感的增量会随着物质的不断增多而减少。

"财富与幸福"相悖存在对人的情感领域和人的幸福感产生了一系列消极后果。首先，它使人们在工作中的智力资源得不到拓展。弗雷德里克森（Fredrickson）的拓延构建（broaden-and-build）理论详尽阐明了人在其工作中幸福体验的意义。一个人的幸福体验，会拓延思想，促使他对问题的思考更具发散性，产生新的思想和行为。① 首先，幸福体

---

① Fredrickson, B.*The Broaden-and-build Theory of Emotion*[J] .American Psychologist, 2001 （56）:218-226.

验不仅可以帮助人们更有效率地利用已有知识，提升思考的深度，而且有利于其探索新知识，拓展研究的领域。但是，由于"财富与幸福"悖论使人们将创造财富与获取幸福分离开来，也就是他们工作得越多，其幸福感就越少，这样，消极情感就会极大限制人们创造力的发挥。其次，造成人际关系的紧张。"财富与幸福"的悖论往往使人们片面地将财富追求作为人生的目标，而忽视幸福感的累积，从而可能造成"人对人像狼一样"的窘境，从而造成人际关系的紧张。再次，导致人们心理和生理的亚健康。"财富与幸福"的悖论极大地削弱了人们的幸福体验，使其身心得不到积极情感的滋润，从而可能导致人们的心理和生理处于亚健康状态。把追求和拥有金钱作为人生的全部意义和唯一的目的，不仅不会给人们带来幸福，而且会使人们陷入不幸和痛苦之中。现代社会发展财富增长与发展产生悖论，导致"存在的空虚"现象。依弗兰克之见，这是 20 世纪的普遍现象。这种现象的特征是人们经济状况良好，工作也很有进步。但是，他们却不但觉得没有快乐和幸福，反而无聊厌烦、苦不堪言，因此，觉得生活没有意义、不值得过下去："很多自杀的案例都可以追溯到这种存在的空虚上面。"① 经济学家茅于轼先生也说："我国 25 年的改革一方面取得了举世瞩目的伟大成绩，绝大多数人物质生活都有了不同程度的改善；另一方面不满情绪却未见得减少。相比改革初期一片欢腾，人性得到解放的那种感觉，现在却是迷茫和失落。问题在于把钱即财富增长作为一切行为的最终目标，最终目标应该是追求人的快乐，使全社会快乐达到极大化，而不是全社会财富的极大化。"②

总之，人类失去目的的财富行为会使现代人处于"物质幸福、精神痛苦"的"单向度人"的窘迫状态，人们生活节奏越来越快，收入越来越高，

① ［奥地利］曼·弗兰克：《活出意义来》，赵可式等译，三联书店 1991 年版，第 112 页。
② 茅于轼：《改革出了什么问题？——要做方向性的调整》，中评网，2003 年 12 月 1 日。

但幸福水平没有按比例提高。这使得人们感到迷惑：财富究竟在人类的幸福体验和感受中扮演什么样的角色呢？如果收入的增加不一定能使人们的幸福感增加，为什么人们还要这么执着于追求更多的收入？因此，我们既要肯定富裕优于贫困，又要肯定经济活动的目的是为了幸福，达到目的的种种手段不应该成为财富发展的终极目标。

第六章　人本财富观的发展伦理当代路向

人类学认为，人的存在以欠缺为特征，这种欠缺既包括外部生活世界的欠缺，也包括内在精神世界的欠缺，物质和精神的欠缺产生完满自身的需求。于是，人就在物质和精神层面上的需求与供给的动态关系中存在着。发展是人以主体的地位来引领和参加的实践活动，这就决定了任何发展实践都与人的需求与存在方式相关联。德尼·古莱、德斯·可思波、大卫·克拉克、内格尔·杜威等发展伦理学家认为，当代发展社会之所以存在诸多问题，其重要原因是人们对发展的认识存在偏差，其根本原因是人们在推进发展时缺少自觉的伦理视角。扩展伦理视域的自觉化、中心化，建构以伦理为中心的发展理论，是解决诸多发展问题的根本基础，人本财富观以发展伦理的规范原则运用于现代社会的发展，在当代社会探寻财富发展的合理路径，力图实现以伦理为中心、以人为本位的现代财富发展模式。

第一节　财富德性伦理向度

"德性"（virtue）的另一译文是"美德"，在伦理学史上主要是作为"品

质"来理解的。孟子认为人的德性是与人的存在统一的品质，他从人禽之
别来论述人之所以为人存在的德性根据，"人之所以异于禽兽者几希，庶
民去之，君子存之。"① 此"几希"就是"闻一善言，见一善行，若决江河，
沛然莫之能御也。"② 的心理定势，这种对于善言善行的冲动非得自于外，
而是存于"仁义内在"之心中，而此心（孟子认为的"心"是人先天具有
的品性）不仅具备仁义礼智四端，而且具备"不学而知"、"不虑而能"的
"良知、良能"。

　　在西方，柏拉图主张"德性不是来自物质财富，相反，财产以及其他
一切物质财富都是来自德性"。亚里士多德主张，"人的德性就是种使人成
为善良，并获得其优秀成果的品质。"③"我们探讨德性是什么，不是为了
知，而是为了成为善良的人。"④ 强调德性高于财富，德性统率财富，反对
德性"屈从"于财富而造成堕落。优良的生活包括财富、身体和德性，但
德性是最重要的。亚里士多德观点有二：财富与幸福，两者并不成正比；
对财富的追求应有限度，过犹不及，要以灵魂的善为限度的。休谟则把德
性视为合意的心灵性质（mental qualities that are pleasing），合意是因其在
某些方面有益于社会的功益（social utility）。麦金太尔认为，"德性是一种
获得性人类品质，这种德性的拥有和践行，使我们能够获得实践的内在利
益，缺乏这种德性，就无从获得这些利益。"⑤ 麦金太尔所谓的内在利益，
是某种实践本身内在所具有的，除了这种实践活动，任何其他类型的活动
不可能获得，也就是说，每一种实践活动都有它的内在利益，这种内在利

① 《孟子·离娄下》。

② 《孟子·尽心上》。

③ ［古希腊］亚里士多德：《尼各马科伦理学》，苗力田译，中国人民大学出版社 2006 年
　版，第 26 页。

④ ［古希腊］亚里士多德：《尼各马科伦理学》，苗力田译，中国人民大学出版社 2006 年
　版，第 27 页。

⑤ ［美］阿拉斯戴尔·麦金太尔：《德性之后》，龚群等译，中国社会科学出版社 1995 年
　版，第 241 页。

益是在追求这种实践活动本身的卓越的过程中获得的。

　　复旦大学高国希教授说，"德性献身于我们的终极目标，是我们只要在世就无法排遣开的、一生都要追求的目标。正如安娜斯所说，它是承载了伦理价值（如公道与仁慈）的品质。"①"财富不是钱，它代表着一种品质。"这是胡润百富榜创始人胡润对财富的理解。前希腊古典时期的《神谱》（作者传名为梅加拉 Megara）中提到，许多恶人是富人，许多善者是穷人。但我们不拿我们的德性去换取财富。因为德性伴随人始终，而财富为身外之物，来去如浮云。综上所述，我们可以确定，德性是通过行为表现而内含于行为者身上的品性和特质。财富德性因此而可以理解为财富主体在对待财富、获取财富、使用财富中，所形成的美好德行与品质。此外，德性对于规范财富的来源和用处，引导人们理性看待财富的得失，正确发挥财富的作用和价值等都有着积极的规约作用。

　　财富品性体现财富的真正价值，财富德性有助于提升人们对美好的生活乃至于幸福的体验，促使人们的财富思想、财富行为理性发展，实现财富与发展的和谐共进。人本财富观与财富德性培育成正比例关系，在当代社会，人本财富观有助于人们形成仁义、慷慨、节制等良好的财富德性。

一、仁爱

　　"仁爱"也可称为"仁慈"，是发展伦理重要的道德条目之一。"仁爱"是财富发展中最重要的品质之一。在伦理学史上，自古以来，都将"仁爱"置于重要的道德地位。英国伦理学家赫伯特·斯宾塞（Herbert Spencer）的"仁慈"（Beneficence）范畴就是他对利他主义的具体化表述。"仁慈"是必须诉诸自然的行动，其"积极的仁慈"（Positive Beneficence，或译为"肯定的仁慈"）包含的具体内容，是指人们不仅能够感受到自己的快

---

① 高国希：《德性的结构》，《道德与文明》2008 年第 3 期。

乐和痛苦，而且也能够从他人的幸福中感受到幸福，从他人的痛苦中感受到痛苦。在叔本华（Arthur Schopenhauer）看来，仁爱则根植于自然同情之中，仁爱是基于公正之上的一种更高尚的情感，也是一种具有崇高感的同情（Compassion）。近代道德情感伦理学家弗朗西斯·哈奇森（Francis Hutcheson）曾明确表示，道德善只能出自于仁爱，"一想到仁爱，就是想到无利害计较和为他人之善而着想的。"① 凡是出于仁爱的动机且增进社会福利的行为皆善。出于仁爱而为的活动，能够促进他人和社会的利益的增加。亚当·斯密（Adam Smith）把仁慈美德看成是同情之情的外化，认为仁慈美德促成的人们之间的同情、理解、关心、友爱，对于人际和谐和社会发展的促进是不言而喻的。休谟（David Hume）认为仁爱是自然之德，作为生命机体，人类不仅具有自私性，也有能感受他人之情的同情，同情使我们能够考虑他人的感情和需要，抑制利己心的无限扩张，使我们具有由近及远的仁爱，因此，休谟提出仁爱具有比自爱更高的价值。"仁慈的"、"慈爱的"等词在所有语言中都"普遍地表达着人类本性所能达到的最高价值。"② 人如果具有这种广博的仁慈，社会也就不会产生财产的所有权纠葛的问题。

在中国儒家伦理中，"仁"是最高道德标准和理想人格，"仁者安仁，知者利仁"。③ 仁者实行仁德便心安，智者认识到实行仁德的好处。"唯仁者能好人，能恶人"④ 只有仁人能爱人，也能憎恶人。在《论语》记录中，"仁"包括孝、悌、忠、信、恭、敬、智、勇等美的品德，孔子把具备"仁"的理想人格的人称作君子。尽管对"仁慈"、"仁爱"的阐述角度各异，然而，其共同点都在于肯定了仁爱的价值，肯定了仁爱德性对个人、社会具有的重要作用。

---

① 周辅成编：《西方伦理学名著选辑》（上卷），商务印书馆 1987 年版，第 793 页。

② ［英］大卫·休谟：《道德原则研究》，曾晓平译，商务印书馆 2001 年版，第 28 页。

③ 《论语·里仁》。

④ 《论语·里仁》。

人本财富观倡导的"富而有仁"价值观，为"仁爱"的财富德性的养成奠定了价值基础和伦理依据。"富而有仁"是仁爱德性的具体体现，包含了慈善精神的形成、同情心的培育，"仁爱"德性是人本财富观价值追求的具体体现。

慈善精神的塑造。慈善精神是"仁爱"德性的先决条件。"慈"蕴含着对于财富的应用是用来满足不断膨胀的个人自我欲望还是回馈社会、捐助需要帮助的穷人的价值判析，而后者是"慈"的德性的优良折射。一个世纪前，安得鲁·卡耐基这位美国钢铁大王在他的《财富的福音》中提到，富人应当为他的无穷财富而感激。当他们支配这笔财富时，应该多做一些捐赠活动。这样，社会上的其他人就可以长期获益，而他们自身价值也会因此而得到升华。富人道义上有义务把部分财产分给穷人，因为所有超过享用之外的个人财产都应该被认为是让社会受益的信托基金。卡氏去世时为社会捐献了 3.5 亿美元，他用一生的捐助善举来实践这样的财富理念：仁慈的财富德性帮助更多的人，能让人们有获得更多幸福的机会。

自古以来，我国就有扶危济困、助残振弱的慈善活动，《管子·轻重甲》中记载，殷商时期，商汤为与夏桀争夺天下，非常注重视扶助困苦贫弱："夷境而积粟，饥者食之，寒者衣之，不资者振之，天下归汤若流水。此桀之所以失其天下也。"对国家来说，道家"治大国如烹小鲜"、"顺其自然"等无为而治的理念，成为历代创业君主实行轻徭薄赋、休养生息等治国理财的指导原则。儒家的仁政爱民的内容具有浓厚的王道仁政、以民为本思想。王道仁政在封建社会当然只是一种理念，而非历史事实，但它对皇权专制体制和重赋苛政有一定的约束作用。然而，在当前时代，中国的财富人群频繁出现"富而不贵"的现象，近年来，国内富豪的增长与慈善的发展比例却不成正比。据统计，中国最大的慈善组织——中华慈善总会接受的捐赠 70% 都来自国外和港台，内地富豪的捐赠不到 15%。而在西方，基督教新教的"富人只是财富的社会治理人"理念对人们的财富观至今仍产生着深远的影响，也就是说，西方人的普遍价值观认同在法律上，财富是私有的；但在道德和价值层面，超过生活需要的财富就是社会的。这种新世界的财富价值观，正是"为富有仁"所根植于其中的土壤。"上帝选民"使许多人通过这种捐赠，得以维系自己内心的情愫。2006年，美国人给宗教组织的捐献仍达970亿美元，约占全部慈善捐献的三分之一。微软的比尔·盖茨，这位世界首富正在把财富金山融化为慈善潮流：生活上穿普通的T恤衫，吃平常的汉堡包，没有随从的他，捐助慈善机构的总额已超过256亿美元，位列现代50位最慷慨的美国慈善家之首。最近，他向外界公布了遗嘱，宣布把财产的不到2%留给自己的三个子女，而把财产的98%留给自己创办的基金会。这个由他夫妻名字命名的基金会，负责把这笔钱用于研究艾滋病和疟疾的疫苗，并为世界贫穷国家抵御这两种疾病提供援助。再比如，英特尔公司的创始人戈登·摩尔，累计捐助了66亿美元；戴尔电脑公司CEO迈克尔·戴尔是5.1亿美元；网景公司是1.63亿美元；电子港湾公司是1亿美元。相比之下，在英国人胡润主导的2004年大陆富豪排行榜上的人，竟没有一个名列在2004年大陆慈善家的排行榜上。

究其原因，是因为中国人的财富观仍然缺乏价值引导。许多拥有财富之人缺少"鱼融于水，爱大于恨；王者之道，教化万方"的慈善精神，缺乏"让自己的财富变成许多人的幸福"的财富观。人本财富观提倡公平正义、人道主义等思想，崇尚"富而有仁"，摒弃"为富不仁"，"仁"所具有的内在品德和伦理德性，产生强大的道德力量，唤醒现代人们在财富迷失中对传统扶贫助弱、救济慈善的精神的重新回归。

同情心的培育。"仁爱"不仅是儒家伦理的核心观点，也为传统社会"救灾恤怜"的慈善活动提供了有力的思想依据和道德基础。经过儒家"仁爱"哲学的千年浸润影响，"恻隐之心"深入人心，"人溺己溺"渐成为社会的共识，明儒高攀龙说："古语云：世间第一好事，莫如救难怜贫。人若不遭天祸，舍施能费几文？故济人不在大费己财，但以方便存心。残羹剩饭，亦可救人之饥；敝衣败絮，亦可救人之寒。酒筵省得一二品，馈赠省得一二器，少置衣服一二套，省去长物一二件，切切为贫人算计，存些赢余以济人急难，去无用可成大用，积小惠可成大德，以为善中一大功课也。"① 故概而言之，儒家"仁爱"思想实际上早已成为古代"救灾恤怜"的价值依据和有力的精神支撑。孟子认为"恻隐之心，人皆有之"此为"四端之心"之一。宋代哲学家张载，以"民胞物与"说更体现了"仁爱"中的博爱思想，他认为"尊高年，所以长其长，慈孤弱，所以幼其幼。圣其合德，贤其秀也。凡天下疲癃残疾，惸独鳏寡，皆吾兄弟之颠连而无告者也。"② 天下所有人都是我的同胞，大家都是一家人，人人都应互亲互爱；而那些身体有残疾、处境有困难的人，更是我们应当同情并予以特别帮助的兄弟姐妹。儒家的"仁政"体现在对这样四类弱势者的救济倾斜上："老而无妻曰鳏，老而无夫曰寡，老而无子曰独，幼而无父曰孤。此四者，天下之穷民而无告者。"③"四穷民"是指老年丧妻的鳏夫，老年而失去丈夫的寡妇，老年而没有子女的独居老人，年幼而失去父亲的孤儿。清代曾国藩就教育子女，要"善待亲族邻里，凡亲族邻里来家，无不恭敬款接，有急必周济之，有讼必排解之，有喜庆必贺之，有疾必问，有丧必吊。"④ 表达了周济穷人，疏财不吝的人类本性共有的同情之心。

同情心培养的前提之一是批判"为富不仁"。"为富不仁"使得人们在支配财富时缺乏同情之感、仁慈之举，或者仗富奢侈、挥霍损害他人尊严和健康，甚至是生命。在日常行为上，少数富人凭借巨额财富的"优越感"和"优越"的社会地位，骄横跋扈、仗势横行、漠视他人尊严和利益。由此引发的贫富群体之间的社会矛盾频频出现。前几年经常出现的克扣农民

① 《高忠宪公家训》。
② 《西铭》。
③ 《孟子·梁惠王下》。
④ 《曾文正公家训》。

工工资事件使人们对富人"为富不仁"的印象更加深刻。数起"宝马撞人案"更让人们领略了富人特权者们的无礼与蛮横，也充分反映了部分富人群体财富伦理观念的缺位，甚至是畸形虚空。同情心的培育前提之二是在财富支配上形成社会责任意识。富裕之后的富人在消费时往往缺乏一种冷静和理智的态度，自以为财富为一己之私物，如何消费可以随心所欲。其表象往往体现在一方面是奢侈挥霍无度；另一方面是对弱势群体和社会灾难冷漠无情，没有慷慨的捐助救扶之举。富足之后把价值实现和成就感寄托在炫耀性奢侈消费品中。据人民网报道，至 2008 年，中国已经成为世界上第二大奢侈品消费国，奢侈品消费占全球市场的四分之一。预计至 2015 年，中国奢侈品市场规模有望达到 1500 亿人民币，将占领全球奢侈品市场 20%以上份额。[1] 而与之形成鲜明对比的是，2003 年"非典"期间，中华慈善总会总共才收到 770 万元捐款，其中只有一个富人以个人名义捐了 200 万元人民币。过度挥霍与人性冷漠形成鲜明对比。这些奢侈消费浪费了社会有限资源，败坏了社会风气，甚至侵犯了他人的尊严利益和社会利益，这种炫耀性消费与社会责任缺失的巨大反差，无疑反映了财富观价值定位的不成熟。

人本财富观的发展伦理的责任意识、可持续发展是培养富人的社会责任感和社会救助思想，教导富人常怀怜悯之心，形成理性的消费习惯的重要理论指导。以人的全面发展和幸福为价值核心的人本财富观，引导人们用自己的财富扶持贫困的人们，帮助弱势群体，不仅解决了他人的危难，也使自己得到一种道德和精神上的愉悦，在培养高尚的德性中获得幸福。财富来自社会，其归宿也应是社会。著名学者马克斯·韦伯在《新教伦理与资本主义精神》中认为，"理性、克己、自制"的新教伦理为资本主义再生产和投资提供伦理依据以及道德外力，促进了资本主义活动的兴起。而中国人传统的道德理念和世俗生活方式，缺乏强烈的宗教情感，只追求

---

[1]　http://ww.51report.com/free/3006315.html.

现世享乐而不修来世，无疑是奢华享受的重要根源。传统上，财富是用来享受的，这似乎是财富最吸引人的地方。今天，树立"创造、分享、责任"的人本财富观就十分有必要，富人不能无视弱者，无视社会公德，无视社会责任。

亚当·斯密不仅撰写了具有经济学百科全书性质的《国富论》，而且还以同样的热情写下了被许多经济学家所忽略的《道德情操论》，如果我们把亚当·斯密的这两部著作结合在一起来思考，那么我们就会发现，财富的创造不仅取决于分工、资本积累和对外贸易，而且还取决于人们拥有高尚的道德和伦理。如果我们能在机制体制上多为慈善事业开渠引流，用财富去"教化万方"，都能像卡耐基、盖茨们那样，做到积累财富与慈善捐助同步增长，那么，就是在让自己的财富变成许多人的幸福，财富的价值就能得到充分的展现。

二、慷慨

人本财富观的幸福维度确定了财富的终极指向，慷慨或大方是财富德性的重要条目。人本财富观对于慷慨品性的形成具有价值规定性和规范性，慷慨表现为"富而有道"。其特征主要在于"把财物给予适当的人，而不是从适当的人那里，或从不适当的人那里，得到财物"[①]。同时，慷慨并不是"浪费"和"挥霍"，慷慨是处理财富方面的适度。

慷慨有助于提高幸福感。亚里士多德认为，所有有德性的人中间，慷慨的人似乎最受欢迎。现代社会关于幸福感的调查表明，人际关系是影响幸福感的重要因素，受欢迎对于提升个体幸福感有着积极的效用。显然，一个慷慨的人这方面的困扰就会少得多。同样，慷慨也是处理大量财富的适度。大方的人是为高尚（高贵）而花大量财物，因而他们的花费是"重

---

① ［古希腊］亚里士多德:《尼各马可伦理学》，廖申白译，商务印书馆 2003 年版，第 97 页。

大的和适宜的，其结果也是重大和适宜的"。① 这与康德的哲学假定，既然每个人都能思考道德法则，一旦性好或自然的障碍清除了，我们所有人都将会做我们应该做的（即意欲道德法则）理解相吻合。"在一个理智的、即道德的世界里，在其概念中我们已经抽掉了德性的一切障碍（性好），这样一个与德性成比例结合的幸福的体系也可以被设想为必然的，因为那一方面为道德法则所推动另一方面又为它所约束的自由，本身就会成为普遍幸福的原因，而在这些原则指导下的理性存在者，本身会成为他们自己的、同时也是别人的持久福利的创造者。"② 最终，在康德描述的理智世界里，是自由奖赏幸福，至善理想首先是完美德性与神福统一的纯粹理智概念，其统一乃世上一切幸福之因。拥有慷慨德性的人必然受到瞩目和尊重，他们的幸福感也会因此而提升。现实生活中，那些为了社会公益而大方捐赠的个人和企业，就是典型的例证。他们因善举而倍受赞誉和尊重的同时，把财富奉献给社会，既发挥了财富的最大功用，也实现了人生的最大价值。更重要的是体验到了一种自我价值实现的幸福感，并且这种幸福感会支持他们财富事业的不断兴盛。

慷慨有助于摆脱财富对人类的奴化。对财富的追求是无法以数量为界限遏止的。社会攀比的恶性膨胀，使得人们在不断实现财富目标的同时，迷失了真正的自我价值，丧失了原本简单的人生体验。正如一句西方谚语所言："胜者往往成为战利品的奴隶。"如何改变这种状况？正是依靠德性。"德性必须处理情感和行为，而情感和行为有过度和不及的可能，过度与不及皆不对，只有在恰当的时间和机会，对于恰当的人和对象，持恰当的态度去处理，才是中道，亦即最好的中道。这是德性的特点。"③ 马基雅维

---

① ［古希腊］亚里士多德：《尼各马可伦理学》，廖申白译，商务印书馆 2003 年版，第 104 页。

② Stanley Rosen,"Morality and Happiness: Kant vs Aristotle",in: *The Elusiveness of the Ordinary: Studies in the Possibility of Philosophy*, Yale University Press 2002, A809-B837.

③ 周辅成编：《西方伦理学名著选辑》（上卷），商务印书馆 1987 年版，第 297 页。

里在《君主论》第十六章《论慷慨与吝啬》中对君主如何恰当使用"慷慨"也有论述："如果有人说：'恺撒也曾由于慷慨取得统治权，而且其他许多人也曾由于慷慨或者被称赞为慷慨而取得至高无上的地位的。'我回答他说：现在你已经成为一位君主，否则就是正在争取君主的地位。如果是第一种情况，这种慷慨是有害的；如果是第二种情况，被人们誉为慷慨却是十分必要的。恺撒是那些渴望取得罗马君权的人们当中的一个；但是，如果他在取得罗马君权之后仍然统治下去而不节约他的支出的话，他就会毁灭帝国。假如有什么人反驳说：世界上曾经有过许多君主，他们依靠军队建立了伟大的事业，同时也曾经被称誉为最慷慨不过。对此我要回答你说：君主所花费的钱财，或者是他自己的和他的老百姓的钱财，否则就是别人的钱财。在头一种场合，他必须节约；如果在第二种场合，他不应该忽略表示慷慨的任何机会。"① 秉持"中道"思想，慷慨德性的优良性应有双重体现，其一是能够理性地遏制人们对财富过度的欲求，形成科学合理的财富思维；其二，激发人们对幸福的渴望，从而努力创造财富，不陷于慵懒无求。引导人们树立和形成正确的财富思想，在财富问题上以奉献和回报社会为思想追求，进而更加靠近幸福的门槛。

三、节　制

节制的伦理内涵和节俭、节约、自制相近。中国传统文化历来重视节约，比如"俭节则昌，淫佚则亡。"②"无度而用，则危本。"③ 道家主张顺应自然，过一种"无欲无求"的清淡的生活。老子说："我有三宝，持而

---

① ［意］尼利洛·马基雅维里：《君主论》，何丛丛译，西苑出版社 2009 年版，第 125 页。
② 《墨子·节用》。
③ 《管子·侈靡》。

保之。一曰慈，二曰俭，三曰不敢为天下先。"老子认为为什么不能贪欲要过清淡的生活原因在于"五色令人目盲，五音令人耳聋，五味令人口爽，驰骋田猎令人心狂，难得之货令人行妨"①。这一切都是由于人的"贪欲"造成的。所以，"罪莫大于可欲，祸莫大于不知足，咎莫大于欲得。"②因此，他主张"绝巧弃利"，过一种清淡、宁静、和谐的人生。孔子则把追求物质利益的行为看成是"小人"的行为，"君子喻于义，小人喻于利"，提出"礼与其奢，宁俭"。墨子认为"节俭则昌，淫佚则亡"，荀子主张"强本而节用"，宋明理学则把这种理论推向了极端，提出了"存天理，灭人欲"。

亚里士多德对节制（自制）有深刻的阐述，认为节制是一种美好的德性。他曾说过，伦理方面有三类须避免的事情，即邪恶（vice）、不自制（incontinence）和兽性（brutishness）。而与"不自制"相反的"自制"德性是应该颂扬的：

> 人皆尽知，自制和忍耐是好事情，应受到赞扬，而不自制和无耐性不是好事情，应受到责备。有自制力的人能坚持他通过理性论断所得的结论，而无自制力的人，为情感所驱使，去做明知道的坏事。有自制力的人服从理性，在他明知欲望是不好的时，就不再追随。③

亚里士多德举例说，野兔的气味并不使猎犬感到快乐因为气味只是引起了它的感觉，只有在咬嚼的时候，它才会感到快乐；公牛的叫声也不会使狮子感到快乐，只有在吞咽的时候它才感到快乐。节制和放纵就和这些快乐相关，它是人和其他动物所共有的，所以，表现了人的被奴役和兽性。然而，"节制之人的欲望部分应该与理性相一致。两者都以高尚为目标。一个节制的人欲求他所应该欲求的东西，以应该的方式，在应该的时

---

① 《老子》。
② 《老子》。
③ ［古希腊］亚里士多德：《尼各马可伦理学》，苗力田译，中国人民大学出版社 2006 年版，第 137 页。

间，这也正是理性的安排。"① 以亚里士多德为代表的西方节制德性思想发展源远流长，在亚里士多德之前的古希腊学派中就已有详细的论述，早在公元前 4 世纪末的斯多噶学派就指出，人要保持高尚道德，就必须努力抑制身体欲望。德谟克利特则提出："节制使快乐增加，并使享乐加强。"② 而在中世纪，基督教的禁欲主义提出人生而具有"原罪说"，要得到上帝的拯救，人就应当弃绝一切物质欲望，禁欲苦行。因此，基督教教义强调，虔敬加上知足之心，淡泊物质享乐，保持克制品性，便是大利。近代以来，亚当·斯密提倡，"资本增加，由于节俭；资本减少，由于奢侈与妄为。"③ 法国经济学家让·巴蒂斯特·萨伊提出："奢侈是社会幸福的最大敌人，而公共浪费比之私人浪费有更大的危害"。④ 法国哲学家卢梭则把奢侈比作"南方的热风"和"最大的灾祸"。法国空想社会主义者马布利主张社会应限制生产发展，限制人的需求，来改善人的道德品质。马克斯·韦伯也提倡节制，反对浪费，"豪门的放纵挥霍以及暴发户的奢华炫耀同样为禁欲主义深恶痛绝"。⑤

发展伦理认为，节制是人本财富观在当代的重要道德品质表征，以人为本的"人"不仅是独立个体的人而且也是作为"类"的人的群体，节制是对人的整体赖以生存的资源上的共同维护以及人性趋于善的伦理自觉。在财富发展过程中，节制蕴含的伦理维度主要在于"富而有度"、"富而有德"、"富而有制"等方面。

---

① 〔古希腊〕亚里士多德：《尼各马可伦理学》，苗力田译，中国人民大学出版社 2006 年版，第 67 页。
② 〔德〕黑格尔：《古希腊罗马哲学》，上海三联书店 1999 年版，第 10 页。
③ 〔英〕亚当·斯密：《国民财富的性质和原因研究》，梅敬年译，陕西人民出版社 2001 年版。
④ 〔法〕让·巴蒂斯特·萨伊：《政治经济学概论》，陈福生等译，商务印书馆 1997 年版，第 453 页。
⑤ 〔德〕马克斯·韦伯：《新教伦理与资本主义精神》，于晓等译，上海三联书店 1987 年版，第 152 页。

　　"富而有制"。节制的塑造必须以理性来约束，理性有助于人们明确财富的意义和本质作用，比如对于物质消费，要秉持其目的基本功用就在于节制。节制消费的理性功能是介乎于过度消费和拒绝消费之间的适中状态。过与不及都对健康不利，不是人与自然关系的常态。而理性的节制既延长了当下生命的快乐感，又延长了代际消费的可持续时间，是人类持久消费的正确途径。节制品性的养成还要摆脱物欲和私心杂念的困扰，人本财富观提倡中国道家的"见素抱朴"、"轻利寡欲"、"致虚守静"、"无私不争"思想，要求人修道立德，不为钱财货利所诱惑和动心，才能拥有轻松、清静的精神生活，实现道法自然的和谐境界。

　　"富而有德"。节制品性形成有利于人们正确看待财富。节制对人的财富心理有正确的引导作用，使人们在财富价值观形成良好心态——既不崇富也不仇富。它肯定人与人能力与贡献存在差异，认识到共同贫穷到收入差距本是历史进步的表现，收入没有差异才形成真正的不公，一个不鼓励个人奋斗和创富的社会将不可能真正实现崛起。"任何幸福的获得不是无条件的，而是有条件的，它离不开追求幸福的'所欲'所指向的对象的刺激或满足。"[1]节制就是对仇富心态的一种扭转。崇富产生于对财富的盲目崇拜，在对待财富上迷失自我，无限夸大财富的作用。崇富的极端表现就是炫富。[2]美国经济学家凡勃伦曾注意到一种"炫耀性消费"现象——购买商品的目的在于通过夸富式炫耀博得社会艳羡而提升其社会地位和声望、荣誉，从而获得社会性的自尊和满足。通过这样一些攀比式消费活动，完成其社会性竞争与比较，成为一种难以休止的金钱竞赛，其结果是形成奢侈之风，造成财富的浪费。现在，社会上炫富现象频繁发生，据资料报道，某论坛一女性网友，声称自己年少多金，月薪20多万，晒名

---

① 林剑：《幸福论七题》，《哲学研究》2002年第4期。
② 作为2007年8月教育部公布的171个汉语新词之一，"炫富"解释为炫富展示、炫耀财富。

车，戴名表，并上传了一张自拍图片！照片中的她手枕着一叠叠的人民币，并且戴名表，完全是一副摆阔派头！此图一经贴出，立刻引来网友跟风，摆阔的、比拼的、搞笑的都来 show 了一把！[①] 有许多网友还提出"应引导年青一代培养正确的金钱观，弥补价值缺失。"不论是网上频频曝光的"炫富女"也好，"烧钱男"也好，都折射出社会财富价值的严重失范以及以财富、金钱为价值核心的扭曲财富观。面对事实，发展伦理的人本财富观要求汲取中国哲学特别是儒家的财富道德的精华，以节制为德性目的，倡导适度节用的财富思想。儒家重德不重富，忧道不忧贫。孔子赞扬"一箪食、一瓢饮，居陋巷，不改其乐"[②] 的颜回的处世态度；庄子提出处世淡薄，视相位如腐鼠、只求免于饥寒，无需积累，"鹪鹩巢于深林，不过一枝；偃鼠饮河，不过满腹。"[③] 无论是庄子还是儒家，都不主张个人对财富的非分追求，"视相位如腐鼠"、"孔颜乐处"是对财富拥有节制意识的最高境界，对于现代过分追求物欲、沉迷金钱的社会状态中的某些人具有重要的警示作用，特别对于人们正确对待财富观念的培育具有重要意义。

"富而有度"。节制引导人们形成理性消费心理。完全彻底的市场社会认为只有财富和金钱才是唯一的价值符号，其他所有价值都要折合成币值才可能流通甚至存在。节制是合理、适度、正当对待财富的品性表达，引导人们遏制"炫富"、"斗富"行为，摒弃拜金主义、享乐主义、物质主义，追求绿色消费、生态消费、责任消费、道德消费和文明消费。节制还是对刺激消费所带来的一切不良社会后果的矫正和纠偏。由此可见，节制是一种明智，一种中道，一种美德，节制德性的养成既能保障人们的身心健康，又能提升人们的生命质量。

---

① http://www.hudong.com/wiki/90% .2012，6，6.——作者注

② 《论语·雍也》。

③ 《庄子·逍遥游》。

总之，德性可以帮助人们形成正确的财富观念，使人们接近和达到生活得好的理想和目标，提升人们的幸福体验能力。正如麦金太尔所言："人的好生活是在寻求好生活之中度过的生活，对追寻所必须的德性是将使我们懂得更多的有关人的好生活是什么的那些德性，我们把德性不仅置于与实践相关的情形中，而且置于与人的好生活相关的情形中。"① 唯有依据德性，才能达到如此美好的境界。

第二节 人本财富观的当代伦理诉求

"以人为本"是社会主义核心价值观的本质要义，而科学发展观的核心也贯穿着"以人为本"，富有人文精神的治国、执政理念，由狭义的GDP 扩展到 HDI（人类发展指数），向人本主义的价值观转变，人的发展日益成为生产力发展的先导和关键。当代社会发展坚持以经济建设为中心，第一要义是发展，核心是以人为本，实现人的全面发展的人文精神。统筹兼顾，以全面、协调、可持续性为基本要求。坚持以人为本，是在经济发展的基础上不断满足人们的多方面需求，提高人的素质和促进人的全面发展，逐步实现全体社会成员的共同富裕，为人的全面发展创造坚实的物质基础。人本财富观符合时代的价值要求，人本财富观从本质上提升人们对财富的认识，更新人们对追求财富方式的正确路径的选择，强化财富的发展为了人，与人的发展乃至全社会的发展相一致的理念。随着经济的快速发展，树立积极健康、有益于社会发展的人本财富观是实现社会全面发展的必然要求。在以人为本实现社会全面、协调、可持续发展的现实语境下，人本财富观与时代的价值要求和伦理诉求相符合，成为构建稳定、

① ［美］A. 麦金太尔：《德行之后》，龚群等译，中国社会科学出版社 1995 年版，第 277 页。

健康、文明、和谐社会的动力源泉。

一、财富人文发展

人本财富观的公平、正义等伦理蕴含了发展伦理"什么是真正的发展，什么是好的发展"等问题的理解，彰显的是"以人为中心的发展"，同时发展物质财富的价值本质。建构以人为中心、具有伦理规范性的财富观可以有效克服发展的片面性，深刻推动发展的全面化，发展的目的是建构一个合理的发展世界，推进人的美好生活，在这种合理的发展世界中，人的美好生活必然建构于平等、自由、参与等伦理原则基础之上。联合国发展计划署《1992年人文发展报告》指出："人文发展是一个广泛的、全面的概念。它包罗在所有发展阶段所有社会中的所有人类选择。它把发展对话扩大为不仅仅是讨论手段（国民生产总值增长）而是讨论终极目的……人文发展的概念不是从任何预定模式开始的，它从社会的长远目标得到启示，它使发展围绕人的中心，而不是使人围绕发展的中心。"①

当苏格拉底提出"认识你自己"的时候，"我是谁"就开始成为人们沉思的话题。"我是谁"表明人是主体性存在——它蕴含的是对"我应该是什么"的价值追问，是对"我应该怎样活着"的深沉思考，是对人的生存状态的价值诉求。对人的真正存在和意义的追问，使人从"自在之物"成为了"自为之物"。法国哲学家萨特在《存在与虚无》一书中指出人的存在具有自在存在（being-in-itselself）和自为存在（being-for-itself）两种状态。"自为"是"其所不是"，表明意识的存在，是能动的而指向未来。人只有是自为的，才使人类的活动具有主体性和选择性，而人的"自为存在"是人类探寻人的存在和发展的理想状态。

---

① ［美］德尼·古莱:《发展伦理学》，高銛等译，社会科学文献出版社2003年版，第43页。

　　人文发展的内涵在于人的发展，其价值取向和道德关怀是为了人，批判人们以追求更快的经济发展、更多的物质财富为目标，对发展的现有态度存在深层问题，是对发展"无人身"、"价值搁置"经济本位主义的摒弃。"发展"和"人"是必须兼顾的两个核心范畴。一方面，人的价值主体地位，在发展与人的关系中，人是目的；另一方面，不否定经济增长、效率提升对满足人的基本需要、实现人的全面价值所具有的基础作用。显然，对"发展"的理解是发展伦理始终需要面对的本体论问题，落实到财富层面上，没有合理的财富观，也就没有合理的科学发展态度。人本财富观的发展伦理实质在于确定人是发展伦理产生和发展的基础和轴心，抓住了人的全面发展这一社会发展的本质属性，坚持以人为本，实现人的全面发展四个要素：即人的自由个性的全面培育，人的需要的全面满足，人的素质的全面提高，人的才能的全面发挥。它摈弃了以观物的方式观人，代之以观人的方式观物，使人真正从物的束缚中解脱，真正还原人的主体性。

　　人本财富观建立在人的发展尺度和历史尺度基础上，它将人类社会历史定位在人类为了生存和可持续发展的历史选择上，彰显"人"的财富主体地位。财富的为人性，可以概括为"从人出发来看待发展"或"以人为中心的发展"。物质财富的积累、分配和消费反映的是人与自然、自身、他人和社会之间的关系。对于财富活动中的种种关系，根据"人的目的"做出价值判断，进行价值提升，上升为伦理道德规范。发展伦理研究的先锋人物古雷特认为发展理论在一个更广的发展意义上，区分了三个基本因素和核心价值：生存（Life Sustenance），主要涉及到基本需要的满足，摆脱贫困，同时获得基本需求；自尊（Self-esteem），实现自重和独立性，消除与低下的经济地位相联系的被支配和依附的感觉；自由，能摆脱贫困（Want）、无知（Ignorance）和卑贱（Squalor）这三种罪恶，使人们具有更大的空间和机会决定他们的命运。此外，从他的《严峻的选择：发展理论的新概念》这类著作中，我们得到全新的启示：那种以人类的痛苦和远期发展目标丧失为代价的所谓的发展实际上是反发展的，它不符合人类发展的本质要求。正如康德（Kant）所言，真正具有绝对价值的是人的理性存在，只有理性存在的人才能真正把自身作为目的，进入"意志自律"的目的王国，无理性的动物不靠我们的意志而是靠自然，只有一种作为手段的相对价值，因此称为物，而人是理性存在，因为他们的本性就已经表明他们是目的本身，不能仅仅当作手段使用。把人仅仅当作手段和工具对待，人就降低到动物水平，盲目地受必然的因果律制约，失去人特有的如理性、自由意志和生活目的的本质。"你的行动，要把你自己人身中的人性，和其他人身中的人性，在任何时候都同样看作是目的，永远不能只看作手段。"①

那么，财富活动如何才符合人的主体地位要求呢？首先，明确财富的本质属性。财富是人的对象化确证和主体性发挥；财富是手段，是人得以实现目的的工具；财富作为由"物"向"人"转变的"中介"，内生着目的与手段的融合，是人的主体能力的发挥。其次，我们要协调好三个关系：第一方面，人与自然的关系。人来源于自然，人首先是自然的存在，而自然界又直接提供人类生活资料，而且提供自然资源作为我们创造财富的材料，是我们自身发展和种族繁衍不可或缺的前提。为此，在财富活动过程中，人不仅要热爱自然，对自然抱有感恩之情，还要合理地利用自然，努力做到与自然和谐相处。第二方面，人与他人的关系。对待他人的合理态度：一是尊重他人的财富。他人与我一样是主体性的存在，而非萨特所理解的"他人就是地狱"，要相互尊重，相互理解，"己欲立而立人，己欲达而达人。己所不欲勿施于人。"②二是自觉与他人协作提升。人与人之间有竞争的一面，也有合作的要求。在知识经济飞速发展的今天，个人

---

① ［德］伊曼努尔·康德：《道德形而上学原理》，苗力田译，上海人民出版社1986年版，第8页。

② 陈戍国：《四书校注》，岳麓书社2004年版，第87页。

不可能单独地发展，我们所面临的社会难题，需要大家共同面对和解决。第三方面，人与社会的关系。每个人都有权利利用社会的资源和个人的才智创造积累自己的财富。然而，财富既是社会资源的转化，也是众人劳动的结果，虽然在形式上为个人所拥有，但在本质上是社会的财富，个人有义务向社会奉献部分所得，为社会的发展作出自己的贡献，实现个人的价值。

人本财富观有利于摆脱人对物的依赖。"以物为本"的财富观，在经济发展中见"物"不见"人"，金钱、权力、物质财富被当作终极价值。在这种发展中，人被异化，被贬低为物，失去了人的本真价值，其结果是人自身的发展受到极大的限制。片面追求经济增长诉求仅表现为"如何发展得更快"，忽视甚至背离"如何发展得更好"。如果说，发展问题的轴心是以低下的生产方式为基础的人与人之间的血缘性和地缘性直接依赖，那么，在现代性条件下，发展问题的突出特征是以物的依赖为基础的人的独立性。而导致这种伦理个性的是"资本的主体化"，就是马克思所批判的"资本的物化"或"商品拜物教"。

这种发展问题上的经济主义和物质主义，将人的存在方式和需求的多样性单面化为"物性"，人不被当作人，而是被视为资本增值的一个环节，一个"单向度"（马尔库塞语）的经济动物，人的生命、健康、个性、自由都可以成为冰冷的物的增长的代价，人们生活得越来越累。人是物质性存在和精神性存在的统一，作为物质性的存在，人除了有"饮食男女"之动物性欲求外，还产生了远远超越动物的对财富和权力的无限性欲求。人作为精神性的存在，具有高于和优于动物的重要特征。在现实生活中，有的人视钱为生命，物欲汹涌、权欲膨胀、精神污染、灵魂堕落，这样的人实际上把自己物化成了与动物无异的物性存在。人的精神性存在标志着人区别于动物的"类特性"。它彰显着"人类的生命存在和意义"①。

---

① ［德］恩斯特·卡西尔：《人论》，甘阳译，西苑出版社 2003 年版，第 7 页。

　　人生的真正幸福就在于，人的精神力量和人格尊严越来越受到尊重和弘扬，人实现了自由全面的发展。思想家梯利说："我们可以说：人的生命和生命的发展是目的，但是我们说，生命不仅仅意味着饮食男女，或者生命的某一方面，例如思想、感情、意志等，而是意味着与自然、社会的要求相一致的所有属人的能力的展开。也就是说，人生的目的是肉体和精神都和谐地发展，所有适合生理和心理条件的体力和精神能力都充分地发挥（认识的、感情、意志的种种能力）。"① 现代财富的道德衡量和伦理共识要求我们肯定和认识到，个体存在具有丰富性、多样性，人类不只是交换价值的"物质承担者"。物品和货币的拥有不是人的存在的唯一尺度，在这样的发展理念下，马克斯·韦伯笔下的"铁的牢笼"的世界对人的能力、理想、精神、个性观照突破了物质和货币的局限。

　　人本财富观有利于实现财富平衡发展，消除贫困和两极分化。发展伦理认为，发展的好处是，财富的成果理应惠及社会每个成员。关注和救助社会弱势群体，并优先满足最贫困人民的基本需求，其基本原则是，"发达"不应该成为少数人的特权，"不发达"也不应该是多数人的命运。建立合理的社会结构，来保护人类的尊严和消除达到人类尊严的障碍，发展伦理是对发展进行约束和规范的伦理机制，而这种约束和规范是一种利益的再分配和人际关系的调整。发展伦理的公正原则已经不仅仅局限于调整人伦关系的道德准则，而是从多元的、复杂的人际关系上对发展进行约束和规范。它要求用公正原则去审视发展成果的普及度以及发展是否符合人类现阶段的最高利益和未来的长远利益。发展首先要做到代内公正（包括国际公正、区际公正、群际公正、人际公正）和代际公正（后代人和当代人拥有一样的生存权和发展权）。其次，发展要做到性别公正，消除性别歧视、社会的贫富分化、失业和环境恶化所带来的压力。因此，在发展中

---

① ［美］弗兰克·梯利：《伦理学概论》，何意译，中国人民大学出版社1987年版，第168、182页。

必须充分重视给予弱势群体平等参与社会管理的机会和条件，并采取有效的措施消除由于发展危机给弱势群体带来的生活和工作上的压力或负面影响，尽量通过有效的、合理的方式给弱势群体以补偿。在发展的公正原则指导下进行的发展，才是真正的发展，否则就是"反发展"、"伪发展"。市场经济时代的公正是发展的公正，是财富平衡的公正。

财富人文发展的深层含义在于明确评价发展程度的正确价值理念：消除贫困和所有人的健康生存。基于这一价值尺度，当今世界的发展是不合常理的"发展"。"世界经济中容许千百万人生活在贫民窟而另一些人却绞尽脑汁寻找消费货品的新方法"，"当千百万人因营养不良而患维生素缺乏症，而少数有钱人却因为饮食过度而得了至今不明的衰败症。"① 国家在创造条件让更多群众拥有财产性收入的同时，要积极面对可能产生的新问题，防止新的"马太效应"的出现——"富者愈富，贫者愈贫"。比如，阿瑟·奥肯虽然推崇自由市场经济，但他也认为当富人与穷人间的物质生活水平过于悬殊时，"侵犯就会成为犬儒主义、激进主义和异化思想的重要来源。"② 孟子也曾经激烈抨击财富分配不均，反对商业中的垄断行为："人亦孰不欲富贵？而独于富贵之中有私龙断焉。古之为市也，以其所有易其所无者，有司者治之耳。有贱丈夫焉，必求龙断而登之，以左右望，而罔市利。人皆以为贱，故从而征之。征商，自此贱丈夫始矣。"③ 财富分配不均造成的民变是咎由自取，统治者应该引以为戒："凶年饥岁，君之民，老弱转乎沟壑，壮者散而之四方者，几千人矣，而君之仓廪实，府库充，有司莫以告，是上慢而残下也。曾子曰：'戒之戒之，出乎尔者，反乎尔者也。'夫民今而后得反之也，君无尤焉！"④ 对于如何衡量一个国

---

① [德] 德尼·古莱：《发展伦理学》，高铦等译，社会科学文献出版社 2003 年版，第 67 页。

② [美] 阿瑟·奥肯：《平等与效率——重大的抉择》，王奔洲等译，华夏出版社 2003 年版，第 28 页。

③ 《孟子·公孙丑章句下》。

④ 《孟子·梁惠王章句下》。

家贫富差距程度的重要指标，人们习惯用意大利经济学家基尼（Corrado Gini）于 1912 年提出的基尼系数（Gini Coefficient，GINI）来表示，用于测定收入分布的差异化程度。基尼系数越大所体现的一个国家或地区的贫富差距也就越大；而相反，基尼系数越小则反映出一个国家或地区的贫富差距也就越小，国民分配也就越公平。根据经验人们通常认为 0.4 是基尼系数的警戒线，一旦基尼系数超过 0.4，表明国民财富已高度集中于少数群体。中国基尼系数从改革开放之初的 0.28 已上升到 2013 年的 0.473，目前仍有继续上升趋势，这是社会利益共享机制发生严重断裂的显著信号和财富不平等程度的显著标志。以上数据显示，虽然经济高速增长，但财富由少数人占有和大多数人不断地失业和贫困化，仍然形成我国现时代难以解决的一个悖论问题。

贫富差距过大时，就会成为社会问题（Social Problem）。适度的收入差距有利于促进改革与发展，但当一个国家贫富差距过于悬殊时，也必然引发诸多危害。不但影响社会心理，诱发社会不满情绪，容易生成社会不稳定的心理温床，而且影响社会秩序，诱发犯罪活动，危害社会治安；不但影响社会结构，容易生成不均衡甚至畸形的社会结构，而且影响社会制度，有损社会公正和政治权威，严重时甚至会危及国家安全和统一。不仅使人们心理异化、还会爆发犯罪，"一个社会只是贫穷或者只是富裕均不产生犯罪，但一个社会贫富差别悬殊就会产生大量犯罪"，[1] 尤其"贫富悬殊的自然结果"产生财产犯罪。[2] 因此，财富发展的合理与否在于发展是否体现了全面性和协调性。

就财富和发展的关系看，要发展经济就必须不断消除贫穷。贫穷首先是一个经济问题，同时也是社会问题和环境问题。因为贫穷的存在不仅是一国一地的物质收入贫乏，而且导致人性贫乏和生态危机。这里讲的贫

---

① 陆建华：《中国社会问题报告》，石油工业出版社 2002 年版，第 64 页。

② ［美］路易丝·谢利：《犯罪与现代化》，何秉松译，中信出版社 2002 年版，第 64 页。

困，显然不是"相对贫困"，而是"生存贫困"（绝对贫困或过度贫困）。相对贫困是在把我们的生活水平与拥有较高收入的参照组相比较后产生的贫困，它有一定的主观性，依赖于一定的价值判断而存在。生存贫困是指低于维持身体有效活动的最低指标的一种贫困状态，生存贫困绝非仅仅是一种简单的物质生活状态，同时也是一种社会精神生活现象，是生活充实感和生存愉悦的缺失，是社会中的人被剥夺了作为一个人的生存权利，是作为人不能保全自己的尊严。放任贫穷现象存在和蔓延的经济发展，称不上是可持续发展。可持续发展的前提是发展，有发展尤其是经济发展才能消除贫穷。但是，发展经济，增加社会的物质收入还不是消除贫穷的充分条件，因为如若分配不公，"两极分化"严重，贫富悬殊，还是不可能消除大部分人的贫穷，增加大部分人的人力财富，从而不能不影响经济发展的可持续性。

人本财富观的终极追寻——人民过上幸福美满的生活的目标是财富人文发展的重大推动力。Diener 等人的研究验证了收入和主观幸福感之间关系的四个结果：第一，国家财富和该国主观幸福感的平均水平之间有相关；第二，虽然收入与主观幸福感之间的相关在贫困的国家更强，而且贫困的人们更有可能遭遇不快乐的风险，但是在一国内个人的收入与主观幸福感之间的相关非常弱；第三，大多数经济发达的国家近几十年经济的增长一直伴随着主观幸福感的低增长，个人收入的增加并不能引起主观幸福感的显著变化；第四，获得物质目标而不是其他目标的人实际上并不快乐。因此，当金钱意味着摆脱贫困并生活在一个发达的国家时，更多的金钱会提升主观幸福感，但是当人们的物质欲望随着收入的增加而膨胀时，收入从长远来看并不能提升主观幸福感。[1] 美国经济学家保罗·萨缪尔森（Paul A Samuelson）认为，幸福等于效用与欲望之比，即：幸福 = 效用 /

---

[1] Diener E., Biswas-Diener R. Will Money Increases Subjective Well-being ? A Literahue Review and Guide to Needed Research.*Social Indicators Research*, 2002, 57, 119-169.

欲望。当效用给定时，欲望越大，幸福值越小。这个幸福方程式表明：幸福就是通过调节自己的需求，从工作中获得成就和生活的充实。物质欲求越高，幸福值越小。在此基础上，20世纪70年代，南亚的不丹王国国王第一次将国民幸福总值引人宏观领域，创造性地提出了由政府善治、经济增长、文化发展和环境保护四方面组成的国民幸福总值指标即国民幸福指数（Gross National Happiness，GNH）作为衡量民众主观生活质量的核心指标。

国民幸福总值指标提出，人生的基本问题是如何在物质生活和精神生活之间保持协调平衡，政府施政应该关注人民幸福并以实现幸福为目标并得到很多国家认同。近年来，随着经济的发展，人们在关注国内生产总值（GDP）和国民生产总值（GNP）的同时，愈来愈关注国民幸福总值（GNH），联合国以及越来越多的国家关注并创设了不同的幸福指数模式，开始采用GNH来统计和评测经济价值。

国民幸福总值反映在个体身上，就是人们的主观幸福感（SWB），它和GDP、GNP一样，成为一个国家发展水平的衡量标准。如果说如果说GDP是衡量国富民强的标准，更注重的是物质层面的东西的话，那么，GNH则高扬的是人性大旗，彰显人文关怀和人文精神，成为衡量人的幸福快乐的标准。从GDP崇拜到GNH关怀的发展理念的转变，促成了人类的社会发展目标由崇尚经济发展转向关心人类社会的生存状况和命运，追求人的幸福的极富人性化的发展理念，不仅可以弥补GDP崇拜的片面和不足，而且可以衡量社会的全面进步、协调发展与文明程度。在构建和谐社会进程中，幸福指数还有其独特的意义与价值：它有助于政府部门在制定公共政策时，避免只注重经济发展指标而忽视民众主观心理感受；有助于监控社会心理状态；可以补充经济指标的不足，全面衡量国民生活质量状况。经济是幸福感的一个重要来源与基础，但经济因素与幸福感之间并不是简单直线关系，而是呈现出这样一种曲线关系——在较低的发展水平，收入的增加能够显著地有助于幸福度的提高，但一旦达到某种限值水平之后，收入对幸福只有很少或者根本没有任何效应。更合理的策略是将幸福指数与 GDP 有机结合，作为衡量一个国家经济发展质量的关键指标。幸福不仅仅是指当下的幸福，还包括未来的幸福。正如经济要追求"可持续发展"，对于幸福我们一样要可持续发展。因此，我们在实践中要避免一味追逐财富"物"欲的短期行为，以便让未来的幸福度有长期、可持续的提高。

发展目标从"以物为中心"转移到"以人为中心"，再进入到"以人的幸福为中心"，这是财富观的以人为本当代转向，这种财富观把国民生产总值和国民幸福总值有机结合起来，使经济发展与人的幸福、物质财富与人的生活质量、经济价值和人文关怀得到良性互动，兼顾物质文明、政治文明、精神文明、生态文明等方面的和谐发展。

二、国富与民富、先富与共富的和谐统一

现代经济行为的弱点在于经济活动长时期失去人文价值和伦理道德的指引，并且未能寻求到经济障碍的消融点，影响了经济健康持续发展以及财富的合理发展。从当前社会来分析，财富问题的现实聚焦点集中于对先富和后富、国富与民富的悖论问题的消解及二者共存的伦理包容点的探讨，人本财富观以科学发展观为伦理原理和道德规范约束，以全民共同富裕为目标，先富和后富、国富与民富的伦理统一性的当代路径，有助于消解财富悖论，实现发展的整体性和规范性。

（一）国富与民富的统一

破解"国富"和"民富"的悖论，实现消除贫困、谋求富裕、实现国家强盛和人民富裕的"双赢"发展，两者是发展的"一体两翼"，具有内在必然统一性。"和谐"是哲学范畴的同一性状态，反映的是事物发展的协调、平衡、秩序和合乎规律性特征。富国与民富相互依存体现社会财富

发展的路径，具有非对立状态的同一性的和谐关系。

国富具有前提性和必然性。配第的《赋税论》、休谟的《人性论》、斯密的《国富论》以及萨缪尔森模型和巴罗的公共产品模型都深入分析了政府支出作为经济的内生变量在于实现"国富即民富"的社会政治理想。而穆勒在《政治经济学原理》中提到国富与民富关系时说："如果人民大众从人口或任何其他东西的增长中得不到丝毫好处的话，则这种增长也就没有什么重要意义。"西斯蒙第曾评价道，在某个国家，如果广大人民群众经常感到匮乏，生活极不稳定，精神、人格被贬低和斫丧，即使上层阶级获得至高无上的人类幸福，享尽人间的乐事，这个国家总体上仍然是被"奴役"的国家。国富是一个国家综合国力和财力的表现。国富体现国强，国强是人民群众对社会主义国家最基本的价值认同，社会主义中国的富裕强盛，是我们党和民众对中国特色社会主义产生的合理性、发展条件和社会主义制度的价值认同，形成是我们的共同理想。

民富具有可欲性和应当性。《管子·治国》篇曰："凡治国之道，必先富民，民富则易治也，民贫则难治也。奚以知其然也？民富则安乡重家，安乡重家则敬上畏罪，敬上畏罪则易治也。民贫则危乡轻家，危乡轻家则敢凌上犯禁，凌上犯禁则难治也。"善于治理国家的统治者，必须首先要想方设法使人民富裕，然后治理国家就顺畅了。这里下富就是富民，荀子又进一步提出"富民"的具体主张："故王者富民，精者富士（士卒），仅存之国富大夫，亡国富筐箧、实府库。筐箧已富，府库已实，而百姓贫，夫是之谓上溢而下漏"[1]。上面满下面空，人民贫穷，必然会遭到人民的反抗，这样的国家就会"人不可以守，出不可以战"，则举国灭亡的将是屈指可数了。关于"裕民"，荀子解释说："轻田野之税，平关市之征，省商贾之数，罕兴力役，无夺民时，如是则国富矣。夫是之谓以政裕民。"[2] 裕

---

[1]　《荀子·王制》。

[2]　《荀子·富国》。

民政策的核心内容就是实行轻税政策，其中所列的裕民政策，除"省商贾之数"外都属于薄税敛的范畴，"裕民"就能达到富国之目的。而后，荀子在分析国家是否实行裕民政策产生的不同后果时说："裕民则民富，民富则田肥以易（治），田肥以易则出实百倍……故知节用裕民，则必有仁义圣良之名，而且有富厚丘山之积矣。"春秋时期晏婴对"古之盛君"如何行事时指出："其取财也，权有无，均贫富，不以养嗜欲。"这里的"均贫富"不是指平均财富，而是指圣君的取财，即国家的征收赋税要根据人民的有无、贫富情况，做到合理负担，不能为了满足统治者的嗜欲而任意进行搜括。在这里，实际上把国富与民富的关系问题隐含地提了出来。"下贫则上贫，下富则上富"，说明国家财政收入的增加要建立在人民富裕的基础之上。

"民富"从社会主义基本价值角度看，最根本的还是人民的权利和社会公平的实现程度。一个社会的稳定与和谐，或一个政府的合法性，一个国家的强盛，主要体现为社会资源与价值在社会公众之间得到了合理公平的分配。社会财富的持续增长是为全社会"共同富裕"这一社会主义终极价值目的服务的。国家富裕，而社会的大多数人没有通过合理的制度安排享受到发展的成果，没有真正实现"民富"，或造成社会"贫富差距"的持续拉大，就会消解社会信任、消解社会凝聚力、消解"制度的优越性"、稀释甚至颠覆我们社会所崇奉的价值和理想。那么"国强"就是一句空话，甚至国家发展的成果或国家财富也会逐渐流失掉。另外，民富是国富的根本。宋元时期的史学家马端临在《文献通考》中曾感叹：隋朝的衰败在于置"发富"之策于不顾，"古今国计之富莫如隋"。如此富裕的封建王朝却仅袭文帝、炀帝、恭帝三代而后其统治者不顾民富与否，奢靡享乐导致灭亡。此外，许多历史事实已经证明，只有民富国家才能安定，才能和谐；只有富有了，很多社会问题才可能迎刃而解。

富国与富民统一具有重要的现实价值：首先是"共富"。社会主义的本质是解放生产力，发展生产力，消灭剥削，消除两极分化，最终实现共同富裕。人们在财富面前机会一律平等，人民都应获得平等追求财富的公平机会，机会平等是财富公平的起点。国家在财富的配置方面应体现社会公平的正义原则，以实现人民的共同富裕作为自己最终的价值追求。而社会上先富起来的群体要勇于承担起个人对社会对他人应负的社会责任和公共道德。其次是"人富"。"人"是中心的人与财富的关系，弘扬人是财富的主人的人本意识。凸显张扬人的主体地位和理性精神，以实现人的全面自由发展为财富发展目标。强调经济快速运行中人的主体性地位。

（二）先富与共富的和谐

先富现象的出现，是生产力发展的必然要求，具有特殊性。鼓励一部分人首先致富，是改革开放初期应对我国社会现状提出的政策，具有历史的特殊性。邓小平同志在改革开放之初就旗帜鲜明地指出："我们坚持走社会主义道路，根本目标是实现共同富裕，然而平均发展是不可能的。过去搞平均主义，吃大锅饭，实际上是共同落后，共同贫穷，我们就是吃了这个亏。改革首先要打破平均主义，打破大锅饭。"①不论在改革开放初期还是在今天，先富都具有伦理道德的意蕴。其本质是解放和发展生产力、唤醒人的劳动积极性和潜能。并逐步摆脱贫困而走向富裕、文明的发展道路。

先富是实现共同富裕的必由之路。先富者会产生强大的榜样典型力量，带动人群向"先富"者学习，使整个国民经济不断地呈波浪递进式上升发展，为实现"共富"奠定基础。在马克思主义看来，共同富裕是一个过程，只能逐步实现。企图马上消灭一切差别，用平均主义办法一举共富，结果只能压抑劳动者的生产积极性，使社会经济发展遭受挫折。相反，承认人们在富裕先后、富裕程度、富裕方式上的差别，合理拉开收入差距，则是实现共同富裕的理性选择。

---

① 《邓小平文选》第三卷，人民出版社 1993 年版，第 155 页。

共富具有必然性。"共富"是指整个社会的人们随着生产力水平的提高通过国民财富的分配达到共同富裕，或者说都能摆脱贫困的纠缠，过上真正意义上幸福美好的生活。邓小平指出："社会主义的目的就是要全国人民共同富裕，不是两极分化。如果我们的政策导致两极分化，我们就失败了。"而社会主义不是少数人富起来，大多数人贫穷，社会主义最大的优越性是共同富裕，这将体现社会主义的本质真义。当然，共同富裕不是同等富裕，也不是同时富裕，共同富裕是通过合理生产，公平分配，使全体人民都都能过上富足的生活。在改革初期提出让一部分地区和一部分人先富起来，这只是第一步战略，还有第二步战略，就是要让大部分人富起来，使发展成果惠及全体人民。

共同富裕不仅是社会主义生产关系方面的收入分配范畴，体现着社会主义分配制度的本质，而且是社会主义经济生活的本质和目的。是社会主义制度优越性和广大人民群众根本利益的集中体现，也是我国经济发展的价值目标和分配正义的伦理诉求。共同富裕一方面要求社会主义经济的运行和发展必须包含唯一的基本目的即富裕；另一方面要求这种富裕最终不应是少数人或一部分人的富裕，而应是全社会的共同富裕。"走社会主义道路，就是要逐步实现共同富裕。"[①] 社会主义就是要使人们过上由温饱到小康、再到更富裕的生活。坚持社会主义就必须坚持共同富裕的价值取向和价值目标。

共同富裕是社会主义与资本主义的本质区别之所在，是社会主义的目标指向。资本主义由于自身存在的制度和生产方式的不可调和的矛盾，必然产生两极分化，而社会主义则始终追求共同富裕。社会主义的目的就是要全体人民共同富裕，而不是贫富两极分化。如果我们的政策导致两极分化，就意味着我们的改革开放失利了。如果走资本主义道路，将出现财富累积于极少数人，而绝对解决不了百分之九十几的人的生活富裕问题，只

---

① 《邓小平文选》第 3 卷，人民出版社 1993 年版，第 373 页。

有走社会主义道路，才能实现共同富裕，有效地防止和消除两极分化。

首先，富不是均富，财富均等并不能实现共同幸福，摒弃平均主义（equalitarianism）要求平均分享一切社会财富的思想，平均主义往往把任何差别都看作像阶级差别一样的"贫富不均"，一概加以反对，认为毫无差别的平均分配绝对好。在长达数千年的奴隶社会和封建社会，极端的贫富分化催生平均主义。从摧毁和瓦解封建所有制角度来说，平均主义具有一定程度的进步意义。例如孔孟就主张财富分配的合理性，强调社会财富分配的均平标准和富民目的，来维持社会稳定。孔孟都十分重视贫富不均，孔子认为"放于利而行，多怨"。认为贫富不均直接威胁国家政权的巩固："四海困穷，天禄永终。"对贫富必须进行调节，"丘也闻有国有家者，不患寡而患不均，不患贫而患不安。盖均无贫，和无寡，安无倾。"推崇个人或社会"博施于民而能济众"。强调财富分配的均平原则："君子周急不继富。"① 然而，在社会主义条件下，平均主义抹杀劳动报酬上的任何差别，否认多劳多得的按劳分配原则，平均主义使人"盼富"又惧怕"露富"。不利于社会竞争中的强者。在平均主义泛滥的情况下，个体都会倾向于持"中"的最佳策略。另外，平均主义有碍于健康人格的形成，在平均主义泛滥的条件下，"仇富"、"妒富"、"藏富"等等不良的财富风气和财富心理滋生蔓长。平均主义强调的"等贵贱，均贫富"思想，否定人们在利益上的合理差别，会破坏人与人之间的相互信任关系，不利于社会形成人尊重人的氛围。其结果是造成慵懒习气，丧失在财富创造上的积极性，造成普遍贫穷。毛泽东指出："平均主义的薪给制抹杀熟练劳动与非熟练劳动之间的差别，也抹杀了勤惰之间的差别，因而降低劳动积极性。"②

其次，共富必须摒弃个人主义（individualism）。个人主义表现为利己

---

① 参见阎韬、马智强译注：《论语全译》，江苏古籍出版社1998年版，第24、165、135、45、35页。
② 《毛泽东文集》第二卷，人民出版社1993年版，第464页。

主义，强调个人本位。个人主义的、个人的行为目的只能是为了自我的利己性，仅满足个人私利和欲望的狭隘意识。杨朱说，人皆只爱己利己："锤，至巧也。人不爱锤之指，而爱己之指，有利之故也。"① 只有为我才是所为、是目的，而为社会和他人不过是所以为，是为我的手段，"身者，所为也；天下者，所以为也。"崇尚个人主义人生哲学认为，人的本性是自私的，人生目的就是追求个人的利益和个人的幸福快乐，自私性个人具有最高的价值和尊严。就如卢克斯所说："这种关于个人尊严的思想，享有一种道德（或宗教）法则的当然地位，这种法则是根本的、终极的、压倒一切的，它为判断道德是非提供了一项当之无愧的普遍原则。"②"一切价值均以人为中心，即一切价值都是由人体验的。"个人主义反对任何形式的"整体主义"或"集体主义"，认为提倡或主张集体主义，就会抹杀个人的价值。虽然西方的"合理利己主义"对极端个人主义进行了修正，要求个人在追求自己的利益和幸福的同时，兼顾他人的利益和幸福。但是，"合理利己主义"的兼顾他人、进行合理的自我节制只不过是为了更好地实现自己的目的，本质上仍是利己的一种手段。而共富的伦理诉求超越了个人主义的局限，追求的是全民富裕幸福和公共善的集体利益实现。

先富与共富是辩证统一的关系。先富是共富的前提与基础，共富离不开先富的带动和促进。共同富裕路径是鼓励合法经营"先富"，然后借助先富者的示范力量或其经济实力，带动和帮助越来越多的人和地区富裕起来，最终达到"共富"。先富是实现共富的手段，共富是先富所要达到的目的。先富与共富是辩证统一要求：一要处理好个人富裕和集体富裕的关系。允许个人先富以承认人与人的差别为前提，但个人富裕要建立在集体共同富裕基础之上之中。二要处理好个人致富与他人致富的关系。鼓励个人先富，前提是诚实劳动和合法经营，同时坚持扶贫帮困，坚持先富带后

---

① 《吕氏春秋·审为》。
② ［英］史蒂文·卢克斯：《个人主义》，阎克文译，江苏人民出版社 2001 年版，第 48 页。

富，坚持共同富裕的伦理坐标。

在界定先富和共富关系时，我们还要注意界定贫富悬殊问题。贫富过分悬殊，有悖于共同富裕的原则和精神，有悖于实现全体国民幸福，共富是对贫富悬殊的一种否定。英国经济学家汤普逊在《最能促进人类幸福的财富分配原理的研究》的前言中写道，"目前的财富分配状况趋向于牺牲广大生产者的利益使少数人致富，使穷人陷入更绝望的贫困深渊，使中等阶级沦落进穷人的队伍，以便让少数人不仅能够把真正的国家（它不过是个人的集合体）资本有害地大量积聚在自己手里，而且能够由于这种积聚而支配社会每年的劳动产品。"[1] 贫富过分悬殊，意味着在社会的收入分配中富者愈富，穷者愈穷，穷人的社会经济地位不是得到改善，反而更加恶化。

贫富悬殊不是社会主义应有之义。人本财富观的旨趣是在共同富裕基础上促进全体国民幸福。共同富裕一方面要求社会主义经济运行和发展必须包含基本目的即富裕；另一方面它要求这种富裕最终不应是少数人或一部分人的富裕，而应是全社会的共同富裕。对此，邓小平同志高瞻远瞩，已经为社会主义财富发展指明前进方向："走社会主义道路，就是要逐步实现共同富裕。"[2]

① ［英］威廉·汤普逊：《最能促进人类幸福的财富分配原理的研究》，何慕李译，商务印书馆1997年版，第20页。
② 《邓小平文选》第三卷，人民出版社1993年版，第373页。

结　论　财富观人本性的拓展

　　人本财富观伦理意蕴和内在价值的辨析和澄清，既是实在论问题也是规范性问题，本文在反思和批判物本财富危机学理基础上，提出构建人本财富观的四个逻辑层面理论"财富追求正当性的财富认知"、"可持续发展的财富生产"、"公平正义的财富分配"、"适度的财富使用"，提出人本财富观在现代社会的价值取向和伦理诉求。至此，人本财富观的伦理构建研究暂时完成，然而本课题尚有广阔和深入的理论拓展研究空间，在实践的运用上也有待于不断延展和反馈。

　　近半个世纪以来逐步兴起与繁荣的发展伦理学，已经自觉地从价值观、伦理观出发对现代财富增长的深层问题进行反思，"财富与伦理"是发展伦理学的一个"显在框架"，财富观的建构已经成为发展伦理的一个相对自觉的基础课题。学者启良在《西方自由主义传统》中写道：发展的实质意义和过程可以这样加以概括：

　　人类在"必然"（不自由）的自然秩序框定下，凭借自己天然的"理性"（自由意志），经过艰辛曲折的努力（自由路径），在积极奋争中能够因应情势采取互动、妥协、调和、平衡等策略艺术（自由手段），从而不断逼近作为理想境界和终极目标的"自由王国"，这个过程就构成了我们所说的"发展"。①

　　发展由"必然"向"自由"的递进过程，实际上也是发展伦理视域中的财富观完善过程。20 世纪后期人类最重要的觉悟之一，就是将"发展"重新回归人类根本目标的轨道，对"发展"及其历史进行价值审判。在经历了关于"幸福指数"与"痛苦指数"、"发展"与"增长"的意义澄明，"真实发展"与"虚假发展"本质辨析和范畴反思之后，人们，尤其是当代中国人获得了一个具有重大理论意义与实践意义的觉悟，这就是通过当代在场者的"发展"要求与作为物质资源供给者的自然、当代在场者与未来在场者这两对最重要的主体之间的对话商谈，达成共识，并形成一个具有价值妥协或"价值让渡"性质的概念或理念，这就是"可持续发展"。②"可持续发展"内涵之完善和补充是人本财富观的核心内容之一，随着社会经济的发展，可持续发展应包括幸福、和谐、人类发展、自然发展、社会进步等多重内涵。而"可持续"发展的终极关怀是人的发展。以德尼·古莱为代表的发展伦理学家倡导有伦理的发展、有价值的生活、有意义的存在，把"人"作为发展的根本目的所在，提出无论是发展目标、发展手段与发展行为，在本质上要有益于人的意义主体、价值主体地位。这也是今后财富思想研究的拓展思路之一。

　　总之，如果我们将视线从广袤的哲学领域，凝聚于发展伦理价值论视域，不难发现，现代社会的"财富问题"仍有两个亟待解决的问题：一是财富中心主义，也可称之为经济中心主义或效率中心主义的存在。人们把财富的无限增长作为社会发展的目的，而忽视了财富增长的人文意义，导致社会财富创造无序混乱、社会财富分配严重不平等、社会消费无序无度。二是可持续发展、和谐发展的意义未能得以完全展现。"何为财富发展"与"财富发展何为"深层伦理价值意蕴揭示有待突破。

---

① 启良：《西方自由主义传统》，广东人民出版社 2003 年版，第 5 页。
② 樊和平：《以伦理看待发展：〈可持续发展伦理研究〉述评》，《江海学刊》2006 年第 3 期。

　　发展伦理要解答"人类应如何生活——我们应如何共同生活——人们应如何幸福生活"的问题，财富是发展的手段，财富是人类通达幸福的手段。虽然发展可以作为经济的、政治的、技术的或社会的现象来进行有效研究，但为实现人类充实美好的生活的机会才是其终极取向。以美好生活看待发展，亦即以生存看待发展，以尊重看待发展，以自由看待发展。也只有这样的发展，人们才能获得真正的幸福生活。发展伦理的历史使命在于引领人们对美好生活的追求，规范人类的发展行为以谋求共同生存，并为和谐社会提供伦理支撑，最终实现人与自然的和谐共处、人与人的和谐共生、人与自身的和谐发展。

　　财富的丰裕和经济的发展，究根结底都是人的生产力的发展、人的自然和社会属性的全面化发展。归根结底是人的社会生产力的发展，是人的全面发展。其基本发展趋向就是：从人的物质层面和自然属性指向人的精神层面和社会属性；从物质生产的基础领域，通过人类自身生产这个中心、主导环节，逐渐移向有无限广阔发展空间的精神生产领域。这也是今后我们在发展伦理领域继续探讨财富问题的哲学研究方向。

参考文献

（一）中文文献

中文著作类：

《马克思恩格斯选集》（1—4 卷），人民出版社 1995 年版。

马克思：《资本论》（第 1 卷），人民出版社 1975 年版。

马克思：《1844 年经济学哲学手稿》，人民出版社 2000 年版。

马克思、恩格斯：《德意志意识形态（节选本）》，人民出版社 2003 年版。

恩格斯：《自然辩证法》，人民出版社 1971 年版。

《毛泽东文集》（第二卷），人民出版社 1993 年版。

《毛泽东著作选读》（下册），人民出版社 1986 年版。

《邓小平文选》第一——三卷，人民出版社 1993、1994 年版。

［英］亚当·斯密：《道德情操论》，余涌译，社会科学出版社 2003 年版。

［英］亚当·斯密：《国民财富的性质和原因的研究》（上下卷），郭大力、王亚南译，商务印书馆 1974 年版。

［英］约翰·穆勒：《功利主义》，徐大建译，上海世纪出版集团 2008 年版。

［英］约翰·穆勒：《政治经济学原理及其在社会哲学上的若干应用》，胡企林、朱泱译，商务印书馆 1991 年版。

[古希腊] 柏拉图：《理想国》，郭斌和、张竹明译，商务印书馆 1998 年版。

[古希腊] 亚里士多德：《尼各马可伦理学》，廖申白译，商务印书馆 2003 年版。

[古希腊] 亚里士多德：《政治学》，吴寿彭译，商务印书馆 1981 年版。

[法] 让·保罗·萨特：《存在与虚无》，陈宜良译，三联书店 1987 年版。

[美] 约翰·罗尔斯：《正义论》，何怀宏等译，中国社会科学出版社 1988 年版。

[英] 大卫·休谟：《道德原则研究》，曾晓平译，商务印书馆 2001 年版。

[英] 托马斯·孟等：《贸易论》，顾为群等译，商务印书馆 1982 年版。

[德] 马克斯·韦伯：《新教伦理与资本主义精神》，康乐等译，广西师范大学出版社 2007 年版。

[德] 马克斯·韦伯：《经济与社会》，林荣远译，商务印书馆 1997 年版。

[德] 伊曼努尔·康德：《道德形而上学原理》，苗力田译，上海人民出版社 1986 年版。

[荷兰] 巴鲁赫·斯宾诺莎：《伦理学》，贺麟译，商务印书馆 1983 年版。

[德] 阿尔图·叔本华：《作为意志和表象的世界》，石冲白译，商务印书馆 2004 年版。

[古希腊] 色诺芬：《经济论：雅典的收入》，张伯健、陆大年译，商务印书馆 1961 年版。

[德] M. 海德格尔：《存在与时间》，陈嘉映、王庆节译，生活·读书·新知三联书店 1999 年版。

[德] M. 海德格尔：《海德格尔选集》（下），孙周兴选编，生活·读书·新知三联书店 1996 年版。

[德] M. 海德格尔：《人，诗意地安居》，广西师范大学出版社 2002 年版。

[英] 弗里德里希·哈耶克：《个人主义与经济秩序》，贾湛等译，北京经济学院出版社 1989 年版。

[德] 格奥尔格·威廉·弗里德里希·黑格尔：《黑格尔历史哲学》，潘高峰译，九州出版社 2011 年版。

[法] 阿尔贝特·史怀泽：《敬畏生命》，陈泽环译，上海社会科学院出版社 1992 年版。

[法] 赫伯特·马尔库塞：《工业社会和新左派》，任立清译，商务印书馆 1982 年版。

[德] 马克斯·舍勒：《伦理学中的形式主义与非形式的价值伦理学》，倪梁康译，商务印书馆 2011 年版。

[德] 艾德蒙特·胡塞尔：《欧洲科学的危机与超越论的现象学》，王炳文译，商

务印书馆 2001 年版。

[英] 史蒂文·卢克斯：《个人主义》，阎克文译，江苏人民出版社 2001 年版。

[美] A. 麦金泰尔：《德行之后》，龚群、戴抑扬译，中国社会科学出版社 1995 年版。

[德] 恩斯特·卡西尔：《人论》，甘阳译，西苑出版社 2003 年版。

[美] 弗兰克·梯利等：《伦理学概论》，何意译，中国人民大学出版社 1987 年版。

[英] 威廉·汤普逊：《最能促进人类幸福的财富分配原理的研究》，何慕李译，商务印书馆 1986 年版。

[美] 德尼·古莱：《发展伦理学》，高铦等译，社会科学文献出版社 2003 年版。

[美] 德尼·古莱：《残酷的选择——发展理念与伦理价值》，高铦等译，社会科学文献出版社 2008 年版。

[印度] 阿马蒂亚·森：《以自由看待发展》，任赜、于真译，中国人民大学出版社 2002 年版。

[印度] 阿马蒂亚·森：《伦理学与经济学》，王宇、王文玉译，商务印书馆 2000 年版。

[印度] 阿马蒂亚·森：《贫困与饥荒》，商务印书馆 2001 年版。

[印度] 阿玛蒂亚·森、[阿] 贝纳多·科利克斯伯格：《以人为本：全球化世界的发展伦理学》，马春文、李俊江译，长春出版社 2012 年版。

[法] 弗朗·索瓦佩鲁：《新发展观》，张宁、丰子义译，华夏出版社 1987 年版。

[美] M.P. 托达罗：《第三世界的经济发展》（上），于同申等译，中国人民大学出版社 1988 年版。

[英] 杜德利·西尔斯：《发展的含义》，罗荣渠主编，上海译文出版社 1993 年版。

[埃] 阿卜杜勒·马利克：《发展的新战略》，杜越等译，中国对外翻译出版公司 1990 年版。

[美] 赫尔曼·E. 戴利：《超越增长——可持续发展的经济学》，诸大建、胡圣等译，上海译文出版社 2006 年版。

[德] 乔治·恩德勒：《面向行动的经济伦理学》，高国希、吴新文等译，上海社科院出版社 2002 年版。

[波] 奥辛廷斯基：《未来启示录》，徐元译，上海译文出版社 1998 年版。

[英] 安德鲁·韦伯斯特：《发展社会学》，陈一筠译，华夏出版社 1987 年版。

[美] D.L. 杜蒙德：《现代美国》，宋岳亭译，商务印书馆 1984 年版。

[美] 埃里希·弗罗姆：《健全的社会》，蒋重跃等译，国际文化出版公司 2003 年版。

[美] 赫伯特·马尔库塞：《单向度的人——发达工业社会意识形态研究》，刘继译，上海译文出版社 2006 年版。

[英] 约翰·汤林森：《文化帝国主义》，冯建三译，上海人民出版社 1999 年版。

[美] 丹尼尔·贝尔：《资本主义文化矛盾》，赵一凡等译，三联书店 1989 年版。

[美] 丹尼斯·米都斯：《增长的极限》，李宝恒译，四川人民出版社 1983 年版。

[美] 霍尔姆斯·罗尔斯顿：《生态伦理学》，杨通进译，中国社会科学出版社 2001 年版。

[美] 亨利·威廉·斯皮格尔：《经济思想的成长》，晏智杰等译，中国社会科学出版社 1999 年版。

[挪威] 埃里克·S. 赖纳特：《穷国的国富论：演化发展经济学论文选》（上下），贾惟良主编，高等教育出版社 2007 年版。

[美] 阿瑟·奥肯：《平等与效率——重大的抉择》，王奔洲译，华夏出版社 1987 年版。

[美] 戴维·埃伦费尔德：《人道主义的僭妄》，李云龙译，国际文化出版公司 1988 年版。

[美] 保罗·萨缪尔森、威廉·诺德豪斯：《经济学》（第十七版），人民邮电出版社 2004 年版。

[美] 艾伦·杜宁：《多少算够——消费社会与地球的未来》，毕聿译，吉林人民出版社 1997 年版。

[英] 齐格蒙特·鲍曼：《被围困的社会》，郇建立译，江苏人民出版社 2005 年版。

[法] 弗朗索瓦·德·拉罗什福科：《道德箴言》，许国政译，哈尔滨出版社 2003 年版。

[美] 亨利·威廉·斯皮格尔：《经济思想的成长》（上册），晏智杰、刘宇飞等译，中国社会科学出版社 1999 年版。

[美] 乔治·恩德勒：《面向行动的经济伦理学》，高国希等译，上海社会科学院出版社 2002 年版。

[奥地利] 约瑟夫·熊彼特：《财富增长论》，李默译，陕西师范大学出版社 2007 年版。

[英] 乔治·拉姆赛：《论财富的性质》，李任初译，商务印书馆 1984 年版。

[英] 约翰·梅纳德·凯恩斯：《就业、利息与货币通论》，魏埙译，陕西人民出版社 2004 年版。

[德] 尤尔根·哈贝马斯：《合法化危机》，刘北成、曹卫东译，上海人民出版社 2000 年版。

[瑞士] 让·沙尔·列奥纳尔·西蒙·德·西斯蒙第:《政治经济学新原理或论财富同人口的关系》,何钦译,商务印书馆1970年版。

章海山:《经济伦理及其范畴研究》,中山大学出版社2005年版。

王小锡:《道德资本与经济伦理》,人民出版社2009年版。

许宝强、汪晖主编:《发展的幻象》,中央编译出版社2001年版。

徐文渊:《可持续发展与世界经济》,学习出版社2000年版。

韦森:《经济学与伦理学:探寻市场经济的伦理维度与道德》,上海人民出版社2002年版。

林春逸:《发展伦理初探》,社会科学文献出版社2007年版。

李宗发:《财富创造论——国民财富产生原理研究》,经济管理出版社2006年版。

周文文:《伦理、理性、自由——阿玛蒂亚·森的发展理论》,学林出版社2006年版。

华民:《财富的可持续增长》,上海社会科学院出版社2002年版。

陈勇勤:《中西方经济思想的演化及比较研究》,中国人民大学出版社2006年版。

刘福森:《西方文明的危机与发展伦理学——发展的合理性研究》,江西教育出版社2005年版。

杨扬:《全球化:社会发展与社会公正》,社会科学文献出版社2006年版。

周大明:《社会财富论》,中国经济出版社2001年版。

许先春:《惩罚中的觉醒:可持续发展之路》,内蒙古人民出版社2001年版。

巫宝三:《欧洲中世纪经济思想资料选辑》,商务印书馆1998年版。

王玲玲、冯皓:《发展伦理探究》,人民出版社2010年版。

严文斌:《我的财富观》,中国经济出版社2005年版。

丰子义:《发展的反思与探索》,中国人民大学出版社2006年版。

朱贻庭:《中国传统伦理思想史》,华东师范大学出版社1989年版。

汤剑波:《重建经济学的伦理之维——论阿马蒂亚·森的经济伦理思想》,浙江大学出版社2008年版。

滕泰:《新财富论》,上海财经大学出版社2006年版。

王艳萍:《克服经济学的贫困》,中国经济出版社2006年版。

董耀会:《财富悖论》,中国经济出版社2004年版。

李建华:《走向经济伦理》,湖南大学出版社2008年版。

韩丹:《发展的伦理审视》,中国广播电视出版社2009年版。

Ludwig Miser:《反资本主义的心境》,台湾远流出版事业股份有限公司1991年版。

吴杰：《财富论》，清华大学出版社 2006 年版。

宏皓：《第一财富大道》，当代中国出版社 2003 年版。

魏焕信、刘相、李允祥主编：《树立新的科学的劳动与财富观——社会主义劳动与财富问题研究》，山东人民出版社 2005 年版。

万俊人：《现代性的伦理话语》，黑龙江人民出版社 2002 年版。

厉以宁：《经济学的伦理问题》，三联书店 1995 年版。

罗肖泉：《践行社会正义》，社会科学文献出版社 2005 年版。

龚群：《当代西方道义论与功利主义研究》，中国人民大学出版社 2002 年版。

赵玲：《消费合宜性的伦理意蕴》，社会科学文献出版社 2007 年版。

白暴力：《财富劳动与价值》，中国经济出版社 2003 年版。

王博伦：《财富与精神——关于经济学基本问题的哲学思考》，广东人民出版社 2001 年版。

周辅成：《西方伦理学名著选辑》（上卷），商务印书馆 1987 年版。

刘诗白：《现代财富论》，生活·读书·新知三联书店 2005 年版。

裴小革：《财富的道路：科学发展观的财富基础理论研究》，社会科学文献出版社 2009 年版。

裴小革：《财富与发展——〈资本论〉与现代经济学理论研究》，江苏人民出版社 2005 年。

中文古籍类：

《论语》。

《孟子》。

《墨子》。

《庄子》。

《吕氏春秋》。

《太平经·六罪十治诀》。

《高忠宪公家训》。

《曾文正公家训》。

《孟子》。

《二程集·周易程氏传》卷三《益》。

蔡尚思：《孔子思想体系》，上海人民出版社 1982 年版。

李山译注：《管子》，中华书局 2009 年版。

阎韬、马智强译注：《尧曰》，江苏古籍出版社 1998 年版。

王先谦:《荀子集解》,中华书局 1988 年版。

程德:《论语集释》,中华书局 1990 年版。

陈戍国:《四书校注》,岳麓书社 2004 年版。

老子:《道德经》,华文出版社 2010 年版。

李觏:《李觏集·富国策第一》,中华书局 1981 年版。

黄宗羲:《明夷待访录》,古籍出版社 1955 年版。

杨伯峻译注:《论语译注》,中华书局 1980 年版。

董仲舒:《春秋繁露》,上海古籍出版社 1989 年版。

论文类:

余源培:《构建以人为本的财富观》,《哲学研究》2011 年第 1 期。

丰子义:《关于财富的尺度问题》,《哲学研究》2005 年第 6 期。

范宝舟:《财富幻象:马克思的历史哲学解读》,《哲学研究》2010 年第 10 期。

沈江平:《关于财富问题的几点思考》,《哲学研究》2011 年第 7 期。

陈先达:《历史唯物主义视野中的财富观》,《哲学研究》2010 年第 10 期。

陈晓平:《面对道德冲突:功利与道义》,《学术研究》2004 年第 4 期。

储小平:《财富观的变革与财富的创造》,《汕头大学学报》(人文科学版) 2006 年。

章海山:《略论伦理经济》,《伦理学研究》,2006 年第 1 期。

赵伟、常修泽:《转型期我国财富伦理价值取向研究——兼论马克思主义经济学和西方主流经济学观念差异》,《中南财经政法大学学报》2008 年第 6 期。

何棣华:《论我国市场经济条件下的财富伦理建设》,《学术论坛》2009 年第 1 期。

李兰芬、倪黎:《财富、幸福与德性——读亚里士多德〈尼各马可伦理学〉》,《哲学动态》2006 年第 10 期。

钟明华、黄荟:《"发展"的伦理涵义解析》,《现代哲学》2008 年第 2 期。

李萍、张冬利:《马克思主义中国化逻辑范式研究》,《思想教育研究》2012 年第 5 期。

翟振明:《价值理性的恢复》,《哲学研究》2002 年第 5 期。

苏豫、龚立新:《精神财富论——精神财富的经济学分析》,《江西社会科学》2001 年第 3 期。

吴育林:《论市场经济中人的主体性价值》,《兰州学刊》2006 年第 5 期。

龙静云:《经济伦理的三个维度》,《哲学研究》2006 年第 12 期。

韩庆祥:《马克思的财富观及其当代意义》,《哲学动态》2011 年第 4 期。

张兴国、张兴祥:《关于西方财富观念的历时考察》,《东南学术》2004 年第 2 期。

赵伟：《转型期中国财富使用伦理的研究》，《中南论坛》2009 年第 4 期。

罗明星：《经济视野中的道德价值解读》，《广州大学学报》（社会科版）2008 年第 10 期。

王文臣、刘芳：《论马克思对现代形而上学财富观的批判及其当代意义》，《马克思主义与现实》2013 年第 1 期。

钱广荣：《财富观的变化与民族精神重建问题的思考》，《当代世界与社会主义》第 2006 年第 1 期。

王国银：《财富伦理研究综述》，《苏州科技学院学报》（社会科学版）2008 年第 5 期。

黄英杰、严光菊：《财富与伦理关系初探》，《河北学刊》2005 年第 6 期。

顾蓉：《中国古代财富思想的现代价值》，《湖北大学学报》（哲学社会科学版）2002 年第 6 期。

王露璐：《经济伦理与企业发展——王小锡教授与恩德勒教授学术对话录》，《道德与文明》2010 年第 5 期。

白暴力：《社会财富的基本性质、实体与分类》，《中国人民大学学报》2003 年第 5 期。

张妞、张志平：《亚里士多德的财富伦理观与和谐社会的构建》，《常州大学学报》2010 年第 3 期。

严冰：《财富生产与财富分配——马克思主义政治经济学理论的内部矛盾分析》《西南民族大学学报》2003 年第 6 期。

马拥军：《财富的含义与种类——当代中国语境中的马克思主义财富观》，《华侨大学学报》2009 年第 1 期。

刘荣军：《财富、人与历史——马克思财富理论的哲学意蕴与现实意义》，《学术研究》2006 年第 9 期。

刘荣军：《"以人为本"的财富发展观与我国社会主义发展的基本要求》，《马克思主义研究》2008 年第 6 期。

侯德山：《向以人为本经济发展方式转变》，《经济研究导刊》2013 年第 1 期。

王春萍：《福利与贫困——贫困的内涵及其概念基础的演变》，《商业研究》2007 年第 4 期。

袁银传：《"人本"与"物本"的二律背反及其解答》，《湖湘论坛》2010 年第 4 期。

张彦：《论财富的创造与分配》，《哲学研究》2011 年第 2 期。

向玉乔：《财富伦理：关于财富的自在之理》，《伦理学研究》2010 年第 6 期。

郝云：《伦理学视域中的"财富"》，《哲学研究》2012 年第 9 期。

唐海燕：《财富追求正当性的发展伦理原则探析》，《伦理学研究》2011 年第 2 期。

左亚文、王建新:《论"人本"和"物本"的悖论及其历史进化之路》,《哲学研究》2010 年第 4 期。

陈世民:《财富的德性呼唤——中国当代财富伦理的思考》,《伦理学研究》2009 年第 6 期。

王金情:《对价值和财富研究的新探索》,《辽宁师范大学学报》2004 年第 2 期。

储小平:《财富观的变革与财富的创造》,《汕头大学学报》(人文科学版) 2000 年第 4 期。

杨端茹、刘荣军:《〈资本论〉及其手稿中财富思想的哲学读解》,《西南大学学报》(社会科学版) 2007 年第 6 期。

盖伯琳、王小路:《国强、民富、人发展:中国特色社会主义的核心价值追求》,《中国劳动关系学院学报》2010 年第 3 期。

唐凯麟:《财富伦理引论——为庆祝〈中国社会科学〉创刊三十周年而作》,《中国社会科学》2010 年第 6 期。

霍利斯·切纳里·乔依德:《贫困和发展——发展中国家的选择》,《国外社会科学文摘》1981 年第 6 期。

赵伟、常修泽:《转型期我国财富伦理价值取向研究——兼论马克思主义经济学和西方主流经济学观念差异》,《中南财经政法大学学报》2008 年第 6 期。

张鸿:《构建符合科学发展观的财富观》,《理论研究》2006 年第 11 期。

王征国:《论"以人为本"在价值形态上的矛盾性》,《贵州师范大学学报》2011 年第 2 期。

黄宁:《以人为本:科学发展观的基本价值取向》,《学术探索》2005 年第 6 期。

蒋锦洪:《经济发展的价值追求与人本向度》,《华东师范大学学报》(哲学社会科学版) 2007 年第 2 期。

黄阳、吕庆华:《创意经济:以人为本的经济发展观》,《理论探索》2010 年第 3 期。

李宏涛:《中国经济发展模式转型:从以物为本到以人为本》,《江西财经大学学报》2012 年第 1 期。

任保平:《从"以物为本"向"以人为本"经济发展的转型及其创新支持》,《改革与战略》2009 年第 8 期。

张荣洁、魏莉:《改革:从以物为本走向以人为本》,《北京邮电大学学报》(社会科学版) 2011 年第 4 期。

钟茂初:《"发展"内涵的深化与"发展"现实的误区》,《学术月刊》2009 年第 41 期。

邱耕田:《发展伦理学是关于发展善的学问》,《学习与探索》2004 年第 3 期。

冯皓、王玲玲:《发展价值维度的伦理审视》,《求索》2010 年第 9 期。

刘卓红、陶日贵：《发展：在事实与价值之间——近代以来发展哲学的演变逻辑》，《哲学研究》2006 年第 11 期。

高春花：《发展问题的伦理考量》，《哲学动态》2010 年第 4 期。

韩丹：《当代西方发展伦理学初探》，《哲学动态》2003 年第 10 期。

孙莉颖：《发展伦理学的哲学基础》，《自然辩证法研究》2005 年第 3 期。

[印度] 阿玛蒂亚·森：《简论人类发展的分析路径》，尔冬编译，《马克思主义与现实》2002 年第 6 期。

陈忠：《发展伦理学的范式研究》，《中国社会科学》2006 年第 4 期。

阎孟伟：《对"发展"概念的科学理解和理论辨析》，《南开大学学报》2007 年第 6 期。

徐惠茹：《发展伦理学：当代社会发展理论的伦理基础》，《自然辩证法研究》2002 年第 5 期。

陈忠：《回到历史本身：新全球史的发展伦理学意蕴》，《学术研究》2009 年第 8 期。

陈忠：《资本的逻辑本性及其发展伦理约束——社会发展理论的一个基本问题》，《哲学动态》2009 年第 4 期。

刘福森：《"发展伦理学"：当代社会发展的迫切需要》，《哲学动态》1995 年第 11 期。

刘福森：《论"发展伦理学"的人学基础》，《自然辩证法研究》2005 年第 3 期。

刘福森：《发展合理性的追寻——发展伦理学的理论实质与价值》，《北京师范大学学报》（社会科学版）2007 年第 1 期。

张鹏翔：《发展伦理学的生存论解读》，《理论探讨》2003 年第 3 期。

李丁、张菁燕：《发展伦理学与新人道主义》，《内蒙古民族大学学报》（社会科学版）2010 年第 5 期。

刘英：《发展伦理学的价值革命》，《自然辩证法研究》2002 年第 7 期。

杨勇、冯辉：《发展伦理新视角：虚假发展与真实发展》，《中国石油大学学报》2009 年第 1 期。

樊和平：《以伦理看待发展：〈可持续发展伦理研究〉述评》，《江海学刊》2006 年第 3 期。

罗建文、刘美玲：《发展伦理视野中的 GNH 关怀》，《理论与现代化》2007 年第 6 期。

汪才明：《和谐发展：发展伦理学的价值核心》，《安徽大学学报》（哲学社会科学版）2008 年第 1 期。

郭玲玲：《发展伦理学的实质》，《内蒙古民族大学学报》2007 年第 5 期。

王希坤：《发展伦理学：我国的研究现状、实践探索和未来旨趣》，《道德与文明》2010 年第 3 期。

邱耕田、陈媛：《发展伦理学视域中的社会发展》，《自然辩证法研究》2006 年第

9 期。

　高文武：《可持续发展伦理学的两个问题》，《哲学研究》2007 年第 9 期。

　张登巧：《发展伦理学的人学蕴涵——人的可持续发展研究》，《道德与文明》
2005 年第 1 期。

　关桂芹：《建立在新人道主义基础上的发展伦理学》，《内蒙古民族大学学报》（社
会科学版）2007 年第 5 期。

　林剑：《幸福论七题——兼与罗敏同志商榷》，《哲学研究》2002 年第 4 期。

　晏辉：《论财富、德性与幸福》，《光明日报》2007 年 8 月 21 日。

　丰子义：《树立新的财富观》，《光明日报》2007 年 10 月 24 日。

　王兆塬：《应重视真假问题研究》，《光明日报》2005 年 9 月 9 日。

　杨寄荣：《发展的伦理向度——基于马克思主义的立场》，复旦大学博士学位论
文，2010 年。

（二）英文文献

John Rawls. *A Theory of Justice*: Harvard University Press, 1999.

Amartya Sen, *On Ethics and Economics*, Oxford: Blackwell, l996.

Amartya Sen: *Rationality and Freedom,* Cambridge: Harvlarvard University Press,
2002.

Amartya Sen: *Growth Economics,* Harmondsworth: PenguinBooks, 1960.

Amartya Sen: *Resources, Values and Development*, Cambridge, Massachusetts:
Harvard University Press, 1984.

Amartya Sen. *Commodities and Capabilities*. Amsterdam: North Holland Publishers,
1985.

Hannah Arendt, *On Revolution,* New York: Viking Press, 1963.

Diener E, Biswas-Diener R.Will money increases subjective well-being？ A Literature
Review and Guide to Needed Research. *Social Indicators Research*, 2002.

Town Send: *The International Analysis of Poverty*, Allen Lane and Penguin Books,
London, 1979.

Hugo Muensterberg. *The Eternal Values*, Boston and New York: Houghton Mifflin

ComPany, 1909.

H.S.Commager, ed. *Documents of American History,* Vol.2, New York: F. S. Croft& Co.1943.

Peter Coy: The Mother Teresa of Fconomics, *Business Week*, No.3601, October 26, 1998.

Thomas Francis Moran. The Ethics of Wealth. *The American Joumal of Sociology*, 1901, 6.

Denis A.Goulet, *The Cruel Choice: A New Concept on the Theory of Development,* New York: Atheneum.

Denis A.Goulet, "Voluntary Austerity: The Necessary Art," *in The Christian Century,* June 8, 1966.

Denis A.Goulet, That Third World, *The Center Magazine,* September 1968.

Denis A. Goulet,Ethical Issues in Development, *Review of Social Economy*, Vol.xxvi, No.2 (September 1968).

Denis A.Goulet, *Development Ethics at Work,* London and NewYork: Rouledge, 2006.

Denis A.Goulet, *Development Ethics: A Guide to Theory and Practice*, New York: The Apex Press, 1995.

David A.Crocker and Yoby Linden. Ethics of Consumption. Lanham: *Ethics of Consumption*. Lanham: Rowman&Littlefield Publishers, 2002.

Dwnis Goulet. *Development Ethics at: A Guide to Theory and Practice*[M]. New York: The Apex Press, 1995.

Des A.Gasper, *The Ethics of Development*. Edinburgh: Edinburgh U-niversity Press, 2004.

Hugo Muensterberg. *The Eternal Values*. Boston and New YOrk: Houghton Mifflin Company, 1909.

Fredrickson, B.The Broaden-and-build Theory of emotion. *American Psychologist,* 2001 (56).

W.Arthur Lewis, "Is Economic Growth Desirable?" in *Studies in Economic Developmemt*, ed.Bernard Okun and Richard W.Richardson (Holt, Rinehart and Winston, 1962).

A. Sen. *Commodities and Capabilities*. Amsterdam: Elsevier Science Publishers, 1985.

Ignacio L.Gotz. *Conceptions of Happiness*. Lanham, New York: University Presse of America, Inc, 1955.

Stanley Rosen,"Morality and Happiness: Kant vs Aristotle", in: *The Elusiveness of the Ordinary: Studies in the possibility of philosophy*, Yale University Press 2002.

Radovan Richta and others, *Civilization at the Crossroads: Social and Human Implications of the Scientific and Technological Revolution* (Prague, 1967).

Walter A.Weisskopf in Looking Forward: The Abundant Society, Occasional Paper, *Center for the Study of Democratic Institistitutions*, December 1966.

Alfred Marshall, *Principles of Economics, in Classics of Economic Theory*, ed.George W. Wilson lndiana University Press, 1964.

Gillis M, Perkins D H, Roemer M. *Economics of Development*, Norton Company, 1987.

Herrick B, Kindle Berger CP. L. *Economic Development*. McGraw- Hill.1983.

Enderle, G. Whose. Ethos for Public Goods in a Global Economy? An Exploration in International Business Ethics. *Business Ethics Quarterly*, 2000, 10.

Gunnar Myrdal. *The Challenge of World Poverty*. New York: Pantheon Book, 1970.

Herman. T. Tavai: *Ethics and Technology*, New York John Wiley and Sons 2004.

Shigeto Tsuru: *Essays on Economic Development*.t, Tokyo: Kinokuniya Bookstore Co., 1968.

Stephen Nathanson: *Economic Justice*, N. J.: Prentice Hall, 1998.

Mancur Olson: *The Rise and Decline of Nations: Economic Growth, Stagtflation, and Rigidities,* Published by Yale University Press, 1982.

Stephen Nathanson: *Economic Justice*, N.J.: Prentice Hall, 1998.

Ronald Bayer and Arthur L. Caplan and Norman Daniels, *In Search of Equity——Health Needs and the Health Care System*, New York and LondonOxford University Press, 1983.

后 记

　　窗外，又是一个晨曦微露的黎明。已经记不清有多少个这样挑灯夜战的日子，在万籁寂静中一盏孤灯伴我走向天明。

　　校园苍翠的参天古树和油亮的绿草坪永远散发着沁人心脾的清香，每每穿梭其中，我都有一种发自心底的感动。

　　深深感谢广西民族大学政治学与国际关系学院的领导和学科建设对本书出版给予的资助和支持！

　　深深感谢人民出版社毕于慧老师对本书出版的大力支持！

　　深深感谢所有帮助过我的老师、同学、同事！

　　深深感谢我的父母及所有的家人！

　　我知道，虽然本书写作暂告一段落，然而对于伦理学的研究和探索，将伴随我一生，"路漫漫其修远兮，吾将上下而求索"，在今后的学术道路上，唯有不断鞭策自己，努力向前行！

唐海燕

2014 年 5 月

责任编辑：毕于慧

封面设计：石笑梦

图书在版编目（CIP）数据

人本财富观：基于发展伦理的研究／唐海燕 著 . - 北京：人民出版社，2014.12

ISBN 978 - 7 - 01 - 013651 - 6

I. ①人… II. ①唐… III. ①中国经济－国民财富－研究 IV. ① F124.7

中国版本图书馆 CIP 数据核字（2014）第 126306 号

人本财富观

RENBEN CAIFU GUAN

——基于发展伦理的研究

唐海燕 著

人 民 出 版 社 出版发行

（100706 北京市东城区隆福寺街 99 号）

北京中科印刷有限公司印刷 新华书店经销

2014 年 12 月第 1 版 2014 年 12 月北京第 1 次印刷

开本：710 毫米 × 1000 毫米 1/16 印张：17.5

字数：240 千字

ISBN 978 - 7 - 01 - 013651 - 6 定价：42.00 元

邮购地址 100706 北京市东城区隆福寺街 99 号

人民东方图书销售中心 电话（010）65250042 65289539